Resources Misallocation and the Improvement of Economic Growth Efficiency

From the Perspectives of Firm Heterogeneity

河南大学哲学社会科学优秀成果文库 / 展龙　主编

李　颖——著

资源误置与经济增长效率改进

基于企业异质性的研究

社会科学文献出版社
SOCIAL SCIENCES ACADEMIC PRESS (CHINA)

　　本著作得到国家社会科学基金项目（编号：13CJL072）、河南省高校科技创新人才支持计划（编号：2018－cx－018）与河南省高等学校哲学社会科学应用研究重大项目（编号：2018－YYZD－02）的资助。

河南大学哲学社会科学优秀成果文库
总　序

　　"这是一个需要理论而且一定能够产生理论的时代，这是一个需要思想而且一定能够产生思想的时代。"当代中国广泛而深刻的社会变革、宏大而独特的实践创新，为哲学社会科学的理论探索、学术繁荣提供了强大动力和广阔空间，一些传统学科焕发新的活力、形成新的优势，一些具有重大现实意义的新兴学科和交叉学科日益勃兴，一些冷门"绝学"得以传承和发展。新时代加快构建中国特色哲学社会科学体系，就是要不断推进哲学社会科学的学科建设和学术创新，深入研究和回答重大理论与现实问题，推出一大批重要学术成果，努力构建中国特色哲学社会科学学科体系、学术体系和话语体系。

　　高校是思想最为活跃的地方，做好高校哲学社会科学工作，必须坚持马克思主义的指导地位，明确哲学社会科学的发展方向，解放思想，实事求是，以高度的政治责任感和历史使命感，自觉肩负起学习、研究和宣传习近平新时代中国特色社会主义思想的使命任务，从改革发展的伟大实践中挖掘新材料、发现新问题、提炼新观点、提出新概念、构建新理论；从当代中国的伟大创造中规划创作主题，捕捉创新灵感，深刻反映新时代的历史巨变，描绘新时代的精神图谱，努力做到立时代之潮头、发时代之先声，为树立中国形象、宣讲中国故事、传播中国声音做出高校哲学社会科学的应有贡献。

　　河南大学人文社科历史悠久，积淀丰厚。1912 年，以林伯襄为代表的河南仁人先贤，在欧风美雨和辛亥革命胜利的曙光中，创办了"河南留学欧美预备学校"。后经中州大学、国立第五中山大学、省立河南大学等阶段，1942 年改为国立河南大学，成为当时学术实力雄厚、享誉海内外的综合性大学，聚集了范文澜、冯友兰、董作宾、萧一山、罗章龙、郭绍虞、姜亮夫、嵇文甫、高亨、张邃青、朱芳圃、缪钺、蒙文通、赵纪彬、关梦觉、王毅斋、徐旭生、张长弓、罗廷光、毛礼锐、江绍原、杨亮功、余家菊、陈仲凡、杜元载、罗梦册、李秉德等著名学者，开辟了河南大学哲学、法学、文学、经济学、历史学、考古学、语言学、教育学、心理学等学科领域。新中国成立后，经院系调整，学校成为一所以文见长的师范院校，李嘉言、任访秋、于安澜、孙作云、孙海波、李白凤、高文、胡思庸、华仲彦、赵俪生、郭人民、张明旭、凌培炎、杨震华、沙瑞辰、胡雄定、王寿庭等前辈学者在此执教，马佩、朱绍侯、李润田、吴祖谋、周守正、王汉澜、黄魁吾、张振犁、王云海、周宝珠、张今、刘炳善、刘增杰、刘思谦等后进学者承续薪火，致力于政治经济学、逻辑哲学、古典文献学、中国近现代文学、先秦秦汉史、宋史、中国近现代史、英语语言文学、教育学原理、民俗文化、人文地理、法理学等研究领域。1984年，学校复名"河南大学"，自此步入了快速发展的时期。2008年以来，河南大学先后跻身省部共建高校和国家"双一流"建设高校行列，办学层次整体提升，文科特色更趋鲜明，逐渐形成王立群等古典文献学研究团队，关爱和等中国近现代文学研究团队，王蕴智等古文字研究团队，梁工等圣经文学研究团队，李伟昉等比较文学研究团队，李振宏等史学理论研究团队，李玉洁等先秦史研究团队，程民生等宋史研究团队，张宝明等中国近现代史研究团队，阎照祥等区域与国别史研究团队，吕世荣等马克思主义哲学研究团队，李小建等农区发展研究团队，耿明斋等区域经济研究团队，苗长虹等人文地理研究团队，李申申等教育史研究团队，刘志军等课程与教学论研究团队，张大新等地方戏剧研究团队，赵振乾等书法艺术研究团队，牛保义等英语语言文学研究团队，栗胜夫等武术文化研究团队，程遂营等文化旅游研究团队……一代代学人，以三尺讲台、一方天地，焚膏油以继晷，恒兀兀以穷年，于中原沃土、大河之南修文治学、口授心传，承续百年文脉，引领学林之先，探求民生大计，才夯实了河南大学哲学社会科学的学科基础，奠定了河南大学哲学社会科学的发展格局。

回首百年，河南大学作为中国近现代高等教育的先驱，始终坚持"植根中原文化沃土，打造区域人才高地"的办学目标，心系民族命运，心系国家发展，心系人民福祉，逐渐形成了"明德新民，止于至善""团结、勤奋、严谨、朴实"的校训校风，铸就了"坚持真理、追求进步，百折不挠、自强不息，兼容并包、海纳百川"的精神气质。五四运动中，冯友兰、嵇文甫等创办《心声》杂志，成为河南传播新思想、新文化的重要阵地；抗日战争中，马可带领"怒吼歌咏队"深入农村宣传抗日；范文澜的名言"板凳宁坐十年冷，文章不写半句空"，是河南大学"铁塔牌"品格的最好注脚；嵇文甫总结的河南精神"明时务，达治体，文而不弱，武而不暴，蹈厉奋进，竭忠尽智，扶危困，振贫民"被融入办学理念；邓拓在河南大学读书期间，便写出了经典著作《中国救荒史》……河南大学先辈学人以一片丹心碧血，负轭前行，臻于至善，用自己的生命和信仰书写着向往真理、追求进步的不朽乐章，是拓植代代河大人恪守本心、守护初心的宝贵精神财富。

近年来，河南大学紧紧围绕"双一流"建设目标和"黄河流域生态保护与高质量发展"国家战略，继往开来，开拓创新，产出了一大批重要学术成果，"河南大学哲学社会科学优秀成果文库"即是其中的优秀代表。"文库"所录成果既有微观的实证探究，也有宏观的理论阐述；既有断代的专题考索，也有通代的整体梳理；既有材料的细致解读，也有观点的深入诠释；既有问题的调研分析，也有对策的实践总结。这些成果一定程度上深化、细化、升华了相关问题的研究，代表着河南大学哲学社会科学研究的新成就、新特点和新趋向，对于促进我校哲学社会科学的繁荣发展，助推"双一流"建设事业，无疑具有十分重要的意义。

新时代开启新征程，河南大学哲学社会科学将行远自迩，踔厉奋发，继续坚持求知笃学、求真拓新、求实致用的学术志趣，在正本清源、守正创新中呈现新担当，在百花齐放、百家争鸣中展现新作为，努力将"河南大学哲学社会科学优秀成果文库"打造成荟萃熠熠思想的人文精粹，展示灼灼真知的学林渊范，切实肩负起繁荣发展哲学社会科学的历史使命，为构建具有中国特色、体现时代特征的哲学社会科学体系做出更多、更大贡献。

展　龙

2020 年 12 月 24 日

摘　要

在"结构性调整"与"提高增长效率"的双重要求下，本书从企业异质性视角对资源误置的形成机理及其对区域经济效率的影响进行系统研究，尝试为政府弥补市场失灵，制定更有效的产业转移与结构调整政策，实施创新驱动发展，纠偏空间及跨期结构资源误置提供参考，对于消除30多年经济高速增长的"低质量"问题具有重大的理论和现实意义。

理论部分，从微观与宏观及市场关系方面，论证了企业异质性特征、生产要素资源配置效率变动与经济增长效率改进的内在作用机理，考察了经济增长效率的长期变动趋势、空间均衡过程、经济增长效率分解之间的逻辑匹配关系，系统地阐述了企业异质性、资源误置与经济增长效率相互作用的综合机理、演化路径和动力机制；从企业非效率垄断对效率垄断的抑制影响角度，把资源配置的空间、跨期结构效率改进与企业内部的要素配置效率纠偏统一起来进行开拓性研究，论证得出经济增长效率改进的过程实质上是生产要素资源误置程度扩大—纠偏—均衡—再扩大—再纠偏的循环过程。

实证部分，从资源误置程度、市场化水平、技术进步方向的测算，以及企业非效率垄断特征的界定等方面实证研究经济增长效率的改进路径；通过效率垄断、技术进步偏向性与资源误置的实证研究得出：制造业所有行业资本要素与劳动要素之间具有互补关系，中国普遍存在的偏向资本的技术进步是生产要素跨期结构误置程度较高的根本原因，技术进步方向纠偏能够提高区域经济增长效率中的技术适用性效率；实证检验了非效率垄断特征能够降低区域经济增长效率，研究发现企业国有产权特征是扭曲市场的非效率垄断特征，该特征通过扭曲要素之间的相对配置价格，降低了区域经济增长效率。这些不仅为化解经济增长过程中经济增长动态无效率的现实难题提供了系统的微观理论基础，还对政府战略性的事前和事中调整经济增长过程中出现的低效率问题，制定提高区域空间和跨期资源配置效率的持续性政策与进行适宜的制度安排，以及促进区域经济增长效率改进具有重要的实践应用价值。

最后，根据理论研究中的企业异质性、资源误置与经济增长效率的综合机理、演化路径和动力机制，从区域间、区域内、跨期结构三个层面提出异质性企业之间资源误置纠偏与经济增长效率改进路径；结合实证结果从"行政部门与国有企业利益分离、逐步弱化国有企业对生产要素配置的资源误置程度""化解和消除市场扭曲、提高效率垄断企业效率吸引和技术溢出效应""鼓励效率垄断企业调整技术进步偏向，提高技术适用效率"三个层面提出政策建议，并指出了进一步研究的方向。

关键词： 企业异质性　资源误置　市场扭曲　经济增长效率

Abstract

Under the dual requirement of "structural adjustment" and "improving the efficiency of growth", we systematically study the mechanism of resource misallocation and the impact of resource misallocation on regional economic efficiency from the perspective of firm heterogeneity, and attempt to provide reference for the government to make up for market failures, formulate more effective industrial transfer and structural adjustment policies, implement innovation-driven development, correct space and intertemporal structural resource misallocation. It is of great theoretical and practical significance to eliminate the "low quality" problem in the rapid economic growth of more than 30 years.

In the theoretical part, we discusses the firm heterogeneity, the mechanism of market distortions and economic growth efficiency changes, then examine the logical matching relationship among the long-term trend of economic growth efficiency, the spatial equilibrium process, and the decomposition of economic growth efficiency systematically elaborates the comprehensive mechanism, evolution path and dynamic mechanism of the interaction between firm heterogeneity, resource misplacement and economic growth efficiency. From the perspective of the influence of non-efficiency monopoly on efficiency monopoly, we conduct the pioneering research by integrating the improvement of resource space and intertemporal structural efficiency with the correction of internal factor allocation efficiency in the enterprise. It is concluded that the improving process of economic growth efficiency is essentially the continuous cycle of the degree of production factors that goes through expansion-correction-equilibrium-further expansion-correction again.

The empirical analysis focuses on the improvement path of economic growth efficiency, mainly from the measurement of the degree of resource misplacement, of the level of marketization, and of the direction of technological progress, and the definition of the characteristics of non-efficiency monopoly of enterprises; The empirical research on efficiency monopoly, technological progress bias and resource misplacement concludes that there is a complementary relationship between capital factors and labor factors in all industries in the manufacturing industry. The prevalent capital-biased technological progress in China is the root cause of the high degree of misplacement of the intertemporal structure of production factors. Correction of the direction of technological progress can improve the efficiency of technological applicability in regional economic growth; empirical testing of the characteristics of inefficient monopoly enterprises reduces the efficiency of regional economic growth, the study found that the characteristics of state-owned property rights of enterprises are characteristics of inefficient monopoly that distort the market, which distorts the relative allocation prices between factors, and even reduces the efficiency of regional economic growth. The studies not only provide a systematic micro-theoretical foundation for solving the real problems of economic growth dynamics and inefficiency in the process of economic growth, but also provide a strategic basis for the government to adjust the inefficiency problems in the process of economic growth in advance and in the process, and formulate improvements in regional space and cross-border issues. Sustainable policies and appropriate institutional arrangements for the efficiency of resource allocation in the long term have important practical application value to promote the improvement of regional economic growth efficiency.

Finally, according to the comprehensive mechanism, evolutionary path and dynamic mechanism of enterprise heterogeneity, resource misplacement and economic growth efficiency in theoretical research, we put forward the resource misallocation correction and improvement path of economic growth efficiency among heterogeneous enterprises from the three levels of inter-regional, intra-regional and inter-temporal structure. Combined with the empirical results, it puts forward the policy recommendations from the three aspects, such as "the separation of interests between administrative departments and state-owned enterprises, and gradually weaken the degree of resource misplacement by state-owned enterprises in the allocation of production factors", "resolve and eliminate market distortions, improve the efficiency attracting and technology spillover effects" and "encourage efficient monopolistic enterprises to adjust technological progress and improve technology application efficiency". Then we point out the direction for further research.

Keywords: Firm Heterogeneity; Resources Misallocation; Market Distortions; Economic Growth Efficiency

目　录

第一章　导论

第一节　研究意义

　　纵观世界经济发展，在与外部其他国家存在较大经济发展差距的情况下，欠发达国家由于经济基数较小，短期内可以借助后发优势，通过吸收和借鉴发达国家先进的生产和管理技术产生较高的经济增长速度。总体来看，没有一个国家能够长期保持经济高速增长的状态。在生产资源没有出现结构性失衡之前，维持较高的经济增长率是可以实现的；但资源结构总有一天会失衡，那时高速的经济增长会受到资源供给约束，而不得不"硬着陆"的效率损失将会是巨大且难以承受的。经济增长速度与增长效率问题是我国各级政府长期关注的核心问题，也是区域经济学界的热点和难点问题，为此，大量学者一直没有停止相关方面的研究和争论。

　　在四十多年的改革开放过程中，中国经济维持了较高的增长速度，目前无论是在经济发展规模还是在发展程度方面，都大大缩小了与发达国家的差距，简单借鉴和吸收外部技术就能极快地提升经济增长速度的后发优势初级阶段已经接近尾声。此外，在后发优势初级阶段普遍采用的粗放式发展，由于受到生产资源数量供给和结构失衡的约束也难以为继。在以后很长的一段时期，中国经济发展将转型进入后发优势高级阶段的新常态时期，中国经济增长的特征将由原来"速度高、效率低"逐渐转化为"速度降低、效率增高"。在新常态时期，中国经济增速降低，一是缘于市场经济固有缺陷——市场失灵带来的资源错配对经济增长的约束效应凸显；二是缘于在生产要素资源供给约束逐渐明显的情况下，企业异质性层面对生产要素利用存在的边际产出递减效用。本书选择把企业异质性特征的形成与资源误置程度变化结合起来研究经济增长效率的综合机理，这具有重要的理论和现实意义。

一　理论意义

经济增长效率不高在空间上表现为区域之间经济增长效率不均衡，区域之间经济增长效率不均衡的根源表现为生产要素在区域结构层面的资源误置。要想真正有效地解决区域之间资源误置形成的区域之间经济增长效率不均衡问题，必须从市场竞争环境的视角，考察微观企业的规模决策以及市场环境对生产要素流向决策的影响机理。结合市场竞争环境的变化，分析企业特征、行业特点、产业差异对生产要素配置效率的影响机理，是研究区域经济增长效率改进的关键。市场扭曲程度差异是区域协调发展、减少区域差距时考虑的重要因素，政府干预市场行为是否能有效克服市场相对扭曲而抵制资源误置对经济增长效率的影响？对市场扭曲程度的形成根源进行研究，是否可以作为判断选择以市场自我调整为主还是选择以政府介入调整为主的依据？如何界定企业的非效率垄断特征？区域、行业及企业间资源误置的形成和影响机制是如何发生作用的？政府与市场主体——企业的合力效果如何形成？以上问题对于经济增长效率改进都是非常重要的理论问题。

企业是经济增长过程中供给侧的最小微观决策主体，企业内部生产要素的所有者——资本所有者、劳动所有者是需求侧最小的微观决策主体，企业在生产运营过程中提供消费品的同时，生产要素也获得了消费需求的要素收入，企业产出和要素收入的均衡程度决定了经济增长效率的高低。任何一个企业都会根据自身所处的各种内外环境和条件进行理性决策，在市场竞争和市场扭曲并存的环境下，企业生产决策差异、生产要素配置规模和结构差异是企业异质性特征在效率决策上的差异化表现，再加上制度、政策的混合调整干预，引发生产要素在企业间的重新配置及企业生产率的相对变化。区域经济的空间效率差异源于异质性企业的空间集聚差异，以及区域市场结构特征和制度环境变化引发的异质性企业生产率的动态演化。本书从经济增长效率动态演化的宏观角度，运用区域行业生产率分解方法为区域差异的产生提供微观解释；对区域政策是否提升了及如何促进政策目标区域内企业的生产率及相应区域的生产率提升等，以及对区域经济发展微观层面核心命题进行系统性研究，为分析区域经济增长问题提供了一个较为系统的微观基础理论，有助于弥补国内学者大多从宏观和中观层面静态研究区域经济增长效率不高的原因，而忽视从微观企业异质性及生产率动态演化方面进行研究的相对不足，这正是本书的理论意义之一。

本书结合古典经济学效率理论、非效率理论、新制度经济学理论、内生增长理论，并借鉴"新"新经济地理学与现代新经济增长理论，研究企业异质性、资源误置与经济增长效率之间的综合作用机理。本书认为：生产要素没有按照效率均等化原则进行配置，低效率企业超额配置生产要素而高效率企业生产要素配置不足方面的生产要素资源误置，是经济增长效率不高的根本原因；生产要素在企业间的误置程度差异和企业异质性特征形成与演化是一个事物的两个方面，对企业异质性特征与资源误置内在机理的研究，是研究经济增长效率改进的理论支撑。资源误置的根源在于具有非效率垄断特征的微观企业本身管理效率虽然低下，但非效率垄断企业特征能够使市场内在机制的激励关系发生扭曲，市场效率机制失灵，生产要素大量流入具有非效率垄断特征的企业，导致生产要素错配到效率不高但具有非效率垄断特征的企业。

对企业异质性、资源误置与经济增长效率之间内在机理的研究，本书采用分解对应的研究方法，把与生产效率有关的企业异质性特征分为效率垄断企业特征和非效率垄断企业特征；把资源误置分解为交易层面资源误置和结构层面资源误置；把经济增长效率分解为技术适用效率、规模效率和流动配置效率，经济增长效率损失则源于技术适用效率、规模效率、流动配置效率三部分偏离最优化的程度。在企业异质性、资源误置与经济增长效率之间动态演化的综合作用机理的研究中，分别把异质性特征、资源误置与经济增长效率的分解对应指标进行匹配，通过分解对应指标之间的理论分析，能够更为精准地突出异质性特征、资源误置与经济增长效率之间的直接作用机理、间接作用机理及交叉作用机理。直接作用机理、间接作用机理及交叉作用机理本身也是对综合作用机理的细化分解。本书的研究成果为经济增长效率改进路径与政策建议提供更为具体的理论支持，对制定提高区域空间和跨期资源配置效率的持续性政策提供适宜的制度安排，解决制约区域经济持续健康发展的企业、区域、跨期等多重结构性问题，以及促进区域经济增长效率改进具有重要的理论指导意义。

二 现实意义

改革开放以来，随着市场经济逐渐发展，世界范围内先进的生产技术和管理经验不断引入。在经济增长初期，经济增长总量基数较低，生产要素供给约束还没有表现出来，对于大量闲置的生产要素，随意选择较为先进的生产技术，就会获得较高的生产力水平；在经济发展到一定阶段后，生产技术选择有偏性对经济增长效率的制约作用就会显现。区域经济增长效率一直是国内外区域经济学者研究的核心。生产要素被消耗的过程势必会对环境产生破坏和污染，效率垄断企业无论是技术研发还是技术引进，都会对整个区域各种企业的技术选择产生重要影响；不适宜的技术进步方向和技术选择，会加重单位生产要素资源对环境的破坏和污染程度；在生产要素资源总量和环境承载能力有限的条件下，日益增多的企业大规模连续生产势必导致生产要素资源日趋耗竭。中国经济增长必须转变以往简单的生产要素投入式的粗放型增长模式，转向以不断提高生产要素配置效率为经济增长的重心。

中国经济发展过程中的生产要素配置无效率现象是普遍存在的，中国近几年经济增长的基数较低，再加上人口红利、制度红利、结构红利的综合作用，形成经济高速增长的现象，而过分乐观的心态掩盖了经济增长效率不高对未来经济增长质量的影响。政府相关部门与微观经济主体倾向对经济增长速度的提升和企业规模及生产能力的扩大，而普遍忽略了经济增长效率改进的重要性。随着时间的推移，经济增长效率损失扩大，而且经济高速增长还会导致新的资源配置结构失衡，产生负的结构红利现象。随着市场化转型的不断发展，区域经济增长过程中的结构红利会逐渐消失，大量的劳动力资源由落后的农业部门快速地转移到劳动生产率增速较高的工业部门带来的经济高速增长已难以为继，农业部门的劳动力池效应逐渐减弱，宣告了由30多年"结构性加速"导致的中国工业高增长时代趋于终结，经济增长效率改进的制约瓶颈由生产要素数量结构失调转向质量结构失调。中国作为最大的发展中国家，经济增长效率低下的问题越来越受到学者的关注。通过资源高效率配置来实现的"低增长高质量"均衡模式，需要围绕产业升级、技术创新进行的结构调整来提高生产要素的配置效率，区域布局结构的存量和增量调整使中国经济转入"结构性调整"主导的"提高增长效率"的发展模式，促进微观主体——企业全要素生产率提高的内生经济增长已成为现代经济学理论界的共识。

如何提升中国经济增长效率是国家经济改革的核心问题，随着我国供给侧结构性改革进入深水区，深化供给侧结构性改革的主战场主要在要素市场，改革的首要任务是通过激励和完善企业创新驱动经济增长效率提升，微观表现为生产要素在异质性企业间的配置结构调整。在资源误置累积循环的影响下，出现了产能过剩、结构失调问题，通过"去产能"纠偏生产要素存量超配类型的资源误置，既是供给侧结构性改革的首要任务，也是供给侧结构性改革的动态演化过程中技术要求最低的"治标"阶段；生产要素资源误置纠偏是对供给侧结构性改革起始阶段的基本要求。现有对区域经济增长效率的研究成果偏重宏观层面的经济增长效率测度与波动原因分析。在区域生产要素存量有限的情况下，对区域经济增长效率具有决定性作用的是区域内微观企业生产要素的规模配置效率和企业之间生产要素的流动配置效率；区域经济增长效率改进研究实质上也是企业层面、行业层面、空间层面的生产要素配置效率优化的问题。

考虑到市场失灵和外部性因素对经济增长效率的影响，在市场化水平不高的情况下，政府干预经济是非常必要的。政府干预经济不能仅仅根据经典宏观综合指标刻画的经济增长效率状况，在干预过程中必须规避采用"头疼医头、脚疼医脚"的方式进行简单干预。政府干预经济必须是战略性的，主要解决的不是表面问题，而应该是深层次问题。本书主要研究企业异质性、资源误置与经济效率改进之间的内在作用机理，尝试为政府提供能够深层次解决经济增长效率低下问题的政策建议，尽量避免政策反复波动可能造成经济增长效率改进程度不高的现象。在中国市场转型期间，企业决策者具有的规模管理偏好与管理能力有限性的内在矛盾，是制约经济增长效率改进，造成在经济发展的初期表面上经济增长速度很快，耗费大量生产要素而经济效率不高的关键。此外，通过企业之间生产要素资源误置纠偏来提高供给侧结构性改革效果的阶段不应过长，在这个过程中政府政策干预调节的侧重点应放在市场化水平的提高上。随着市场扭曲程度不断降低，微观市场主体——企业就会根据已经变化的市场环境更多地考虑以效率提升为主的要素配置，进而推动整体结构的合理化与高级化过程。在这一过程中市场化水平是短板，消除扭曲会在企业主体之间进行一系列的配置调整，考虑到正向乘数效应，异质性企业资源误置纠偏与结构失调问题将同时得到解决。因此，进一步深入研究微观经济主体企业异质性特征形成机理与宏观层面的生产要素资源误置之间的内在机理，是研究经济增长效率改进的重要理论桥梁。

在"结构性调整"与"提高增长效率"的双重目标要求下，非常有必要从生产要素最小生产组合——企业内部入手，从企业异质性的视角对区域经济效率改进与企业内部生产要素配置纠偏的内在机理进行研究。这对政府制定更为有效的产业转移、生产要素与产品结构调整政策，纠正市场失灵具有重大的现实意义。此外，政府相关决策部门如何才能及时、有效引导，调整企业层面的物化于设备资本中的技术效率差异对生产要素配置效率的积极效果，通过激发微观企业层面的生产效率来驱动区域长期经济增长效率，并形成促进区域协调发展的"合力"都需要相关的理论来指导，这是本研究的现实要求。政府补贴是一把"双刃剑"，运用恰当就会消除资源误置、化解结构失调问题，对企业产生积极的政策效应；但运用不恰当则会弱化竞争的优胜劣汰效应，不利于异质性企业之间动态结构调整，甚至会形成新的生产要素资源误置，弱化创新对经济增长效率的驱动效果。

本书的实证研究成果将为中国在未来很长一段时间内贯彻和实施创新驱动发展、纠正资源跨期结构误置提供原始技术创新或技术引进的选择方向提供参考，对破解30多年"高增长低质量的经济增长"累积形成的区域空间（区域产业、行业结构）失调，以及造成的现实经济增长效率与潜在经济增长效率差距过大的效率损失难题，具有现实应用价值；也有助于规避以往采用行业"一刀切"式的政策在异质性企业动态调整过程中"非效率配置"引起的"经济增长效率低下"问题，为政府在深化供给侧结构性改革过程中，从异质性企业结构调整层面，化解当前经济中出现的行业与空间以及供需方面的结构性矛盾提供理论支持和政策调整依据。

第二节　文献综述

一　经济增长效率的界定和测算方法

从经济学角度来看，经济增长效率是对经济增长本身的质量评价，经济增长效率的不断改进是对经济增长本身的内在要求。经济增长效率的最基本含义就是"资源的不浪费"，早期的国内外学者对经济增长效率的研究，主要偏重于从影响经济增长的因素入手，由于研究的侧重点不同，在早期产生了以生产要素为主的效率决定理论，如劳动要素理论、资本要素理论、技术要素理论、人力资本要素理论以及后来的制度决定论等经济增长效率的经典理论。根据理论分析中涉及的生产要素的数量，可分为以哈罗德—多马模型为代表的单要素经济增长理论和以新古典增长、新经济增长理论为代表的多要素经济增长理论。随着经济进一步发展，学者们对经济增长影响因素的研究不断深化，逐渐意识到经济增长效率变动不是单一要素而是众多因素合力作用的表现。考虑到现实具体的影响经济增长效率的因素之间存在极其难以量化的复杂作用关系，具体因素个数和权重也因不断变化而难以精确估计，美国著名经济学家 Kendrick（1961）提出用全要素生产率来刻画经济增长效率，综合考察除资本和劳动之外的因素对经济增长效率的影响。

　　全要素生产率实质上是剔除资本和劳动要素来考察要素组合整体产出效率的一个综合效率指标，可以用来进行区域经济增长效率在空间和时间层面的简单绝对增长效率比较，无法区分考察更为具体的非资本、非劳动要素对增长效率的贡献，因而对现实经济存在的问题只能给出一个经济增长效率结果的高低，不能直接提供出具体的对策建议。为了更加深入地分析经济增长效率内部到底是哪个层面因素出现了制约生产要素配置效率改进的问题，学者们通过综合效率分解的方法来度量相关变量的贡献。Conway 和 Denison（1985）从劳动、资本存量、资源配置状况、规模经济、知识进展几个方面对生产要素配置效率与宏观经济产出的关系进行了归结。目前的主流经济增长理论把资本、劳动、技术进步、制度安排和结构变化作为影响经济增长的五个基本因素。李玉红等（2008）、李颖等（2012）、孙元元和张建清（2015）都采用全要素生产率分解的方法，测算企业自身的技术进步程度与学习能力、生产要素规模、重新配置因素与经济增长效率变动的关系。针对经济增长效率指标内涵的界定，尹向飞和欧阳峣（2019）考虑经济产出过程中不可规避的污染排放物的影响，将其融入测算全要素生产率，运用 Network-IOSP 指数法，从生产阶段和环境治理阶段考察比较不同经济增长效率的持续性问题。关于影响区域经济增长效率因素的实证研究成果，概括起来包括 R&D、人力资本、公共品投资、集聚、经济规模、FDI 溢出及制度等因素对区域 TFP 增长的影响差异和程度方面，但对各非资本、非劳动因素在不同区域，尤其是在不同的生产要素禀赋结构的区域进行实证测算与比较后，得到的结论也有很大差异。这说明全要素生产率的影响机理相当复杂，在实证研究的模型设计以及解释变量的选取、变量指标的界定，尤其是控制变量的选取和指标度量方面，还有待进一步研究。

以上研究内容主要侧重对经济增长效率本身进行研究，如对帕累托效率、单要素生产率、全要素生产率、技术效率、配置效率等的内涵界定、测度与分析。帕累托效率采用了难以准确实证量化的主观效用评价，属于纯理论方面的探讨式定性研究；单要素生产率概念对经济增长效率的衡量过于片面，无法考察生产要素之间的匹配关系对经济增长效率的影响程度；全要素生产率指标对技术效率的界定是模糊的，把非资本、非劳动之外的影响因素都归属于技术因素，这个技术范畴太过于宽泛，不具有实务操作上的应用价值；采用全要素生产率对经济增长效率进行测量时将之简单地等同于技术效率，全要素生产率测算一般是采用希克斯中性技术来确定生产函数，由于每个区域的市场环境不同，尤其是市场化水平较低区域无法满足中性技术这一条件，全要素生产率测算结果与真实经济增长效率之间相差较大；从长期来看，忽略技术偏向性因素，根据全要素生产率指标测算经济增长效率对现实经济增长效率改进的适用性较弱。

目前由于全要素生产率（TFP）是经济增长理论中测度经济效率的重要指标，学术界大量考察了城市规模、经济集聚、R&D、人力资本、FDI、对外贸易、土地投入、制度等宏观外生因素对 TFP 的影响，大部分研究以希克斯中性技术为假定条件，较好地解释了经济效率的波动性趋势变化，对政策微调和政策评价提供了较好的依据；Acemoglu（2003）认为技术进步有偏性差异对既定区域经济增长效率演化路径存在重要影响；Antonelli 和 Quataro（2014）进一步研究发现，偏向性技术进步对全要素生产率的增长还产生了间接效应。由于对企业异质性和市场扭曲因素导致的 TFP 非希克斯中性问题考虑较少，未能将企业内部的要素配置效率纠偏与区域空间、行业、跨期结构的经济增长效率改进较好地统一起来，以致在影响经济增长效率确定性趋势变化的持久性政策调整和制度安排方面提供的信息有限，在政府相关部门相机决策时对企业异质性特征对生产要素配置效率的影响考虑不充分，同时由于企业异质性特征与市场化程度的累积循环影响，政策效果与预期效果偏离较大。

二 企业异质性特征对经济增长效率的影响机理

早在 20 世纪 80 年代，产业空间集聚现象就开始受到新经济增长理论的关注。随着经济活动集聚现象的日益明显，生产要素伴随区域结构的调整而出现了明显的空间分布不均衡现象，异质性企业在生产要素空间集聚过程中不断强化企业自身的异质性特征。区域经济增长差距的存在是区域层面生产要素资源误置的表现，企业之间的效率差距和非效率差距对经济增长效率影响的研究也不断增多，但相关研究中较少考虑区域空间比较维度，也较少有涉及生产要素在异质性企业之间的流动配置效率，不能较好地从异质性企业层面科学合理解释产业的空间集聚对经济增长效率改进的影响。直到 20 世纪 90 年代初，新经济地理理论兴起，以 D – S 垄断竞争模型为基本理论模型，把冰山成本和规模报酬递增两个因素纳入模型，对空间集聚与经济增长效率之间的作用机理进行研究（宋德勇和胡宝珠，2005），意味着经济增长效率改进研究已经将空间集聚和经济增长结合起来，但对技术进步的激励机制是源于企业生产要素供给成本最小化，还是产品收益最大化二者之间的动态关系，还没有清晰的结论。

（一）企业异质性的区域比较及其影响因素

企业异质性特征是否会对生产要素配置效率产生影响，是近年来学者一直关心的重要问题，如 Brada 和 Ma（1997）选择捷克斯洛伐克和匈牙利为研究样本，认为企业生产效率不高的原因主要是企业规模偏小，企业规模特征是影响生产要素配置效率不高的一个重要企业特征，企业内部生产要素配置效率不高是企业没有充分获得规模经济带来的好处的一个重要原因。在这种情况下，大范围内可以通过企业兼并来实现宏观层面经济增长效率改进，但具体是什么原因导致企业之间的兼并行为没有大规模发生却是一个值得深入研究的问题。根据西方经济学理论，企业层面生产效率与企业整体决策有密切关系，但企业内部生产要素来源差异，尤其是生产要素产权结构特征差异是怎样影响企业整体决策质量，进而影响企业整体生产效率的作用机理及其实现路径的，还有待进一步深入研究。刘小玄（2000）、白重恩等（2006）对不同时间和不同区域的企业进行实证研究发现：全要素生产率、技术效率、企业自身的产权性质特征与企业的生产效率具有相关性，相对私有产权而言，国有产权比重越高对企业生产效率影响越明显。袁堂军（2009）通过对市场微观企业主体的经济效率——企业全要素生产率的研究，发现劳动密集型企业的效率变动不如资本技术密集型企业明显，但在有关这一企业生产要素结构特征差异对经济增长效率差异影响的研究中，没有充分考虑和区分是政策制度差异还是技术应用差异。在考虑到不同企业之间的技术运用差异对生产效率的影响的条件下，解释与区分技术进步本身和技术进步方向对经济增长动态效率影响的差异性特征，是以后经济增长效率研究的重要方向。

部分学者进一步关注了企业层面的技术进步程度和生产要素配置效率的对比关系（姚洋，1998；刘小玄和郑京海，1998）以及国有企业转型与改革成效（刘小玄和李利英，2005；宋立刚和姚洋，2005；刘瑞明和石磊，2010；吴延兵，2012）。方军雄（2007）研究发现：区域制度环境差异是非国有企业的资本配置效率普遍高于国有企业的重要原因，长期来看，相对非正式制度而言，正式制度变迁有利于区域经济增长效率提高，非正式制度对经济增长效率的影响比较稳定。在 Melitz（2003）首次将企业异质性因素纳入国际贸易理论后，学界开始关注研究企业的异质性对经济增长效率的影响机制。企业异质性特征主要表现在市场、规模、人力资本、所有权、技术选择等方面的差异（Wagner，2007；Das and Robert，2007；Cole and Elliott，2010）。产业特征差别在企业层面主要体现为主营业务差异性，不同的主营业务对生产要素结构要求差异较大，生产要素结构差异也是造成企业生产要素配置效率差异的重要因素。后来的学者提出了"新"新经济地理理论，实质上是将异质性贸易模型和新经济地理理论模型进行融合形成的，该理论从企业异质性的视角对区域之间的生产要素资源流动的非均衡力进行解释（Ottaviano，2011）。

企业之间生产要素配置效率异质性与企业所在不同区域空间经济增长效率改进有关。学者们进一步研究发现不同区域内市场化水平高低、贸易条件优劣与企业生产率水平高低有密切关系，如区域内市场化程度与企业生产率水平呈正向相关性（Melitz and Ottaviano，2005；张杰等，2011）。

刘小玄和吴延兵（2009）对抽样调查企业的全要素生产率进行实证研究发现：在国有银行贷款的国有企业与其他资金来源的其他类型企业相比，在企业生产效率方面差异较大，国有企业在融资性成本方面与非国有企业存在明显的成本优势，但在生产要素配置效率方面却不具有相应的优势。邵挺（2010）通过研究后认为：金融资本误置问题在中国比较突出，金融资本误置能够较好地解释中国除了企业生产要素配置效率差异原因之外，不同所有制特征企业之间的相对规模变化、金融资本误置与市场化程度是企业效率异质的重要原因。

许多学者研究结果表明，企业产权差异对企业融资规模有重要影响，但融资规模与生产要素配置效率之间的关系并不一致，私营企业生产要素资源配置效率较高但融资能力远远低于国有企业（Allen et al.，2005；Boyreau-Debray and Wei，2005；Dollar and Wei，2007；Song et al.，2011）。孙早和王文（2011）针对转型期中国企业所有制结构与市场结构的变化关系进行研究，发现企业内部学习机制与企业治理机制的差异，是形成企业资源配置效率差异的重要影响因素，企业内部学习机制与企业治理机制对区域经济增长效率影响比较显著，其中竞争性的市场结构是保证企业所有制结构变化产生生产要素配置效率正向效应的前提条件。在中国经济市场化转轨期间，随着制造业部门市场结构竞争性特征的加强，企业之间的生产率差异明显，容易激发效率较高企业通过跨企业兼并的方式进行生产要素资源再配置，生产要素资源在企业间再配置会明显提升微观企业层面生产要素资源的配置效率，生产要素资源企业间再配置是区域总量生产率增长的重要源泉，但是市场扭曲因素的存在，削弱了企业主体以生产要素资源配置效率高低为再分配基础的激励功能，因而消除市场扭曲是区域总量生产率提高的关键（简泽，2011a）。刘瑞明（2012）认为国有企业效率损失与区域和行业之间的市场分割有关，蒋为和张龙鹏（2015）发现导致中国制造业生产要素资源误置的主要原因是差异化补贴失灵。目前，如何把企业效率异质性的企业特征形成及变动过程纳入研究范围，从市场交易主体企业的异质性特征和市场环境互相强化的角度，进一步对区域经济增长效率改进进行研究的文献还不多，制度变迁方面对企业异质性特征、资源误置程度与经济增长效率变动的研究结论还不够深入，尤其是对于正式制度与非正式制度二者对经济增长效率改进的差异影响及其机理的研究还有待进一步深化。

（二）企业异质性、集聚经济对区域经济增长效率改进的影响

现实经济活动中，不同行业企业主营业务之间的差异较大，其中企业内部配置的固定资产内含物化技术的水平和存在形态都有较大差异。由于生产要素异质性和生产技术差异明显，不同企业之间生产要素替代效果较差，所以在同一区域内，不同企业之间的集聚效应对经济增长效率改进的正向效应，主要表现为同行业企业之间的技术溢出与不同行业企业之间上下游的关联效应。尤其同一行业内部的企业之间生产要素资源误置程度差异对经济增长效率的影响也十分明显，同一行业内部企业之间生产要素资源误置程度差异在企业特征上，一般表现在企业规模、产权性质、组织结构、产品质量、员工技能等差异方面。这些企业异质性特征一旦形成，同样会影响企业生产效率，企业生产效率差异同样会强化企业异质性特征，二者之间相互循环并形成累积影响，所以在短期内解决同行业企业之间的生产要素资源误置对经济增长效率的不利影响，是非常必要和迫切的。

区域空间层面的企业异质性特征不仅对资源误置造成影响，其对经济增长效率的影响也十分明显。为此，学者们尝试将企业异质性纳入新经济地理模型，分析异质性企业区位选择对区域经济增长的影响机理。标准的 NEG 模型忽略了企业在生产率或技术密集方面的异质性（Melitz，2003；Yeaple，2005），在分析异质性企业的空间选择行为的研究中，Baldwin 和 Okubo（2006）首次将 Melitz（2003）异质企业垄断竞争模型和 NEG 模型相结合，得出：非随机的区域空间选择会导致标准实证方法实际上容易高估集聚效应对区域经济增长效率的影响。Helpman（2006）研究认为，影响生产要素进入和退出的企业行为决策的关键因素是企业异质性特征差异。学者们发现异质性企业自我选择定位会通过影响集聚过程而对区域经济增长效率产生重要影响（Saito and Copinath，2009；Okubo，2009）。

为了考察在同一区域行业内与行业间异质性企业集聚与扩散的均衡关系，Okubo 等（2010）在自由企业家模型中，研究了企业异质性特征变化与集聚均衡的稳定性问题，并解释了集聚不足与集聚过度的形成条件以及对经济增长效率的影响差异，集聚程度与经济增长效率变动不是呈现一种简单的线性关系，而是呈现一种复杂的类似倒 U 形的非线性变化关系。Ottaviano（2011）进一步结合市场环境变化，把企业生产率差异和垄断竞争因素与新经济地理学理论相结合，通过两企业两区位的"新"新经济地理模型，论证市场规模与生产成本的变化与竞争压力对企业集聚和分散的影响，分析了区域市场规模差异与生产成本差异对企业区位选择决策的影响机理，得出：市场规模更大、生产成本更低的区位，将会吸引更多的企业在该区域内形成，从而促进空间上的企业集聚。在生产要素市场竞争充分的情况下，企业技术水平高低是决定企业是否依赖外部环境的重要因素，影响企业的溢出和关联效应，技术水平越高的企业具有越高的生产效率，空间区位选择决策侧重收入最大化而不是成本最小化，这类企业对其他企业技术溢出效应不敏感，对区位选择决策依赖度越低；技术水平越低的企业侧重通过接受高技术企业的技术溢出效应，进而降低企业的生产及运营成本，所以该类技术水平不高的企业对区位选择决策依赖度较高，对这类技术水平不高、研发能力较弱的企业而言，通过理性区域空间选择决策获取区域空间集聚的技术溢出收益是有利的。空间集聚过程中企业成本优化与企业间技术溢出带来的效率提高，不断强化了空间集聚的效果，这都会不同程度地提高整个区域经济增长效率。

以上文献研究成果表明：异质性企业的区位决策对生产要素流动集聚与扩散有着重要影响，由于区域空间要素分布的不均衡性，企业不同区位选择对该区域经济增长效率有重要的影响。空间集聚程度与企业生产率异质性程度有关，取决于企业生产率异质性与产品质量异质性的相对强度；区域内企业区位选择决策结果是导致经济活动趋于空间分散还是空间集聚的根本原因。在生产要素市场竞争越充分的情况下，集聚和扩散的速度就越快，企业之间生产要素资源误置纠偏速度也越快。技术水平高低决定了企业是否高度依赖外部环境。技术水平高的企业对外部因素的依赖程度较低，在空间运输成本较低和市场竞争充分的情况下，通过吸引其他异质性企业容易形成集聚经济的中心，在技术溢出和关联效应的双重效应下对集聚区域经济增长效率起到明显的正向促进作用。对区域内空间集聚效率的研究，有助于进一步对区域经济差距形成机理进行研究，区域之间经济增长效率差距程度反映了区域之间生产要素资源误置程度，区域之间生产要素资源误置，实质上是企业之间区位空间决策导致的空间结构效率差异的累积结果，这个累积结果是相对效率较高区域的整体经济增长效率改进的表现，也是一个解释集聚区域经济增长效率变动和效率较低区域经济增长效率变动的发展差异的重要原因。区域之间的生产要素资源误置程度无论是增大还是缩小，都会对整体经济增长效率存在正向提升的作用。资源误置纠偏过程对经济增长效率的正向提升作用及程度大小与区域之间市场化水平密切相关，区域市场化程度差异越大，区域之间生产要素集聚效应越大，区域之间效率差距对整体区域经济增长效率的整体提升效果越明显。

（三）企业异质性、市场化程度对经济增长效率的影响

市场交易环境是否公平，不但关系企业能否在交易中实现有效的资源配置，而且影响短期区域经济增长效率能否提高，其中更为重要的影响变量是技术进步方向，技术进步方向以及技术进步的要素偏向性会对经济增长效率改进产生长期的影响。Hsieh 和 Klenow（2009）借助异质性企业的垄断竞争模型，研究发现国家间经济增长效率差距与市场相对扭曲导致的资源要素效率配置差距有关，学者进一步研究发现，市场扭曲可能是降低生产要素从低效率企业向高效率企业流动的重要原因（Arnold et al.，2010；O'Mahony et al.，2010）。O'Mahony 等（2010）研究发现：1995～2007 年市场服务行业发展不足是导致欧盟经济增长效率不高的一个重要原因，Arnold 等（2010）研究发现政府对市场进行的不恰当干预与生产性服务业发展不足密切相关。Song 等（2011）认为政府监督、干预会导致国有企业与私有企业生产率差异。区域内良好的市场竞争环境可以提高在位企业的生产率，也能有效激励跨企业的资源配置效率改善（Holmes and Schmitz，2010；简泽，2011a）。基于异质性企业对市场环境变化的不同反应，简泽和段永瑞（2012）论证了竞争与知识产权保护的搭配政策能较好地促进微观企业层面生产率增长的影响机理。

在由计划经济向市场经济转型的过程中，虽然中国整体市场化水平具有逐渐提高的特点，但区域之间市场化水平提升程度依然存在较大差异。我国初期企业内生产要素聚集主要来源于计划而不是企业间效率竞争的结果，随着时间推移，企业效率之间的差异与企业间生产要素规模配置的差异较大，普遍存在市场化水平滞后于生产要素流动配置效率改进的内在需要。尤其是企业生产要素结构调整效率不高，国有比重较高的区域内微观

企业主体的所有制结构极易陷入历史锁定效应，而国有比重较低的地区内微观企业主体在所有制结构转型方面就非常容易，高效率企业与低效率企业两极分化而产生极化效应，并导致地区之间生产要素资源误置程度不断提高（刘瑞明，2011）。计划经济向市场经济的转轨不可能在短时间内完成，在漫长的转轨过程中，原有的经济体制惯性对市场扭曲程度会逐渐减弱，政府决策主体与国有企业之间存在的不完全独立性的产权同一性特征，是扭曲市场的一个重要因素。相对非国有企业而言，国有企业除了具有一般企业利润最大化的经营目标之外，还更多地涉及国计民生与承担社会安全、稳定就业及物价水平以及平滑社会经济波动的职能，非国有企业与国有企业之间的社会负担、交易成本的差距也是企业效率差异的一个重要原因（Lin et al.，1998）。在金融市场中，金融机构更倾向支持国有企业的发展，资本市场扭曲是生产要素配置效率低下的一个重要原因（邹新月和施锡铨，2002；Guariglia and Poncet，2008）。政府干预市场，根据特定的制度政策要求给予亏损企业的较多补贴，可能会对生产要素配置效率较高的企业产生挤出效应。在生产要素总量有限的情况下，地区市场分割不但弱化了区域之间生产要素相互调节的效果，还扭曲了生产要素在不同市场中的边际产出，这也是区域之间结构性效率低下的一个重要原因（赵永亮等，2008）。国有企业发展与产业政策的不独立性较高，是形成市场扭曲的重要因素（杨帆和徐长生，2009）。区域内市场化程度越高，区域经济发展水平也越高，市场化水平对经济增长效率影响越明显（聂辉华和贾瑞雪，2011）。市场扭曲与资源配置效率降低呈现一致性关系；同样，区域之间的市场化程度差距与区域之间生产要素资源配置效率差距也呈现一致性变动关系（简泽，2011b）。政府偏向国有企业的政策扭曲会降低其他类型企业的生产率，市场扭曲降低了区域层面整体生产率（罗德明等，2012）。消除市场扭曲，提高市场化水平可以加速生产要素从低技术企业向高技术企业转移，提升既定区域内生产要素再配置效应，进而推动经济增长效率演化路径不断优化（简泽等，2017）。针对消除市场扭曲对策方面的研究很多，张晓晶等（2018）将市场扭曲进行分解，从扭曲内生性和扭曲政策引致性两个层面，研究市场扭曲对经济增长偏离最优均衡效率的影响机理及应对建议。安苑（2020）从企业退出行为方面，分析了中国制造业企业融资成本对"清理效应"的制约机制，通过将融资成本差异分解为禀赋差异引起的部分和所有制歧视驱动的部分，研究发现是市场性摩擦而不是政策性扭曲制约了市场的"清理效应"。

在市场经济环境下，宏观政策层面因素的调整变动对经济增长效率的影响需要借助微观经济主体吸收运用，才能很好地实现宏观因素的正向促进作用的发挥，离开微观企业层面的决策分析来研究区域经济增长效率的变动，就无法深层次解析这些影响因素之间的内在关联及其影响效果。界定连接这些宏观影响因素，并促进其互相关联发挥作用分析层面的逻辑起点，正是微观经济主体的理性决策。凡是不利于微观企业发展的宏观政策因素的调整变动，势必会增加企业规避影响的企业运营成本，具体表现形式多种多样，如企业会通过理性决策如技术进步方向、产品种类或规模调整来规避不利因素对企业的不利影响。现有文献从市场分割、市场扭曲的角度研究经济增长效率改进的制约因素，偏重于对经济增长效率现状问题进行测算、比较和差异解释方面，但对企业生产率的动态演化与区域之间生产要素资源误置程度变化的理论方面的研究还有待进一步深入。针对计划经济体制变迁方面的历史原因与多重非经济方面的主客观因素有关，中国自上而下的市场化改革是建立在企业初始生产要素资源非效率配置的基础之上，针对计划体制历史原因形成的企业内生产要素聚集主要来源于计划而不是企业间效率竞争的结果这一现实，如何化解"企业效率之间的差异与企业间生产要素规模配置的差异较大"这一现实问题，尤其是"普遍存在市场化水平滞后于生产要素流动配置效率改进的内在需要"问题，显得尤为迫切和重要。此外，企业之间的资源误置既可能来源于非竞争因素，也可能源自效率竞争，前者主要与市场扭曲及政府差异性补贴、税收优惠等有关，而后者则与针对效率较低企业内部生产要素配置规模调整决策有关，低效率企业退出机制失灵，是低效率企业与高效率企业之间生产要素资源误置的重要原因。

三 企业区位选择与区域经济增长效率变动

企业层面生产要素流动与企业区位决策有密切的关系，企业区位选择表现为企业空间迁移，将企业本身不能控制的市场需求、消费者偏好、环境管制等企业生存与发展不可缺少的区域空间环境因素纳入企业决策层面；企业区位选择有效性同样也建立在生产要素空间流动有效性的基础上，企业决策和生产要素流动决策二者目标一致性，是企业区位选择有效并提高区域经济增长效率的必要条件。企业区位选择的结果在区域空间层面表现为空间集聚变化，空间集聚对经济增长效率改进，体现在所有参与集聚的企业都获得额外的空间集聚收益。Martin 和 Ottaviano（2001）把内生增长理论和空间经济学相结合，分别从资本、知识和技术三个层面对空间集聚及内生经济增长的影响进行研究，得出结论：资本存量外溢效应是形成区域内要素成本降低的原因；区域空间效率改进建立在存在知识、技术外溢效应的情况下；企业管理层为获得由于工业品种得到扩大而使价格指数下降的好处，存在更愿意在创新部门密集地区进行持续投资的决策倾向和偏好；在宏观区域层面，众多微观企业的追加投资决策加快了区域内生经济增长速度。

为了解决生产要素中的劳动力自由流动对空间资源配置效率的影响，Baldwin 和 Forslid（1999）放松了劳动力不能自由流动的假设，劳动力自由流动意味着企业区位选择决策不需要考虑劳动要素的空间迁移成本，进而得出"制造业的空间分布主要受到物质资本要素运输成本的影响"的结论。Fujita 和 Thisse（2002）认为产业空间集聚程度变动对区域经济增长的影响明显。Baldwin 和 Okubo（2006）将垄断竞争模型引入新经济地理模型，对企业产品多样性和差异性形成机理进行了解释，异质性企业提供多样性产品，能在更大程度上满足消费者效用最大化的消费选择需求，企业与消费者供需均衡点向更高层次移动，无论是企业生产者剩余还是消费者群体的消费者效用，都得到了更大程度的提高。通过产品市场的竞争机制的作用，异质性企业主动性区位选择决策，直接会改变地区生产率之间的对比关系，从整个区域经济增长效率变动的视角，可以得出这种区域经济增长效率变化本质上是区域层面上的帕累托改进。随着异质性企业在区域之间和区域内部的区位调整，每一个具体区域内企业供给和消费者需求均衡点都发生了更高层面的移动，企业供给层面的区域经济增长效率和消费需求层面的效用水平都同步实现了正向提高的效果。

对于企业异质性特征与资源集聚区位效率改进，Combes 等（2008）、Puga（2010）、Ottaviano（2011）研究表明高生产率企业从外围移入集聚区的空间分类现象导致大市场区域平均生产率水平高于其他区域，优胜劣汰的竞争机制反映在企业区位迁移决策上是低效率企业在空间上退无可退时，原有企业的资源要素被重新组合，企业异质性引起的市场选择机制直接影响到资源空间分布，并对经济增长效率形成累积性影响。具有竞争性组织结构的城市为信息不对称的劳动者与企业提供了信息共享机制和匹配机制，吸引高效率企业和劳动者迁入并提高城市中劳动者与企业的匹配质量和空间生产率（Venables，2011）。在不同空间与行业的市场融合过程中，异质性企业的区域定位选择决策行为会对地区生产率差异产生重要影响（梁琦等，2012），不同区位市场竞争程度差异是驱动异质性企业跨区位要素配置的重要力量（Holmes and Schmitz，2010；Syverson，2010）。Brandt 等（2013）发现中国非农部门 TFP 损失主要源于资本误置，认为鼓励国有企业而牺牲更有效率的非国有企业投资的政府政策是导致区位效率降低的重要因素。陈建军等（2013）研究发现，除了新经济地理框架的"集聚力"或者"分散力"等基本动力外，异质性企业基于自身特征和外部环境的选择效应，也是导致产业空间分布差异的主要动力之一。王文雯等（2015）在研究企业效率的影响机制时，发现区域内集聚效应差异是行业企业效率差异形成的一个重要原因。

产业集聚的改善效果，主要通过产业集聚形成的降低资本门槛和优化劳动力结构来获得，能够在资本配置过度和劳动力配置不足时改善资源错配（季书涵等，2016）。高效率企业技术溢出与低效率企业吸收驱动的良性互动，是推动异质性企业结构调整、提升经济增长效率的重要源泉（朱军，2017）。政府干预企业进入退出的政策标准与实施机制的不对称，是异质性企业区位决策失灵与区位结构失衡的一个重要原因（李旭超等，2017），如何通过发挥政府与市场的互补作用，驱动异质性企业区位结构调整，提升经济增长效率是亟待解决的重要课题（张晓晶等，2018）。异质性企业在动态调整过程中，需要考虑生产要素区位选择对经济增长效率的影响（梁琦等，2018）。周开国等（2018）针对不同区域及市场结构，对异质性企业动态调整的最优策略进行了研究，认为具有较高市场水平的区域，能够降低企业区位选择的交易成本和区位决策失误率，更快地提升经济增长效率。区域外部性因素对企业区位决策、生产要素资源误置纠偏效果都存在重要影响，环境污染会降低企业、产业集聚对生产要素资源误置的改善效果，降低区域经济增长效率（季书涵和朱英明，2019）。

对企业异质性的空间资源配置效率的实证研究中，主要选择企业异质性综合体现的效率指标，如 Altomonte 和 Colantone（2008）用总量生产率的分解方法对跨国企业对国内空间资源配置非均衡性的影响进行研究，发现区域空间不均衡发展与企业所有制异质性以及区域市场结构有密切关系。现有文献针对异质性企业区位选择决策与区域经济增长效率变动的相关研究，主要是从空间经济的非均衡方面来考察生产要素集聚与扩散效应对区域经济增长效率的影响，偏重对现实经济增长空间不均衡及其变动的解释方面，而对企业生产率的动态演化与区域经济增长效率变动之间内在机理分析方面的研究还不充分。此外，现有针对异质性企业区位选择对区域经济增长效率影响的研究，大都是在发达国家成熟市场环境中研究，从企业区位市场竞争机会的比较优势角度研究区域经济增长效率，涉及企业异质性特征与企业效率异质性的内在作用途径的研究不多，同时针对现实中普遍存在的超额利润比较高的企业，并没有按照企业区位市场竞争机会的比较优势原理进行自我选择的区位决策现象，不能给出合理的解释，也不能解释区域之间企业布局的企业区位黏性问题。此外，由于模型变量存在数据化的困难，在空间维度上考察异质性企业区位选择对区域经济增长效率影响路径和主导因素的实证研究文献资料还不充分。

综上所述，现有针对企业区位选择与区域经济增长效率变动的研究主要建立在生产要素同质条件下，偏重异质性企业整体之间的生产要素重组配置效率的研究，大部分研究很少涉及企业内部生产要素配置结构层面差异对生产要素配置效率的影响问题。实质上，现实经济中，企业之间及企业内部的生产要素并非同质，无论是资本要素还是劳动要素都存在较大的差异性，生产要素之间的异质性会减弱生产要素之间的替代效应。在同一行业、既定的技术水平下，企业资本要素和劳动要素的结构差异也会导致企业生产要素的配置效率差异，尤其是生产要素中无论是物质资本中内含的物化技术水平差异还是人力资本素质、技能差异，都会对企业全要素生产率产生长期重要影响。生产要素异质化的形成过程也是其他行业如教育、技术研发等生产要素投入累积的结果。目前企业区位选择与区域经济增长效率变动的研究，针对企业区位选择决策方面不仅仅只考虑生产、技术、产品关联，还要关注不同区域的生产要素尤其是人力资本要素形成差异，把生产要素异质性与区域空间差异内生化来考虑对经济增长效率的影响。现有文献很少涉及生产要素在企业间流动配置过程中是如何影响异质性企业之间效率的作用机理，针对生产要素在企业间流动效率问题，主要侧重解决生产要素总量层面的由低效率向高效率企业流动的方向问题，对生产要素在企业之间结构性配置调整和低效率企业生产要素规模固化问题的研究还不充分。学者们主要是在假定异质性企业自我选择前的区位效率差异是外生给定的情况下，偏重研究异质性企业通过区位选择，来影响区域横向截面效率的内在机理，对企业异质性与资源集聚区位效率变化内在影响关系的研究涉及较少。

四　资源误置、技术进步偏向与区域经济增长效率改进

（一）资源误置与区域经济增长效率改进

资源误置是多因素长期累积影响导致的，在生产要素日渐稀缺的情况下，研究破解资源误置对经济增长效率改进的瓶颈制约，具有极为重要的现实意义，其中市场机制失灵是生产要素资源误置形成的主要影响因素。学界普遍认为生产要素资源误置也会误导效率垄断企业对技术进步偏向性选择决策，而技术进步偏向·旦形成就会具有一定的稳定性。随着技术在不同企业之间大量溢出，生产要素供给结构与价格结构失衡状态就会逐渐被动性调整，现实经济增长效率与潜在经济增长效率之间的差距就会扩大，经济增长效率损失会逐渐增大。针对微观企业之间生产要素资源误置与宏观层面区域经济增长效率改进机理的研究，是近十几年以来的经济热点问题。传统的经济增长理论是建立在市场有效的假定条件下，通过生产函数加总的方式进行研究，在微观企业内部层面不存在非理性决策，企业之间生产要素流动配置效率极高，能够在最短的时间内实现企业之间要素边际产出相等的最优配置状态；但是，Banerjee 和 Duflo（2005）研究发现，异质性企业之间同质生产要素的边际产出存在着巨大差异，生产要素资源误置现象非常明显。区域经济增长效率和增长速度除了与生产要素规模和技术进步有关，还与生产要素资源配置效率有关，其中资源误置是生产要素配置效率不高的主要影响因素。针对资源误置的研究主要是针对生产要素资源误置的产生机制、资源误置程度的度量以及资源误置的影响三个方面。

针对资源误置的产生机制的研究文献资料比较多，最具有代表性的研

究是 Restuccia 和 Rogerson（2008），企业之间的税收差异或补贴差异使资源流向要素边际产出更低的企业，导致生产要素配置偏离最优状态，进而形成生产要素在企业层面的资源误置，但对税收差异或补贴差异产生间接社会福利的变化与经济增长效率损失之间的替代关系的研究还不够深入，现有的相关研究成果还无法有效评价和界定税收差异或补贴差异的区域经济增长效率改进的影响程度和优劣差异。单纯从企业层面来看，短期生产要素资源误置在效率方面主要表现为企业全要素生产率出现明显的阶梯性差异，并呈现效率差异扩大的趋势变化。而在区域经济增长效率的宏观层面上，表现为区域总生产率提高缓慢、区域经济增长效率变动演化过程中的倒 U 形的高点提前，甚至出现加速下降的变动轨迹。针对效率损失的测算主要采用潜在经济增长效率与现实经济增长效率之间的距离变动来度量。第二类研究针对生产要素资源误置程度的指标测度主要有企业生产率离散度、生产率分解法等方法；衡量区域内经济增长效率微观层面离散度的指标主要是微观企业 TFP 的标准差和生产率 90% 分位数与 10% 分位数之比，企业层面生产率离散度越大意味着生产要素资源误置程度越大，反之则相反。Bartelsman 等（2013）首次将 Olley 和 Pakes（1996）提出的行业层面生产率分解方法应用于企业资源误置的测度，该方法有利于进一步考察生产要素资源误置产生环节及其原因，将加权的行业生产率分解为企业生产率简单平均值与一个交叉项（即 OP 协方差项）之和，OP 协方差项数值越低，表明企业之间生产要素资源误置程度越严重。聂辉华和贾瑞雪（2011）借鉴 Baily 等（1992）以及 Grilliches 和 Regev（1995）提出的更细致的 BCD 和 GR 生产率分解方法，测量中国制造业企业资源误置程度。第三类研究关注生产要素资源误置的文献内容，是侧重研究生产要素资源误置对 TFP 或要素边际产出影响的相关研究。到目前为止，生产要素资源误置对 TFP 或要素边际产出影响的相关研究成果主要体现在实证研究方面，如 Brandt 等（2012）根据中国制造业企业 1998 ~ 2006 年数据测算 TFP 并进行分解比对发现，效率改进型的生产要素资源再配置效率不高是中国制造业 TFP 不高的主要原因；Dollar 和 Wei（2007）使用中国 2002 ~ 2004 年120 个城市的 1 万多家企业的数据，测算后发现部门、地区和所有制企业之间的生产要素配置效率差异明显，根据资源误置的测算指标，微观主体企业的生产要素配置效率差异较大则意味着生产要素资源误置程度非常明显；文东伟（2019）用1998～2007年中国制造业企业微观数据研究发现，中国大多数制造业行业资本配置不足、劳动配置过度，且制造业整体的资源错配程度在下降，但国家所有权恶化了资源配置效率，进一步提高资源配置效率是释放中国经济增长潜力的重要途径。

市场扭曲会导致各种生产要素在企业间边际产出不相等。随着时间的推移，且企业间生产效率收敛速度过慢甚至出现扩散趋势，生产要素价格供给机制扭曲误导技术进步偏向性，也会逐渐加大企业间生产要素资源错配程度。生产要素资源误置程度与异质性企业间生产要素流动障碍呈正向变动关系，企业之间生产要素资源误置使生产率演变更为复杂曲折，生产要素资源误置是导致宏观层面总量生产率损失的微观解释（Jones，2011；Gabler and Poschke，2013）。关于生产要素资源误置与企业之间要素错配问题的一系列研究，多以企业异质性的相关理论为基础，侧重考察企业异质性特征对资本配置效率变动的影响机理，比较集中一致的研究观点为国有企业特征是资源误置的主要因素，宏观层面偏向国有企业资源配置的经济政策导致非常高昂的区域经济增长效率损失（Song and Wu，2012；罗德明等，2012）。金融信贷市场对资本要素配置采用多重定价的方式，对资本生产要素进行差异性供给，异质性企业面临的利率歧视是造成物质资本在不同企业之间非效率配置的最重要影响因素，发现并消除物质资本市场的扭曲因素，对资本要素价格机制进行纠偏，可以明显提高物质资本在不同企业之间的结构配置效率和流动配置效率，这也是提高区域经济增长效率的有效路径（邵挺和李井奎，2010；鄢萍，2012）。市场扭曲阻碍要素在异质性企业间的有效配置已成为国家间TFP差异的一个重要源泉，市场扭曲和资源误置因素会显著降低经济效率（Arnold et al.，2010；O'Mahony et al.，2010；陈永伟和胡伟民，2011；曹玉书和楼东玮，2012；Restuccia and Rogerson，2013）。Bartelsman等（2013）基于行业内的企业规模变动和生产率变动的内在关系视角，从企业层面研究了政策变化导致的市场扭曲对经济增长效率的影响，认为现实经济活动中部分企业与政府政策行为存在不完全独立性与市场扭曲，生产要素非效率配置、区域经济增长效率损失之间存在密切的联系，但对其中内在作用机理的研究还有待深入和具体化。在市场扭曲的环境中，生产要素流动配置效率不高会直接导致企业内部生产要素结构效率降低，生产要素大量滞留在低效率企业内部，如果生产要素资源误置不能及时纠偏则会导致区域之间、行业之间以及企业之间生产要素资源误置程度均呈现逐渐加重的变动趋势，这是区域经济增长效率不高的一个重要原因。

近年来，考察生产要素资源误置对经济增长效率损失的量化研究逐渐增多，王林辉和袁礼（2014）研究得出：整体而言，生产要素资源误置因素大约使中国经济增长效率降低 2.6%；Banerjee 和 Moll（2010）认为生产要素资源误置纠偏既可以提高企业现实生产效率，还可以提高潜在企业生产效率，二者之间的差距会随着资源误置程度降低而不断缩小。Peters（2013）认为生产要素资源误置形成过程中造成的经济增长动态效率损失远大于经济增长静态效率损失。Joel 和 Hugo（2016）认为纠正生产要素资源误置能够明显提高经济增长效率。靳来群（2015）通过对企业层面的 TFP 变动及其影响因素进行研究，发现政府不合理或不适时宜的行政干预与该区域内生产要素资源误置程度密切相关，政府不合理或不适时宜的行政干预与市场机制失灵产生叠加效应是政府干预决策失败的重要原因。Midrigan 和 Xu（2014）认为资本市场不完善会改变企业的进入退出行为和技术选择方面的决策。盖庆恩等（2015）研究发现要素市场扭曲不但会直接降低在位企业的 TFP，还会对潜在投资企业的投资选择决策产生误导，更重要的是生产要素市场扭曲还会进一步影响企业之间生产要素重组进而间接降低整个区域的 TFP，企业内部生产要素结构配置效率与企业间生产要素流动配置效率之间存在循环累积的关系，随着时间的推移，长期区域经济增长效率会明显降低。季书涵等（2016）利用 2001～2009 年企业层面数据对产业集聚的改善效果进行研究发现，产业集聚在微观企业层面对降低企业资本门槛和优化企业内部劳动力结构有正向促进作用，能够纠正企业层面的生产要素的资本配置过度和劳动力配置不足带来的资源错配问题；在生产要素空间集聚过程中，生产要素流入企业所在的集聚区域与流出企业所在的外围区域之间均出现了生产要素结构层面误置程度不断降低的现象，这是两区域经济增长效率整体得到提高的一个重要原因。周海波等（2017）认为不同区域之间以及区域内部交通基础设施水平的提高，能够通过促进区域企业与行业产业结构调整、消除市场分割、提高分工精度来提升区域生产要素配置效率，从而在长期内能够减轻或消除生产要素资源误置程度。

改革开放以来，中国一直维持的高速经济增长与中国制造业崛起和快速发展密不可分。由于制造业行业发展要持续消耗大量生产要素，其中大部分生产要素来源于不可再生资源，生产要素资源的稀缺性对经济增长速度的制约逐渐明显。研究资源误置的形成机制，找到消除化解资源误置的有效路径，对提高企业层面生产要素的配置效率，进而提高经济增长效率具有重要意义。在很长的一段时间内，政府干预市场主要采取以补贴为代表的政策，这对生产要素效率配置起到了负向干扰作用，因为补贴政策不仅给低效率制造业企业带来了非效率生产要素流入，也挤出了高效率企业获取存量生产要素流入数量以及未来投资规模扩张获取规模经济效率的投资机会，这也是企业之间生产要素资源误置程度不断提高的一个重要原因。非效率的生产要素补贴政策扭曲了市场激励，形成和强化了非效率企业异质性特征，生产要素资源在低效率企业非效率配置，降低了区域层面经济增长效率。

最近几年，学界持续关注政府支持对异质性企业动态调整、创新及经济增长效率的影响。政府不恰当的支持政策也是导致企业创新激励不足、经济增长效率不高的重要原因（王永钦等，2018）；政府支持异质性企业创新的针对性政策，可以推动本国经济从传统的粗放投资型转化为高质量的技术创新型（叶祥松和刘敬，2018；苗文龙等，2019）。税收政策可以纠正异质性企业创新的外部性从而促进增长（Acemoglu et al.，2018）。Lashkari（2018）将异质性企业动态调整和创新内生化，提供了创新政策应与企业生产率匹配的分析框架。破解企业创新困境，提升全要素生产率水平，关键在于政府应考虑企业创新效率的差异性（寇宗来和刘学悦，2020），创新的复杂性和不确定性使得现实世界中的最优政策规模变得难以捉摸，政府支持创新的政策不可能达到最优，次优的政策选择效果优于偏离最优达到过度干预时的效果（Leibowicz，2018）。寻找政府与市场之间的平衡对异质性企业创新驱动生产要素进入、退出效率改进十分重要（张晓晶等，2018）。技术形成的路径依赖性与企业创新激励之间是此消彼长、相互依存、相互促进的关系（Hassink et al.，2019），政府应根据企业异质性特征有效实施差异化政策（陈强远等，2020）。钱学锋等（2019）考察了"垂直结构"模式和"交互补贴"政策对经济增长效率的影响，认为实施"上游征税、下游补贴"的企业差异性创新政策，可以减缓垂直结构导致的资源误置，提升经济增长效率。

到目前为止，还缺少一个完整的理论框架细致到具体可操作层面对生产要素资源误置形成机理做出系统解释，而主要集中在定性因素层面对生产要素资源误置形成机理进行解释，难以有效识别中国制造业资源误置中存在的问题的原因，缺乏对资源误置作用机制的系统分析（钱学锋和蔡庸强，2014）。现有研究偏重对异质性企业在政策、制度等因素引起的资源配置环境发生变化时的区域纵向序列的效率改进进行研究，而对企业异质性特征与市场环境存在的循环累积关系对技术进步偏向性影响机理方面的研究还不充分，尤其对企业异质性特征与导致市场环境变化的政策、制度之间内在关系的研究还有待进一步深入。

（二）技术进步偏向与区域经济增长效率改进

技术进步作为经济增长效率改进的基础和推动经济增长方式转变的核心力量是无可替代的，技术进步方向性对企业内生产要素结构演化路径具有重要的影响，不适宜的技术进步不但浪费生产要素投入成本，还会加剧技术进步本身的生产要素边际效率递减效应对经济增长效率的影响。如果将总体生产函数设定为 Cobb-Douglas 型相当于设定技术进步为中性的，就忽略了技术进步方向对生产要素结构性效率的影响，无法考察技术进步的方向选择是否有效率。Hicks 技术进步偏向性理论认为生产要素价格变化会诱使技术偏离更昂贵要素方向发展，生产要素以其边际生产率支付报酬适用于完全竞争的市场环境，生产要素价值能够准确地通过不同要素的相对价格来界定的时候，效率垄断企业或技术先导企业的技术进步偏向性决策才是有效率的，后期技术溢出效应会导致区域经济增长效率大幅度提高。但是，现实中要素市场扭曲的存在致使其对技术进步偏向性变得无效率，主要表现为短期效率垄断企业或技术先导企业的生产要素配置效率提升很大，后期技术溢出过程中，企业在生产要素配置需求方面受到生产要素供给结构的制约。随着该类型技术进步在企业之间溢出，受到生产要素供给结构与技术内在匹配要求之间失调的影响，技术进步效应会逐渐减弱，在整个区域层面对经济增长效率的提升程度不明显。

随着内生经济增长理论对技术进步的内生化问题的研究，很多学者尝试把技术创新的要素偏向性这一重要概念重新纳入经济增长效率的研究框架之中，如 Acemoglu（2002，2003，2007）对技术进步方向进行界定：如果企业层面大部分使用的技术变化有利于提高某种生产要素的边际产出，则这种技术进步就界定为偏向该要素的技术进步。此外，还论证分析了要素价格变化会对企业技术选择决策方面产生的影响：在利润最大化目标的驱使下，企业生产要素总体成本降低是技术选择优劣的标准和内在要求，企业的技术选择和创新方向偏好少用相对稀缺的价格高的生产要素，在保证产品质量不下降的前提下，以最小的成本来生产、提供满足市场消费需求的产品。根据内生技术进步理论，企业偏向相对充足生产要素的技术选择会更有价值，因而企业在技术研发投资时，更有动力选择研发那些偏向多使用相对充足生产要素的技术，资源误置则给技术创新企业传递了错误生产要素供给结构信号。后来的学者们利用不同数据和方法对技术进步的偏向性进行实证研究，具有代表性的如：采用欧元区的经济数据，运用标准化系统方法，Klump 等（2007）得出 1970～2005 年的技术进步方向总体上是偏向资本的。利用芬兰 1975～2000 年的季度数据，Ripatti 和 Vilmunen（2001）也得出一样的结果。Sato 和 Morita（2009）对日本与美国 1960～2004 年技术进步偏向性进行研究，发现这两个国家的技术进步也是偏向资本的。Acemoglu 和 Zilibotti（2001）、Gancia 和 Zilibotti（2009）等认为：发展中国家能以较低的成本直接应用发达国家研发的技术，发展中国家通过模仿获得的技术进步方向应该和发达国家一样。他们的研究忽略了发展中国家市场机制不健全的问题，技术在短期内可以模仿，但市场化水平却很难在短期内大幅度提高，从技术创新到技术溢出及技术普及应用过程中，不同市场化水平对技术进步产生的经济增长贡献差异明显。

在间接考察了技术进步的偏向性与要素份额关系的基础上（黄先海和徐圣，2009），实证发现 1978～2005 年我国技术进步方向整体偏向资本，且技术进步偏向资本的速度越来越快（戴天仕和徐现祥，2010）。区域内企业的技术进步速度与要素禀赋、要素价格、技术选择、结构转型联系紧密，在技术进步方向选择时区域内企业偏向于相对丰富的要素（李飞跃，2012）。中国技术进步 1978 年以来总体上呈现劳动节约倾向，这是劳动者报酬份额持续大幅下降的主要原因（傅晓霞和吴利学，2013）。与国外发达国家相比，我国经济增长中具有自主知识产权和自主创新技术对经济增长效率改进的贡献还比较少（吕冰洋和于永达，2008），技术进步偏向很大程度上与技术引进吸收的选择决策关系密切。陈宇峰等（2013）从国有企业采用了"逆资源禀赋"的技术选择的视角，解释了中国劳动收入份额长期不高的原因。学者进一步研究发现技术进步偏向是存在生产要素配置效率差异方面的选择性（钟世川，2014），并且改变要素结构可以实现技术进步偏向性变动对全要素生产率的增长（董直庆和陈锐，2014）。最近一些学者也开始关注技术进步偏向性和要素配置偏向性在全要素生产率增长中的作用，如常远和吴鹏（2019）认为生产要素结构配置合理表现为要素投入的利用率较高，会促使技术进步偏向性和要素配置偏向性朝有利于全要素生产率增长的方向发展，生产要素结构动态调整有效性源于技术进步偏向性和要素配置偏向性以及全要素生产率增长的一致性。

关于生产要素之间收入分配结构变动的研究中，大部分研究侧重技术进步偏向对劳资分配不平等影响程度的检验和验证方面，但对技术进步偏向性、劳资分配、经济增长效率之间的作用路径及影响机理方面的研究还不充分。关于企业内技术进步方向与经济增长效率的研究主要是针对区域内整体技术偏向的测算以及技术偏向程度在行业之间的差异性方面，对技术进步偏向的形成机理的研究还处于宏观层面的分析。虽然钟世川（2014）实证研究得出了"行业资本要素偏向型技术进步越突出，则行业全要素生产率增长下降越明显"的结论，但没有对形成技术进步偏向性与经济增长效率改进之间存在的内在机理进行系统阐述。现有的研究很少涉及"将企业异质性特征与市场化程度的关系与技术进步偏向性结合起来研究经济增长效率问题"，对于企业异质性特征影响效率垄断企业对技术进步方向选择决策的机理，还缺少深入系统的研究。

（三）生产要素错配纠偏、行业结构与经济增长效率改进

Foster 等（2001）认为对生产要素错配进行纠偏可以使制造业生产率提高 50% 左右，而且在中长期对制造业生产率可能有更加明显的影响。市场竞争程度变动和企业所有权改革对经济增长效率影响明显，提高市场化水平和企业产权改革二者之间具有相互促进的效果（唐要家，2005）。一国产业升级既要解决资源分配的平衡问题，更要解决企业间资源分配的效率问题（张培刚等，2007）。市场与企业规模都与生产要素配置效率有密切关系，Melitz 和 Ottaviano（2008）认为市场竞争程度是由该市场中企业的数量和平均生产率水平内生决定的，区域空间越大、区域间市场分割程度越低，企业内部运营过程中生产要素平均成本加成越低，资产周转率越快，企业平均生产率水平也就越高。Hsieh 和 Klenow（2009）等认为，企业和行业间的资源配置扭曲是导致较低生产率的一个重要原因。正如 Petrin 等（2011）认为微观企业主体在不断学习和技术创新的基础上通过对稀缺的生产要素进行重新配置会明显提高区域总量生产率。Jones（2011）通过构建模型，分析了资源错配降低经济增长效率的机理，企业之间边际产出差异越大，意味着生产要素在企业之间错配程度越高；同一区域内不同经济主体之间的边际产出差异正是解释不同国家之间发展程度差异和生产要素收入差距的出发点。Peters（2013）通过构建异质性企业在非完全竞争市场环境中适用的简易内生增长模型来解释资源错配现象，通过分解的方法解释了经济增长、资源错配及社会福利变化之间的内在关系，得出：影响企业市场力量的重要因素是企业进入成本的高低，通过降低企业进入壁垒、提高市场竞争程度，将会减少资源错配形成的低效率。

市场竞争强度是决定生产要素在不同企业内配置效率的重要因素（简泽和段永瑞，2012），在中国经济由计划经济向市场经济转轨过程中，经济增长效率改进中很大一部分源于企业之间的生产要素重新组合的再配置效应（李平等，2012）。市场化改革与企业间生产要素误置纠偏过程中，可以改变中间产品在不同企业之间投入生产要素的配置结构，也会提高生产要素投入的区域乘数效应，市场化改革与企业间生产要素误置纠偏成为制造业生产率改进的重要路径（赖永剑和伍海军，2013）。区域与行业之间的结构失调是经济效率不高的重要影响因素（孙元元和张建清，2015）。避免资源要素空间与行业错配是产业、行业结构调整的关键（于斌斌，2015），异质性企业动态调整的增长效应是区域间经济效率差距变动的主要影响因素（Desmet and Rossi-Hansberg，2014；王鹏和尤济红，2015；傅元海等，2016）。李俊青和苗二森（2020）构建了资源错配、企业进入退出与全要素生产率之间的动态微观机制，研究表明资源错配不仅会直接抑制企业的技术投资，而且会通过行业进入门槛和退出门槛的调节效应，降低企业 TFP 增长率。

市场经济发展初期，企业主体的形成主要源于计划经济而不是自主交易，生产要素交易价格受到企业初始形成成本的干扰，生产要素之间定价及价格结构很难与真实的生产要素供给结构相匹配，整个市场扭曲程度比较高，所以选择制定适宜的消除市场扭曲的市场化改革制度环境的政策是推动经济增长效率提升的首要考虑因素，这是目前经济学界比较一致认可的观点。伍山林（2011）从影响劳动收入份额的微观机制入手考察了经济增长效率改进问题，通过严格的数理推导，在数值模拟的基础上，研究了劳动工资率、企业生产技术选择决策和税负变化对劳动要素收入份额的影响，得出二者之间存在多样性和不确定性特征的结论。这种多样性和不确定性背后应该存在着一种被忽视的一种或几种影响因素对二者关系的干扰，企业异质性特征与市场环境的变化是否存在一种内在相互约束的必然性因果关系，这是值得进一步思考和研究的问题。现有文献对行业结构效率的研究主要集中于长期均衡关系的检验方面，对经济增长效率中的行业结构效率变动问题的研究，很少涉及企业异质性特征与市场化水平层面对生产要素流动配置效率的影响。本书在对企业特征与市场环境层面的内在作用关系进行深入研究的基础上，进一步对区域经济增长效率改进的影响机理进行研究。

五 总结性评论

区域经济增长速度最大化与区域经济增长效率最大化，是两种不同的经济增长路径。经济发展初期，商品比较缺乏，社会中人们需求大和收入水平低的矛盾比较突出，选择区域经济增长速度最大化为经济增长目标是合理的；但随着经济进一步发展，生产要素稀缺性日渐明显，环境质量也不同程度下降，人们消费需求由追求数量向追求质量转化，收入水平也逐渐提高，环境质量也被纳入消费需求范围，此时，经济增长目标就应该由追求经济增长速度向追求经济增长效率转变。现阶段，在不明显降低区域经济增长速度情况下的区域经济增长效率改进问题是理论界研究的热点和难点问题，区域经济增长效率以及提升程度也是考察政府干预市场经济和区域协调政策实施效果的一个重要判断依据。

总结以上文献研究成果，可以看出目前学界对区域经济增长效率度量指标选择的优劣分析比较充分，但对区域经济增长效率变化趋势内在推动机理以及影响因素的判断还存在较大的研究余地；在近几年内针对企业效率异质性与空间资源配置效率非均衡的研究，已经积累了丰富的学术成果；学界对企业效率异质性、市场环境与区域经济增长效率变动之间内在作用关系的研究已经形成了大量的理论和实证成果。目前学界对企业异质性、资源误置及区域经济增长效率方面的研究已经形成了初步共识：区域全要素生产率的提高是经济可持续增长的源泉，在市场化水平不高的情况下，协调和平衡区域经济增长效率差异离不开政府参与制定和实施有效的区域经济政策，这已经成为国内外研究区域问题的新方向。

随着经济的发展，企业平均生产规模逐渐扩大，生产要素资源的稀缺性对经济增长的制约越来越明显。本书通过生产要素在企业与行业间的配置纠偏，研究降低资源误置程度，提高生产要素资源配置的静态效率和动态效率，消除影响低效率企业中生产要素流向效率更高的部门和产业的市场扭曲因素，从而达到通过资源误置纠偏来实现生产要素优化配置，达到长期稳定增长速度和效率的双重目的。根据新结构经济学理论，生产率增长变动与技术和结构变迁有关，但在短期内技术进步是既定的、不连续的，难以仅通过技术进步调整来实现经济增长效率改进，重要的是首先解决存量生产要素配置调整路径问题，行业层面体现为行业结构升级变迁，企业层面表现为低效率企业规模不断萎缩，高效率企业规模不断扩张。生产要素在不同企业之间存在配置效率差异，表现为资源误置程度不断提高是反市场机制的，完善市场配置资源的基础性作用是必然的选择。在现代经济增长效率改进方面的研究文献中，技术进步变动对经济增长效率改进的作用和机制受到较多的关注，相关的研究成果也比较丰富；但是对微观企业层面与行业结构变迁之间作用机理的研究还不充分。

基于企业异质性的要素配置以及空间选择的效率改进效果，取决于市场扭曲导致的行业产业、区域层面的资源错置程度。资源错置来源于市场扭曲，消除资源错置会明显提高经济增长效率；但深入企业异质性特征形成与市场化程度变化之间内在机理方面的研究还不充分，把企业异质性特征、区域空间特征和市场效率特征、技术进步方向特征结合起来，考察企业、行业、区域之间的生产要素资源错置的内在机理是非常必要的。此外，本书基于地方政府对纠正市场失灵、化解外部性不经济问题的重要作用，把企业生产率改进的内在要求——市场化程度不断提高，作为政策制度调整需要考虑的重要因素；另一方面，对政府财政收支行为产生的区域内空间集聚与扩散效应进行研究，为考察中国地方政府干预、纠正市场失灵，以及在对外和对内协调的过程中是否存在由企业异质性导致的要素配置效率损失提供依据；探索如何通过政府收支与企业收支替代效应来最大限度发挥纠偏资源误置的实现路径，就显得尤其重要。

综观国内外在经济增长方面的相关研究成果，目前主要针对经济效率的单因素影响机理的研究比较多，对经济效率的动态微观机制的研究还处于起步阶段。现有的理论成果主要集中在对经济增长效率本身测算和区域之间经济增长效率差异的比较上，结合企业异质性特征研究要素收入分配份额和生产性技术进步偏向的内在作用机理对经济增长效率影响的研究不多。考虑生产要素在空间、行业、产业层面的结构布局效率，对解决中国的区域经济增长效率低下问题具有重要的现实应用价值。目前，学界对扭曲市场、降低生产要素流动配置效率的企业主体特征与形成企业主体间效率差距，导致生产要素资源误置的企业效率垄断特征的界定及其变动的研究还不够清晰和深入，这方面研究成果还不多。本研究尝试改变经典经济学中企业同质性的假定，进一步逼近现实的经济环境，把企业异质性特征纳入市场环境的影响因素中，考察生产要素配置效率问题，这一直是国内外专家学者重点关注的内容。

本书在文献研究的基础上，将企业效率异质性的企业特征与市场化程度变动结合起来，从微观市场交易主体企业特征变化和市场扭曲程度互相强化的角度对经济效率进行深入研究。借鉴 Bartelsman 等（2013）异质性企业调整摩擦和扭曲模型的思想，从理论上对区域空间和行业结构效率损失测度方法进行探索性研究，考察区域之间是否存在生产要素空间结构效率改进的机会。本书在前人研究的基础上，从微观层面研究整个区域层面的经济增长动力机制，以及在不同的发展阶段经济增长动力机制的作用路径，同时分区域界定制约区域经济增长效率的短板影响因素，为政策制定和政府干预提供理论和实证依据。本书的研究成果将为产能过剩与不足的行业结构效率改进提供调整依据；从企业异质性的视角考察技术进步偏向性差异，解决由企业非效率垄断特征带来的要素市场企业特征歧视，为消除同一区域市场内存在生产要素的企业特征套利机会提供证据支持；从企业异质性的视角考察技术进步偏向性差异，并为解决选择激励原始技术创新或引进技术的偏向提供多层面的经验证据。

第三节　研究的理论基础

现代应用经济学研究的核心理论内容，主要是围绕"经济增长效率改进"展开的，早在古典经济学时期，亚当·斯密在《国富论》中就已经突出了"分工效率和竞争效率"的经济思想；新古典经济学继续就同一主题深入研究，产生了配置效率——帕累托效率这一理论，开启了经济增长效率动态改进研究的先河；制度经济学在对以往经济学影响因素进行扩展和细化后，深入产权交易费用的层面考察经济增长效率问题，注意到产权制度、交易制度对经济增长效率的重要性；"新"新经济地理学引发了学界注意到现实经济中企业之间主体行为、企业异质性特征对生产要素在企业间的配置效率问题，对效率理论进行了不断的深化研究。本书针对企业异质性、资源误置与经济增长效率的理论研究，主要涉及以下几个重要的基本理论。

一　新古典经济学的效率理论

新古典经济学的效率理论是基于自由竞争的市场环境，在对生产要素资源配置有效率的背景下日益发展起来的。新古典经济学意义上的经济效率与帕累托效率的内涵是一致的，意大利经济学家帕累托认为：对某种经济资源配置的稍微改进，使其他人跟开始时情况一样良好，且要求至少有一个人感觉比变化前要优，这种改进就是有效的，这就是帕累托所表达的效率改进的含义。根据帕累托效率，企业最优化地利用生产要素进行生产是有生产效率的，企业和消费者整体行为均衡表现为生产过程与消费过程的均衡，在完全竞争的条件下，帕累托效率对要素配置效率改进的研究具有很好的方向指导性，但由于客观存在市场失灵的领域——公共品市场对经济运行起到重要的调整和补充作用，而成为制约经济增长效率改进的短板因素。如果政府决策失误，过量供给公共品则会在短期内挤占生产性活动的生产要素资源，降低区域经济增长效率。随着时间的推移，在长期内公共品利用的效率会逐渐提高，公共品对经济增长效率的提升作用会越来越大。非排他性和非争夺性的公共品不能通过以利润最大化为经营目标的企业来提供，但又是市场经济发展到一定阶段的短板，在经济增长过程中所必须解决的公共品只能通过政府来提供，这是政府在调整市场失灵的过程中首先需要解决的问题。

　　微观企业内部的生产要素配置效率改进，是建立在生产者与消费者有效需求互相满足的基础上，通过外部需求的不断满足来实现的；企业生产决策、生产过程、销售产品的所有环节都是从能够更好地满足消费者需求的视角来考虑问题的，而不是从企业本身的视角来考虑。生产企业是通过销售满足消费者的需要来实现自身的生产价值的，如果生产出来的产品存在缺陷，消费者效用没有达到预期效用水平，那么企业的生产行为就不会得到最大价值的支付，企业生产要素配置效率就存在改进余地；消费者需求效用最大化边界与企业生产可能性边界具有统一性，都是企业要素配置的效率边界外移改进的目标。一般而言，新古典经济学效率概念还是存在一定的狭隘性，将完全竞争市场结构作为配置效率最优的充分必要条件，主要源于企业同质性、经营决策者行为完全理性、市场完全竞争的假定条件，在这些条件下，不考虑垄断因素对市场交易环境的影响，将市场化程度变动外部化来研究生产要素配置和企业效率问题，只具有理论意义而现实应用价值不大。新古典经济学家建立了一个比较完整的经济效率概念体系，这为以后学者进一步深入研究提供了一个有效的研究工具，也为学界理论研究提供了关注现实应用问题的后续研究视角。虽然完全竞争市场的假定条件与现实的经济环境差别较大，技术进步不具有连续性，但对在短期不考虑技术进步的情况下的存量资源静态的配置效率而言，市场扭曲逐渐减少、向完全竞争市场环境逼近的过程，也是伴随着生产要素在企业间配置效率的改进过程。新古典经济学效率理论本身的理论价值是不容置疑的，本书对经济增长效率的改进与行业、企业之间生产要素配置效率的变化的基本理论分析，都是在新古典经济学效率理论的基础上进行的。

二　"非效率"理论

　　"不浪费生产要素资源"体现了生产要素配置的选择顺序是优先满足高效率企业的配置需求，是经济增长效率不断提升的内涵，经济增长效率理论的现实应用价值和针对解决的问题，主要是指生产经营活动中存在浪费的"非效率"现象。将经济活动中存在的资源浪费、次优使用等现象界定为"非效率"，主要表现为以下两点。①企业生产活动不可能长期维持在生产可能性边界上，因此可以把生产可能性边界作为经济效率的生产最优状态，而由于浪费无论是对劳动者还是管理者都具有极大的诱惑，可以说浪费是人类的一种习惯性偏好。如果企业生产状态长期处在生产可能性曲线以内，则表明企业生产过程中存在明显的生产要素配置效率损失，企业内生产要素配置偏离效率最优的状态，就意味着存在效率改进的余地。②在配置低效率的改进研究中，对生产要素在企业之间的配置未能达到最优状态的影响因素进行考察，目的是找到效率改进的途径和方法。尽管新古典经济学家承认非效率的存在性，也进行了深入的研究和理论分析，但其在整个新古典经济学的理论体系中依然处在次要地位，新古典经济学认为技术非效率状态不会持久，市场会及时纠正到效率最优的状态。虽然在生产可能性边界以内的点的确代表了效率不高、存在改进余地的状态，但理性的企业家会采取有效的激励办法进行纠偏和补救，很快把处于无效率状态的点向生产可能性的边界推进，但在有效的市场环境中，企业内部的非效率状态点是暂时的，这与现实的情况有很大的差别，只是提供了经济增长效率纠偏路径研究的思路。

需要强调的是，新古典经济学对效率的概念的运用仅局限于单个企业内部的纠偏问题，不涉及两个企业之间比较研究的内容。在现实世界中，异质性企业之间效率差异是具有普遍性的，仅仅在新古典经济学理论框架下研究现实中的经济效率问题，还是存在一定理论深度欠缺的问题。"X非效率"理论不但考察了微观层面企业的要素投入和技术进步对生产效率的影响，还考察了一个未知因素，将由这种客观存在的未知因素引起的效率变动称为"X非效率"。虽然"X非效率"理论只是在扩宽了企业家同质和完全理性的假定的基础上，构建了生产效率差异的分析框架，但"X非效率"理论的核心观点与新古典经济理论观点还是有很大的差异。"X非效率"理论否认企业是利润最大化的微观生产主体和消费者是效用最大化者，不承认企业内会自然呈现配置效率状态，解决了新古典经济学对现实中非完全竞争市场导致的低效率配置现象无能为力的情况。"X非效率"理论对现实市场与企业的关系，以及区域内经济增长效率损失的存在性具有较强的解释力。本书选择企业异质性特征作为X因素之一，从区域生产要素的配置效率改进的视角，来研究如何对生产要素资源误置进行纠偏，进而提高经济增长效率，在此过程中借鉴并大量应用了"X非效率"理论思想。

三　有效竞争理论

学界普遍认为有效竞争理论是现代竞争理论的真正开端，技术进步与创新是经济动态效率演化的内在动力。考虑到市场中竞争因素的不完全性，有效竞争理论认为，有效竞争过程就是由无数个具有不确定性的"突进跳跃"和"技术溢出"构成的一个循环无止境的动态竞争过程，"技术溢出"是一个由慢到快的过程，但不是每一次"技术溢出"都会达到企业主体间技术效率均衡状态，"突进跳跃"的频率会缩短前一次"技术溢出"过程。企业之间对生产要素竞争性使用，意味着生产要素具有的稀缺性日渐明显，有效竞争能够使稀缺的生产要素资源在市场交易中依次流向效率较高的企业，为消费者提供更多满足消费需求的产品，高效率企业单位产品成本就会更低，所耗费时间也更短。早在1961年，克拉克就系统分析了竞争的动态实现过程，在《竞争作为动态过程》中系统阐述了他的有效竞争理论。有效竞争理论认为，竞争是经济增长动态过程中具有独立决策权的企业主体能够较好实现独立决策效果的前提，企业经营目标是实现利润最大化或亏损最小化。企业生产什么、生产多少都是自由的，消费者的消费选择也是自由的，企业生产行为与消费者消费行为是相互制约均衡的互补关系，在这个过程中不断推动实现企业生产行为的优胜劣汰，以及消费者福利不断提高的动态演化。有效竞争过程中，生产供给方表现为生产效率高的企业不断扩大生产规模，生产要素不断流入，生产效率低的企业规模不断萎缩，生产要素不断流出；消费这一方的选择顺序则表现为收入高、购买力强的一方能够优先消费产品，优先消费产品意味着更高的支出成本，效率高的企业比效率低的企业能够更快更好地提供消费者需要的产品，进而得到更高的收益回报。首先得到消费效用满足的消费者需要较高的消费支付，较高消费支付要求获得更高的生产要素供给价格；在企业生产过程中，劳动要素的提供者能够获得更高劳动收入，是生产要素供给者在不同企业之间流动选择的激励因素，表现为生产要素不断从低效率企业流出，流入高效率企业，在这过程中实现生产要素收入和企业生产要素配置效率的双重提升，在宏观层面表现为区域经济增长效率不断提高。

有效竞争过程的"突进跳跃"阶段，是由高效率企业的创新驱动的，新技术、新产品、新管理模式能够获得"垄断创新利润"。在随后的"技术溢出"过程中，首先是存在竞争关系的低效率、无创新的其他企业开始模仿和追随创新企业，主动接受技术溢出以期获得创新企业"垄断创新利润"，在这阶段由于选择应用效率创新企业的先进技术的企业数量逐渐增多，区域内生产要素的使用配置效率大幅度提高，区域经济增长率整体改进质量和改进速度都非常明显。由于市场竞争的作用，效率垄断企业获得"垄断创新利润"只是在既定的技术水平下具有相对稳定性，所以效率垄断企业特征与具体企业之间不具有稳定性特点，这就可以解释为什么在整个经济增长过程中"突进跳跃"和"技术溢出"这两个阶段是不定期、不间断交替进行的。"突进跳跃"的程度和"技术溢出"时间与市场化水平有关，市场化水平不断提高会加快技术创新程度行为和技术溢出速度，效率垄断企业特征具有动态化的特点，市场化程度越高，效率垄断企业特征与具体企业之间稳定性越弱；较高的市场化水平也是微观企业主体之间在通过动态竞争实现优胜劣汰的过程中，突出技术进步与创新来提高企业生产要素配置效率的前提条件。

在一个市场化水平较低的市场环境中，企业之间产品的差异性，市场不透明性、不确定性，信息停滞和信息不对称程度等因素在短期会降低生产要素配置效率，但在长期可以为高效率企业不断创新、实现技术进步提供激励，使创新成功的效率垄断企业扩大和延长获得"垄断创新利润"的空间和时间，但高效率企业与低效率企业之间的"技术溢出"就会变得缓慢，高效率企业与低效率企业之间的资源误置程度就会加深，区域整体经济增长效率改进就会变得缓慢。有效竞争理论是本书研究企业异质性、资源误置与经济增长效率内在机理的重要理论基础，有效竞争理论为研究企业异质性特征、市场环境、资源误置、经济增长效率之间内在作用机理提供了基础理论支持。

四 新制度经济学相关理论

新制度经济学的相关理论对微观企业决策层面具有超强解释力，这主要源于放宽了新古典经济学的假设条件，研究的问题更接近现实。新制度经济学通过引入制度这一重要因素，弥补修正了新古典理论应用条件过于理想的缺陷，但新制度经济学理论无论是理论研究的立足点，还是解决问题的出发点和落脚点都离不开新古典经济学基本理论。根据诺思的观点，新制度经济学中依旧保持了新古典经济学的生产要素稀缺性和市场竞争等基本理论思想；新制度经济学与近代制度经济学的关系共同点是都强调制度的重要性，都弥补了新古典经济学忽略制度因素对经济增长的影响这一缺陷，主要强调人、制度和经济活动三者间的相互关系对经济增长效率的影响。新制度经济学以资源的稀缺性和竞争性理论为研究基础。新制度经济学家在研究经济效率问题的时候，发现以往的经典经济学的研究条件设定过于理想化，对市场交易主体之间交易行为带来的成本和企业组织内部产权制度没有加以考虑。

新制度经济学代表人物科斯认为：新古典经济学所谓的有效竞争是建立在无交易成本的情况下的一种理论，无交易成本条件在现实世界是不存在的。为弥补这一研究角度的缺陷，新制度经济学将产权、交易费用这一现实问题引入对经济效率的研究。交易费用是经济活动中一项必不可少的支付成本或代价，在完全竞争的市场环境中，忽略交易费用的存在也是传统经济学理论在化解现实经济中存在难题方面束手无策的一个重要原因。"交易费用"这个概念最早是由威廉姆森提出的，他将交易费用分为两部分：一是事先的交易费用，即为签订契约，规定交易双方的权利、责任等所花费的费用；二是签订契约后，为解决契约本身所存在的问题，从改变条款到退出契约所花费的费用。本书认为，微观企业之间生产决策以及消费者行为中消费决策偏离最优均衡的程度均与交易费用有关，交易费用越高，偏离均衡的程度就越大，经济增长效率改进空间就越大；市场化程度越高，交易费用就越低，进而资源误置纠偏的速度就越快。

新制度经济学家对企业可能在生产可能性曲线以内进行生产，从而产生生产要素配置效率的非最优化的问题进行深入研究，得出：生产要素在企业内部低效率配置状态具有长时间存在的特征，这一观点与新古典经济学认为这种偏离最优的配置状态是"暂时的"不同。新制度经济学对新古典非效率理论并不认同，新制度经济学的观点是交易费用导致了企业内部生产要素配置在生产可能性曲线以内生产，如企业组织内部管理系统的信息不对称，员工与雇主的目标函数不一致导致的消极怠工的抵制，业主获取有效信息的成本较高等内部交易费用，从而导致企业间产出效率差异以及企业内部配置效率非最优状态。新制度经济学中的假设条件没有发生根本性变化，依然沿用传统经济学中"经济人"的假设，忽略人类行为非理性决策、不考虑人类群体行为存在的利他特征，认为人总是理性的、自利的，但只是考虑到不同人员之间的目标函数是不同的，存在利益上冲突和信息获取成本。此外，人类行为中的理性决策目标具有多重性，如管理层除了经营管理利润最大化目标之外，还存在企业经营规模最大化、经营管理利润稳定化等多重目标。企业内部一般员工不仅仅考虑收入最大化，还会有将来接受培训、发展完善机会等方面的目标追求。企业员工在不同的企业中由于激励环境差异而表现出不同的效率，新制度经济学对经济效率的研究，关键是关注到了现实经济活动中客观存在的交易费用对要素配置效率改进的制约作用，开辟了对经济增长效率改进研究的另一视角。

五　内生增长理论

早在亚当·斯密时代，在经济学理论界针对到底是什么因素驱动经济增长的问题就进行了思考并引发了长期不休的争议和论证，最终形成的比较一致的观点主要集中在以下三个方面：一是生产性生产要素资源的积累；二是对生产性生产要素的使用效率；三是技术进步。"新经济学"即内生增长理论则认为，长期增长率变动可以由内生因素解释，该理论认为劳动要素并不是同质的，劳动的品质和生产率是变动的，正规教育、培训、在职学习差异是劳动效率差异的形成根源，同样物质资本也存在效率差异，其中主要是物质资本中固化技术差异导致的边际产出逐渐提高，内生增长理论的核心是把技术进步等要素内生化，能够得到因技术进步的存在，要素收益会递增而长期增长率为正的结论。本书针对企业异质性与经济增长效率的研究，也突出了企业之间生产要素结构差异、生产要素边际产出效率差异，同时突出了异质性企业形成变动对经济增长效率变动的影响。而内生增长理论则认为，一国经济的长期增长是由一系列内生变量决定的，这些内生变量对政策（特别是政府干预市场的相机决策）是敏感的。如果增长率是由内生因素决定的，那么经济行为主体——异质性企业之间生产要素流动性配置效率变动与企业内部生产要素规模效率变动是否存在一致性的研究都需要运用内生增长理论来分析和论证。

内生增长理论的研究重心主要是从理论上证明技术进步对经济增长的作用机制，内生增长理论提出的技术进步是保证经济持续增长的决定因素。初期的研究主要局限于完全竞争假设条件，不能对技术商品的特性进行差异性分析，而且不能对技术本身的非竞争性、溢出性及公共品性进行较好的模型化。为了克服内生增长模型存在的问题，随后改变理论假定条件，把完全竞争的市场假设扩展到垄断竞争假设，构建产品种类增加型内生增长模型、产品质量升级型内生增长模型、专业化加深型内生增长模型，为现代经济增长效率研究提供了有力的理论支持。内生增长理论在经济增长过程中注重技术进步对经济增长效率的影响，这是非常重要的理论思想。此外，内生增长理论主要是在完全竞争假设下考察长期经济增长效率的决定因素。

到 20 世纪 80 年代末期，内生增长模型主要包含两条具体的研究思路。第一条研究思路是以罗默、卢卡斯为代表，采用规模收益递增、技术外部性来解释长期经济增长效率变动，代表性模型有罗默的知识溢出模型、卢卡斯的人力资本模型、巴罗模型等。第二条研究思路侧重用资本持续积累来解释经济内生增长，代表性经济增长模型是琼斯—真野模型、雷贝洛模型等。考虑到完全竞争假设条件过于严格，这样建立在完全竞争条件下的内生增长模型存在一定的缺陷，对非完全竞争环境下的现实经济增长的适用性就存在较弱的解释力，尤其是对技术商品具有的非竞争性和部分排他性的特性对长期经济增长效率的影响方面分析效果不佳，现实应用价值受到了制约。

在进入 20 世纪 90 年代以后，经济学家对原有的内生增长模型进一步完善，如 Young（1991）的干中学模型，提出增长可能受到发明约束的观点。Young（1993）考虑到了中间产品替代性与互补性因素，构建了包含中间产品与最终产品的内生增长模型。Ortigueira（2000）将闲暇作为一个重要因素引入效用函数，构建了人力资本驱动型增长模型，鉴于效用函数非单调性，推导出经济增长均衡路径非单一性。Li（2000）根据对企业生产产品的影响差异，将研发部门进行的技术创新分解为原有产品质量提高和增加中间产品品种等多技术性质的内生增长模型，论证了内生增长理论在经济增长效率改进研究中应用的合理性。生产要素资源流入企业后，受到企业内部管理及应用环境的影响，生产要素自身素质结构和生产效率都会发生变化，企业生产与管理技术创新主要内生于生产要素在企业内部的恰当应用与制度安排（主要是劳动要素激励制度安排以及生产要素之间结构优化程度的相关制度）。

到目前为止，内生增长理论在解释经济增长效率趋势变化的相关研究方面依然有很强的生命力，内生增长理论的后续发展，将沿非线性动态模型更精确地模拟现实经济世界。内生经济增长理论，是本书在论证经济增长效率改进过程中的主要影响因素，及其作用机理过程中运用的基本经济理论。

六 "新" 新经济地理理论

按照新古典经济理论，在规模报酬不变的条件下，选择比较利益是决定国际贸易模式的内在驱动力，在第二次世界大战之后的一段时间里，国际贸易以及区域内的经济增长与新古典经济理论基本吻合。新古典经济学里假设规模报酬不变和完全竞争，这与现实中不完全竞争、规模报酬递增是存在冲突的，这种理论与现实之间的冲突表明现有的理论研究肯定是忽略了某一特征要素或视角，或者某一理论假设条件与现实条件差异较大，这是理论创新和发展的内在推动力。后来的新贸易和新增长理论对新古典理论做了极有价值的补充，较好地解释了行业内贸易、专业化和无限增长方面的经济现实。在 1977 年，迪克西特和斯蒂格利茨构建了内含规模经济和多样化消费的 D－S 理论模型。将运输成本在模型中作为一个重要的内生变量，对消费者喜欢多样化与生产者生产品种越少成本越低进行了均衡考虑。该模型内在逻辑是生产者与消费者存在决策上的冲突，即效用最大化与成本最小化的冲突：对消费者而言，在收入水平一定的情况下，市场中提供的可选择产品种类越多，效用水平越高；但在资源有限的情况下，对生产厂商来说，把一种产品规模做大会产生规模经济，并会使成本降低。D－S 模型为解决复杂的区域间贸易提供了理论依据。随后在 1991 年，Krugman 在《收益递增与经济地理》一文中将以往经济理论中忽略的"空间特征"与"运输成本"纳入经济贸易与增长理论模型，打破了经典经济理论中"无差异空间""无运输成本"的理论假设，构建的理论模型大大提高了对现实经济运行的解释力度。

以克鲁格曼、藤田为代表的新经济地理学派形成于 20 世纪 90 年代，新经济地理学派的一个重要贡献是把区域经济学融入主流经济学的研究框架体系，为区域经济增长效率改进的研究提供了又一个有用的理论工具。

新经济地理学派分析区域问题的模型框架还是建立在经济学理论基础之上，新经济地理理论考虑了在收益递增、不完全竞争、运输成本存在情况下的经济增长问题，具有较强的现实应用价值。新经济地理理论认为：由于生产规模收益递增意味着单位产品的生产成本下降，不同区域通过发展专业化和贸易，提高其收益，能够较好地解释现实经济中企业在地理空间上集中形成大型的聚集地区现象。由迪克西特和斯蒂格利茨创立的不完全竞争模型，针对现实经济中客观存在的不完全竞争市场环境，能够解释不同区域之间后期经济增长的演化差异，如某个地区的制造业发展起来之后形成工业地区，而另一个地区则仍处于农业地区，而且这种经济增长效率的差异会持续存在甚至会被"锁定"，形成中心区与外围区。保罗·萨缪尔森引入的"冰山"理论中突出运输成本对经济增长差异的影响；新经济地理学派构建区域经济的"中心—外围模型"对区域经济学的影响非常明显。这对本书解释企业异质性的空间和行业层面生产率差异有重要的理论参考价值。Baldwin 和 Okubo（2006）将企业异质性纳入经济增长效率模型，Ottaviano（2011）构建了"新"新经济地理理论，为从生产效率异质性角度研究企业、产业空间行为的经济效率问题提供了新视角。结合企业特征与外部环境特征，将空间属性深入生产效率等"性质"层面，从而提供了更全面洞察问题本质规律的理论平台。新经济地理学能够很好地解释同质劳动者和企业的区位选择行为，而"新"新经济地理理论能够对现实中封闭区域内部产业集聚、区域间生产要素流动进行更为深入的解释，"新"新经济地理理论是本书研究企业异质性、资源误置与经济增长效率改进内在机理的重要理论之一。

第四节 研究思路与内容框架

如何有效提高区域经济增长效率，如何界定区域经济增长效率改进的瓶颈，以及如何打破经济增长效率改进过程中遇到的瓶颈，一直是区域经济学界长期重点关注的核心问题，国内外学者进行了大量的研究和探索。现代信息与物流技术的发展加快了区域经济一体化程度的步伐，区域经济一体化本质上意味着有限的生产要素将在更大的空间内进行配置。国与国之间的技术差距随着信息全球化、生产要素流动速度的不断加快而在不断缩小，如果说以往的技术差距是导致经济增长效率不均衡的原因，那么为何在技术差距缩小的同时，经济增长效率的空间差异问题反而更加突出了？资源误置是制约中国区域经济增长效率的重要因素，从企业异质性视角研究资源配置问题，对全面深化中国经济改革具有重要意义。

一项适宜的创新技术从诞生开始就对效率垄断企业产生了明显的生产要素配置效率的改进效果，表现为拥有该技术的效率垄断企业以此获得了丰厚的垄断利润，生产要素大量流入该企业，企业的生产规模迅速变大。随着时间推移，该项技术进入技术溢出阶段，技术溢出速度和规模大小决定了该项技术对整个区域内的经济增长效率改进程度。创新技术对区域经济增长效率的影响是一个先慢后快再慢的长期过程，但这必须是建立在生产要素供给没有结构失衡的基础上，这就要求技术进步方向能够匹配生产要素长期的供给结构。到目前为止，中国低效率的粗放型经济增长方式依然没有得到有效缓解。要想真正有效地解决区域经济增长效率不高的问题，有必要以微观企业生产要素配置效率为起点，沿着企业异质性特征—市场环境变化—技术进步—生产要素流动配置效率—生产要素结构效率—资源误置纠偏—经济增长效率改进的研究思路，深入系统地研究区域经济增长效率的改进路径。

本书理论部分主要针对企业异质性、资源误置与经济增长效率的关系进行研究，旨在深入剖析企业异质性如何造成资源误置，进而通过资源误置来影响经济增长效率。针对企业异质性对资源误置的影响机理的研究，主要是在对生产要素流动配置效率改进的动力机制进行研究的基础上，进一步研究了企业异质性特征与资源误置形成的内在机理。通过对非效率垄断的企业特征对生产要素资源误置的实现路径的研究，得出：一是非效率垄断企业特征扭曲生产要素市场价格结构，误导效率垄断特征企业技术进步方向偏离生产要素供给结构，导致经济增长动态无效率，表现为现实经济增长效率与潜在经济增长效率长期收敛趋势减弱；二是具有非效率垄断企业特征的企业通过非效率配置的方式挤占了大量生产要素，降低了具有效率垄断企业特征的企业进一步研发创新的能力。

通过分别对区域间企业异质性特征和区域内企业异质性特征两个层面的形成路径，以及对经济增长效率的影响进行研究，为消除非效率垄断和扶持效率垄断的企业异质性特征提供了理论支持，提出了经济增长效率改进路径的基本逻辑思路。一是在短期内效率垄断特征企业的技术特征代表区域经济增长效率最优的生产要素配置水平，对生产要素在企业层面的资源误置进行纠偏，首先考虑的是纠偏企业区域空间特征差异之间生产要素资源误置，也就是首先考虑企业空间结构差异形成的存量生产要素配置效率损失问题，企业区域空间特征差异之间生产要素资源误置与经济增长效率改进路径，实质上是研究区域之间、同行业之间企业生产要素空间配置的选择调整路径。其次是考虑纠偏区域内部其他企业异质性特征带来的生产要素资源误置来提高经济增长效率。二是解决效率垄断特征企业自身技术进步，在随着技术大范围使用过程中对区域经济增长效率的影响机理进行研究。在逐渐提高市场化程度的情况下，生产要素价格结构和供给结构趋于一致。最后结合经济增长效率的长期变动趋势，从经济增长效率改进的动态视角，考察了企业异质性特征形成过程通过导致资源误置进而影响经济增长效率的机理，为解决经济增长过程中经济增长动态无效率问题提供了理论基础。

一 研究思路

本书对企业异质性、资源误置纠偏与经济增长效率改进的研究思路如下。

一是解决生产要素在异质性企业之间交易层面的资源误置问题，生产要素资源误置问题在短期内实质上是生产要素在市场扭曲的环境下的流向分配问题。在短期内，效率垄断特征企业的技术特征代表着区域经济增长效率最优的生产要素配置水平，这一技术条件不会出现突变，在存在非效率垄断企业特征的情况下，生产要素按照已经扭曲的生产要素价格进行非效率配置，生产要素的流向就出现了多样化激励：非效率垄断企业特征对生产要素资源误置的途径，是扭曲市场交易价格，干扰生产要素流向，从而降低生产要素在异质性企业之间的流动配置效率。具有非效率垄断企业特征的企业主要通过非市场交易机制获得生产要素的流入，这样就不但减弱了效率垄断企业对生产要素的效率吸引效应，还对效率垄断企业生产要素流入产生挤出效应，使效率垄断企业的技术不能有效充分地应用，技术溢出效应不能充分发挥，从而降低了对效率垄断企业进一步创新研发的激励。在短期内，对生产要素在企业层面的资源误置进行纠偏，首先是考虑纠偏企业区域空间特征差异之间的生产要素资源误置，区域空间特征差异形成的生产要素资源误置与经济增长效率改进路径，实质上是研究区域间同行业之间企业生产要素空间配置的选择调整路径；其次是考虑纠偏区域内部其他企业异质性特征带来的生产要素资源误置程度，通过生产要素在企业间流入流出，低效率企业规模不断缩小，高效率企业规模不断扩大，不断提高相对较高效率企业对生产要素占有份额，从而推动区域经济增长效率不断提高。

二是解决生产要素结构层面的资源误置问题。区域经济增长效率中的技术适用性效率高低与效率垄断企业的技术进步偏向性选择决策具有密切的关系，技术进步方向与生产要素供给结构的一致性程度越高，生产要素资源跨期结构误置程度就越低，整个区域经济增长效率的技术适用效率就越高。具有效率垄断特征企业具备的效率垄断技术是在新技术出现之前整个区域内将普遍使用的主要生产技术，这个过程也是效率垄断特征企业的技术溢出过程。效率垄断特征企业技术进步方向与生产要素供给结构的一致性程度越高，整个区域经济增长效率的技术适用效率就越高。但非效率垄断企业扭曲了市场，导致生产要素价格结构偏离了生产要素供给结构，在这种情况下，效率垄断企业在技术创新过程中同样根据企业自身利润最大化的原则，依据生产要素市场价格比对关系，选择自身生产成本最小化的技术进步方向，这个技术进步方向在短期内对效率垄断企业而言是最优的，但是对整个区域而言却不是最优的。随着时间推移，效率垄断企业的技术进步方向失误不但增加了效率垄断企业技术进步方向纠偏成本，还会导致整个区域经济增长受到生产要素供给结构失衡带来的要素供给瓶颈约束，生产要素资源误置程度不断加大，表现为生产要素边际效率趋于收敛的速度减慢，从而带来经济增长效率损失。所以，解决长期经济增长动态效率低下的关键也在于找到并消除扭曲市场的非效率垄断企业特征。通过消除非效率垄断企业特征来提高市场化程度，促使生产要素价格结构和供给结构趋于一致，有效诱导效率垄断企业对技术进步方向进行纠偏，并通过效率吸引效应和技术扩散效应，大幅度地提高整个区域经济增长效率中的技术适用效率。

本书的研究思路与框架结构如图 1.1 所示。

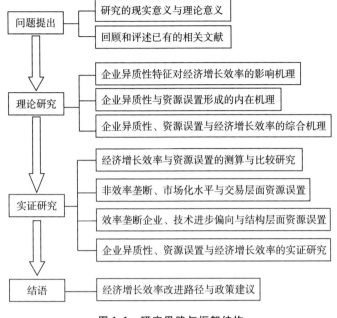

图 1.1　研究思路与框架结构

二　内容框架

本书研究内容分为七个部分，各章节概要如下。

第一章：导论。主要探讨选题背景与意义，强调课题主题研究的现实和理论价值，在"结构性调整"与"提高增长效率"的双重要求下，从企业效率异质性的视角把区域经济增长效率改进与生产要素资源误置纠偏结合起来研究，有利于解决以往政策执行过程中重视宏观视角但忽视微观企业层面而导致的"上有政策，下有对策"减弱了政策执行效果的不足。本书研究成果为政府制定更为有效的宏微观兼顾的产业转移、结构调整政策，具有重大的现实意义。政府政策不仅体现在解决问题的过程中，更重要的是预估经济潜在的问题，只有政策具有了前瞻性，才能引导中国经济实施创新驱动发展，在纠正资源跨期结构误置的基础上，为原始技术创新或技术引进提供选择方向，对破解三十多年"高增长低质量的经济增长"的现实难题具有重大的现实意义。本书在文献研究的基础上，根据研究需要对应用到的经典理论进行了选择性的描述，并对课题研究中所用的研究方法、创新之处进行了说明，最后介绍了研究思路与结构框架。

第二章：企业异质性、资源误置与经济增长效率的理论研究。本章旨在运用现有的经济理论，构建企业异质性、资源误置与经济增长效率内在机理的理论体系，从静态截面和长期动态两个层面进行更为深入的理论研究，为后续实证研究消除非效率垄断、资源误置纠偏与经济增长效率改进路径研究提供理论支持。主要分三个层次构建企业异质性、资源误置与经济增长效率内在机理的理论体系：首先从企业异质性特征形成路径、企业异质性特征对经济增长效率影响的经济学原理、企业异质性特征对经济增长效率影响三个方面，论证了企业异质性与经济增长效率的内在关系；从企业异质性对资源误置影响机理的经济学分析、企业异质性特征对资源误置形成路径研究两个方面，论证了企业异质性与资源误置的内在关系。其次对企业异质性、资源误置与经济增长效率的综合机理、演化路径和动力机制进行研究。最后论证得出"经济增长效率改进的过程，也就是生产要素资源误置程度扩大—纠偏—均衡—再扩大—再纠偏的循环不止的过程"。本章的理论研究内容是后续章节中实证研究的理论依据。

第三章：经济增长效率与资源误置的测算与比较研究。本章首先解决实证样本的选择问题：基于制造业企业是体现人类经济发展最主要的创造性领域，大部分技术进步与管理创新都发生在制造业，农业和服务业的生产率变动与机械制造业提供的机械工具创新程度密切相关，制造业对整个经济增长效率改进的影响处于核心地位。在对经济增长效率度量指标进行研究的基础上，对区域经济增长效率进行测算；基于不同行业生产要素替代性强弱、市场相对独立分割、技术选择和技术水平差异较大的特点，对为什么选择行业和区域两个主要企业异质性特征为标准进行比较研究进行了解释说明，分行业分区域结合东中西三大区域对经济增长效率进行测算。在企业异质性层面的行业与空间资源误置程度比较研究方面，首先在界定资源误置的内涵和资源误置程度度量方法的基础上，对企业异质性特征与资源误置的动态演化机理进行研究，其次分行业和区域对资源误置程度进行测算与比较分析，最后从区域开放的视角考察外资流入对内资企业资源误置程度的影响。经济增长效率存在偏离最优的均衡状态，就意味着资源误置，经济增长效率改进过程也就是资源误置程度不断减少、纠偏的过程。区域经济增长效率和资源误置程度的现状研究为通过纠正资源误置提高经济增长效率提供了更为具体的实证依据。

第四章：非效率垄断、市场化水平与交易层面资源误置的实证研究。首先对企业非效率垄断与市场扭曲之间的关系进行论证，考察市场扭曲是如何导致生产要素资源误置的理论机理，解释实证研究中为什么要对制造业市场化水平采取分行业与区域两个层面进行比较。论证了使用行业内企业之间的全要素生产率离散度来表示市场化扭曲程度的理论依据。考虑到各区域与各行业之间市场化水平差异较大的客观现实，为了更精确地研究行业和区域流动配置效率的差异性，进一步分行业分区域对市场化水平进行测算与比较。在测算 31 个省（区、市）以及 28 个行业的市场化程度的基础上，基于行业之间产品的类似性，在制造业市场化水平的行业与区域比较中参考 Li（1997）的归类标准，将两位数制造业行业分为四个制造业行业大类，分别为轻工业、化工业、材料工业及机械设备制造业，分东中西三大区域实证研究四大行业的市场化水平。对制造业分行业分东中西三大区域对市场化水平进行测算及行业归类比较分析结果，为后面章节研究通过行业结构调整来提高区域经济增长效率中的流动配置效率提供了生产要素在行业间进入退出、增减变化的市场化水平方面的选择依据。四大行业的市场化水平的测算结果不仅为精确地提出适时有效的对策建议提供了实证支持，还为区域经济增长效率重要影响因素——行业结构调整过程中生产要素进入退出的行业路径选择提供了依据。

第五章：效率垄断、技术进步偏向与结构层面资源误置的实证研究。首先，对效率垄断企业、技术进步方向与资源误置之间的内在机理进行深入论证分析，分别得出：技术适用性效率高低与效率垄断企业的技术进步偏向性选择的关系；技术进步方向、生产要素供给结构与生产要素资源跨期结构误置程度之间的关系；如果效率垄断企业所处的市场环境是扭曲的，那么效率垄断企业的技术进步方向决策在短期内对自身是最优的，但随着时间的推移，生产要素现实供给约束，会逐渐纠偏原来市场扭曲形成的生产要素价格结构，效率垄断企业短期最优技术进步方向决策，会由于生产要素成本结构变化而不再是最优决策，技术溢出速度越快，这一过程就越短。其次，构建消费者（居民）、银行、企业生产和技术研发等四个部门模型，从生产要素供给和需求两方面考察技术进步偏向性对资源误置的影响，进行数理分析得出以下理论机理：在生产要素供给方面，生产要素的市场扭曲导致不平等收入差距，降低了既定经济增长水平下的产出消费量，导致企业无效供给，进而降低了经济增长效率；在生产要素需求方面，生产要素的市场扭曲导致了企业要素相对支出成本结构偏离数量供给结构，诱导了企业技术进步偏向性决策，进而导致企业现实中对要素价格支付结构不能真实反映现实中的消费需求结构，技术进步偏向资本，影响企业生产环节的持续稳定性，降低了经济持续增长效率中的技术适用效率，体现为结构层面资源误置程度不断增大。最后，效率垄断、技术进步偏向与资源误置的实证研究得出：制造业所有行业资本要素与劳动要素之间具有互补关系，生产要素结构比较稳定，这表明技术进步方向的初始选择非常重要，整体偏向资本的技术进步是形成生产要素资源跨期结构误置，进而导致经济增长效率中技术适用效率不高的直接原因。本章研究结果为生产要素跨期结构误置纠偏，提高经济增长效率中的技术适用效率提供了实证依据。

第六章：企业异质性、资源误置与经济增长效率的实证研究。本章根据企业异质性、资源误置与经济增长效率之间综合作用机理、演化路径和动力机制的研究，分析得出：经济增长效率改进的过程也就是生产要素资源误置程度扩大—纠偏—趋向均衡—再扩大—再纠偏的依次循环不止的过程；市场化水平越高，具有效率垄断企业特征的企业更替频率就越快，生产要素资源误置程度扩大—纠偏—趋向均衡—再扩大—再纠偏的速度就越快，经济增长效率改进程度就越大。本章提出并要论证和实证检验的主要观点为：无论是解决短期还是长期经济增长效率低下问题的关键，都在于找到并消除扭曲市场的非效率垄断企业特征；通过消除非效率垄断企业特征来提高市场化程度，促使生产要素价格结构和供给结构趋于一致，有效诱导效率垄断企业对技术进步方向进行纠偏，并通过效率吸引效应和技术扩散效应，大幅度地提高整个区域经济增长效率中的技术适用效率。结合中国经济运行中的企业异质性特征和市场环境，提出了企业异质性、资源误置与经济增长效率之间内在关系的理论假说。企业异质性、资源误置与经济增长效率的实证研究的主要思路：一是对非效率垄断企业特征进行界定，针对理论假说中"国有企业是扭曲市场的企业主体"进行实证检验；二是针对理论假说中"国有企业的国有产权特征是非效率垄断企业特征"进行实证检验，并对非效率垄断企业特征与区域经济增长效率的关系进行验证。

第七章：经济增长效率改进路径与政策启示。首先根据企业异质性、资源误置与经济增长效率的综合机理、演化路径和动力机制的理论研究结果，从区域间、区域内、跨期结构三个层面，提出异质性企业之间资源误置纠偏与经济增长效率改进路径。其次结合企业异质性、资源误置与经济增长效率的综合机理、演化路径和动力机制、经济增长效率改进路径和实证结果，分"行政部门与国有企业利益分离、逐步弱化国有企业对生产要素配置的资源误置程度""化解和消除市场扭曲、提高效率垄断企业效率吸引和技术溢出效应""鼓励效率垄断企业调整技术进步偏向，提高技术适用效率"三个层面提出了政策建议。最后，指出了本研究的不足之处和以后的研究方向。

第五节　研究方法与创新之处

一　研究方法

（一）运用理论逻辑推导的方法

在企业异质性、资源误置与经济增长效率的理论研究部分，运用相关经济理论，从静态截面和长期动态两个层面进行更为深入的理论研究，构建企业异质性、资源误置与经济增长效率内在机理的理论体系：企业异质性、资源误置与经济增长效率的综合机理、演化路径和动力机制；企业非效率垄断对市场扭曲的形成机理；市场扭曲对交易层面资源误置的影响分析；效率垄断企业、技术进步方向与资源误置的理论分析；效率垄断、技术进步偏向性对资源误置影响的经济学解释，采用了逻辑理论论证推导的理论研究方法。本书在论证企业异质性特征、资源误置程度与经济增长效率之间的综合作用机理，得出企业异质性、资源误置与经济增长效率改进的演化路径和动力机制的理论研究结果，以及结合文献研究提出企业异质性、资源误置与经济增长效率的"理论假说"和进行计量模型设计与论证研究以及变量选择过程中，均运用了通过相关经济理论进行逻辑推理的研究方法。

（二）分解、匹配、构建数理模型的研究方法

针对企业异质性特征的界定研究，将企业异质性特征分解为效率垄断

企业特征和非效率垄断企业特征。把资源误置分解为交易层面资源误置和结构层面资源误置，运用 Baily 等（1992）提出的 BHC 方法把区域经济增长效率分解为技术适用效率、行业结构配置效率、流动配置效率三部分。论证得出技术适用效率、行业结构配置效率、流动配置效率分别与市场化水平、技术偏向性的匹配对应关系。通过分解与转化的研究方法，把区域经济增长效率的非资本、非劳动影响因素转化为能够通过资本、劳动两种生产要素和产出之间的相对变化量化的且能够建模计量的具体影响因素。通过构建消费者（居民）、银行、企业生产和技术研发四个部门模型，从生产要素供给和需求两方面考察效率垄断、技术进步偏向与结构层面资源误置纠偏内在机理，在构建企业异质性、资源误置与经济增长效率理论框架过程中，对企业异质性特征、资源误置与经济增长效率的数理关系的论证研究主要采用了构建理论模型、数理分析的研究方法。

（三）指标界定、测算、比较分析、计量模型相结合

企业异质性特征、资源误置与经济增长效率的研究过程，涉及概念界定、选择指标、指标数值测算、行业与空间各指标的对比分析。如通过理论分析对资源误置程度、市场化水平进行界定，利用微观企业数据库进行企业层面的数据统计分析，分区域分行业考察异质性企业的生产效率，都采取了分行业分区域结合东中西三大区域对经济增长效率进行比较分析。制造业市场化水平的行业与区域比较，是分四大制造业行业分区域对资源误置程度、市场化水平进行测算分析比较研究。非效率垄断企业特征的界定，以及非效率垄断企业特征降低区域经济增长效率的实证检验，通过计量模型并利用 Stata 软件对企业层面数据进行计量分析。在效率垄断、技术进步偏向性与资源误置的实证研究中，制造业分行业劳动与资本的替代弹性和技术进步方向指数运用了"标准化系统"方法进行跨期测算和分行业、区域比较研究；经济增长效率选用全要素生产率指标，选择广义非线性最小二乘法的估计方法，利用非线性不相关回归估计方法进行测算，并分解比较研究。

二 创新之处

（一）研究视角方面

政府干预经济必须是战略性的，政府干预经济的主要手段如制度调

整、政策变更、财政收支等侧重解决的不应是经济问题的表象，也不应是具有某些特征的具体企业的生产要素配置效率问题，而应该是制约区域内整体经济增长效率改进中隐藏的具有普遍性的问题，如制定提高区域空间和跨期资源配置效率的适宜的制度安排以及持续性政策建议，解决制约区域经济持续健康发展的企业、区域、跨期等多重结构性问题。在经济增长效率改进路径与政策建议方面，本书力图规避"头疼医头、脚疼医脚"的事后干预，研究视角转向能够提出事前、事中干预的政策建议。本书主要探究企业异质性、资源误置与经济效率改进的内在机理，尝试为政府提供能够深层次解决经济增长效率低下问题的政策建议，目的是为政府干预市场、纠偏市场、提升经济增长效率及平衡区域空间与行业间非效率经济增长差距等政策的制定提供多角度和多层面的参考；为政府战略性的事前和事中干预以及解决经济增长过程中出现的低效率问题，提供理论依据和实证支持。此研究视角对促进区域经济增长效率改进具有重要的理论指导意义。

（二）研究方法方面

本书对异质性特征、资源误置与经济增长效率之间内在机理的研究，采用分解对应的研究方法。把企业异质性特征分解为效率垄断特征和非效率垄断特征；把资源误置分解为交易层面资源误置和结构层面资源误置；把经济增长效率分解为三部分：技术适用效率、规模效率、流动配置效率，经济增长效率损失源于技术适用效率、规模效率、流动配置效率三部分偏离最优化的程度。在企业异质性、资源误置与经济增长效率之间动态演化的综合作用机理的研究中，分别把异质性特征、资源误置与经济增长效率的分解对应指标进行匹配，通过分解对应指标之间的理论分析，能够更为精准地突出异质性特征、资源误置与经济增长效率之间的直接作用机理、间接作用机理及交叉作用机理。直接作用机理、间接作用机理及交叉作用机理本身，也是对综合作用机理的细化分解。采用此方法，可以为经济增长效率改进路径与政策建议提供更为具体的理论支持。

（三）研究思路方面

以考察经济增长效率微观企业层面的企业特征与市场化水平程度之间累积循环关系为起点，层层深入地研究市场环境与技术进步方向选择对企业、行业、区域生产要素资源误置程度的影响,注重研究区域经济增长效率中存在的深层次问题。研究思路是围绕一条主线、两条辅线展开,选择以微观企业生产要素配置为起点,以企业(微观)—行业(中观)—区域(宏观)为主线,以非效率垄断—市场化水平—交易层面资源误置—经济增长效率(流动配置效率、规模效率)为一条辅线,以效率垄断—技术进步偏向—结构层面资源误置—经济增长效率(技术适用效率)为另一条辅线。本书针对企业异质性特征、资源误置与经济增长效率进行研究,涉及的角度和匹配关系比较复杂,采用一主两辅线进行研究,主线清晰能够突出研究重点,便于理解;一条主线两条辅线的思路能够对经济增长效率改进的过程也就是生产要素资源误置程度扩大—纠偏—趋向均衡—再扩大—再纠偏的循环不止的过程进行更清晰的表述;两条辅线围绕主线交替进行能够更加深层次地理解主线内企业异质性、资源误置与经济增长效率之间动态演化的综合作用机理。

(四)研究内容方面

运用现有的经济理论,从静态截面和长期动态两个层面进行更为深入的理论研究,构建企业异质性、资源误置与经济增长效率内在机理的理论体系:首先从企业异质性特征形成路径、企业异质性特征对经济增长效率影响的经济学原理、企业异质性特征对经济增长效率影响三个方面论证了企业异质性与经济增长效率的内在关系;其次从企业异质性对资源误置影响机理的经济学分析、企业异质性特征对资源误置形成路径研究两个方面论证了企业异质性与资源误置的内在关系;最后对企业异质性、资源误置与经济增长效率的综合机理、演化路径和动力机制进行研究。最终论证得出"经济增长效率改进的过程也就是生产要素资源误置程度扩大—纠偏—均衡—再扩大—再纠偏的循环不止的过程",对"现实经济增长效率会始终小于理想区域经济增长效率,且二者变化趋势在长期处于一致,但在短期会存在方向相反的波动"这种现象进行了理论解释。

第二章　企业异质性、资源误置与经济增长效率的理论研究

在完全竞争的市场环境中，由于价格机制作用，生产要素收益与企业生产要素配置效率是一致的，这是生产要素从低效率企业流向高效率企业的动力，也是低效率企业进行研发创新以提高企业效率的激励机制。在现实经济环境中，劳动生产要素与资本生产要素均是按照生产要素收入高低进行配置，配置均衡速度与市场化水平高低密切相关，其中市场生产要素的定价机制是引导要素从低效企业向高效企业配置的关键。现实经济表明：非完全竞争市场中存在一种扭曲的价格机制，弱化了生产要素从低效率企业流向高效率企业的动力，甚至出现了使生产要素在低效率企业超配，而在高效率企业配置不足的现象，表现为规模经济与规模不经济并存的现象。现有研究表明：企业为了提高核心竞争力，势必会通过管理和技术创新来强化"效率垄断"特征，借助市场竞争和效率垄断双重作用机制，通过效率吸引效应来扩大企业生产要素的配置规模，进而提高整个区域经济的增长效率。同样，区域空间企业差异化效率在很大程度上与地区之间的市场化程度差异有关。生产要素流动配置的范围越大，则企业能在越大范围内提高低效率企业内生产要素资源误置的纠偏力度，从而不同效率企业之间的生产要素流动配置速度就会加快，整个区域经济增长效率改进程度就越大。

现有的企业异质性、资源误置与经济增长效率的相关理论研究，主要侧重从宏观层面论证生产率低下的现实，偏重为资源误置提供存在性证据方面的研究，而对资源误置提供解释性证据方面的研究还不充分。根据"新"新经济地理学等前沿理论深入研究企业异质性特征、市场扭曲程度（市场偏离完全竞争的程度）、经济增长效率变动的内在机理，在理论研究内容方面，也是对"新"新经济地理理论进一步的扩展与深化。企业异质

性主要是指企业特征的差异性，包括区域特征、企业规模与创新特征、企业产权特征、企业技术选择与行业特征等。从微观层面看，若企业生产率分布呈现非退化特征，则可以判断存在资源误置，现实中企业生产率的离散特征是普遍存在的，而关于资源误置为什么会发生，原因不一而足。本章主要是在文献研究的基础上，对企业异质性、资源误置与经济增长效率的内在关系、相互作用机理，从静态截面和长期动态两个层面进行更为深入的理论研究，为后续实证研究消除非效率垄断、资源误置纠偏与经济增长效率改进路径研究提供理论支持。

第一节　企业异质性特征影响经济增长效率的机理

企业对生产要素配置效率高低的影响因素来源于两个方面：一是企业内部决策、管理、技术应用等方面的影响；二是企业外部因素对企业经营的影响，如生产要素流入成本、外部市场信息、外部生产要素结构和储备情况、产品的市场需求数量和结构、外部环境消费文化等。同一区域的企业之间外部因素相差不大，但不同区域的企业面临的外部基础设施差异很大，而且企业所面临的基础设施状况和差异对单个具体企业而言是不可以通过企业内部决策来改变的。基础设施是影响企业生产要素配置效率的外部性因素，政府对区域内基础设施进行投资能够改变所在区域内企业生产效率的正向外部性效应，基础设施对企业生产要素配置效率的影响不是简单的线性关系，在未达到其临界点时，对企业生产要素配置效率的改进程度与参与使用基础设施的频率和程度有关。当基础设施被企业利用程度达到其临界点时，基础设施对区域经济增长效率的影响就会转向制约经济增长效率改进的瓶颈制约效应。公共产品供给不足会直接提高企业的生产成本，如果没有合理的制度安排，过度竞争会导致在集聚区域形成企业非效率垄断，不具有非效率垄断特征的企业难以参与有效竞争，在增量生产要素资源流入方面处于竞争劣势，同时企业内部已有的生产要素资源会大量流出，区域内生产要素资源集聚锁定在非效率垄断企业内部的低效率占用上，不能在不同企业主体之间进行流转，这部分生产要素的低流动性效率配置降低了整个区域的生产率的分散力。区域之间企业异质性特征形成的初始路径和影响因素很多，无论是在短期还是长期都对区域经济增长效率具有较大的影响。

一　企业异质性特征形成路径分析

（一）自然禀赋差异对企业异质性特征形成的初始路径及效率影响分析

源于自然因素形成的企业异质性特征，如企业所处的自然生态条件特征、土地使用权价格及周边环境资源差异、矿产资源丰富程度、气候条件的优劣程度、地形地貌差异等，这些特征可以简单地划分为两类，一是可以进行区域交易的自然资源和不能在区域间进行交易的自然资源。石油、天然气、煤炭、铁矿石等属于可以在区域间交易的自然资源。二是土地、水源、海洋、气候、地形、地貌都难以进行区域间交易，二者都对企业所在区域产生重要的影响。难以进行区域间交易的自然资源是形成本区域经济的特色部分，源于自然因素形成的企业异质性特征具有独特性，不能通过市场交易进行改变，这些企业异质性特征本身具有自然属性的特征，一旦形成，短期看来对生产要素配置效率的影响是既定的，主要表现为市场交易成本方面具有一些特定的效率优势或劣势。对于可以在区域间进行交易的自然资源，就会在区域间竞争性使用，不同区域的技术水平、人力资本的差异就会产生不同的生产要素配置效率。区域之间交易自然资源可以获得资源要素便利，减少信息不对称和运输成本——资源租金，这是形成企业异质性特征差异的生产要素资源禀赋，但是资源禀赋较好的企业未必就能获得较快的生产要素配置效率，这取决于企业之间技术水平的高低。不同企业之间生产要素配置效率差距与自然禀赋差异因素对企业异质性特征有密切的关系，但由于"资源诅咒"现象的存在，资源丰富的地区可能过度依赖资源优势，在技术进步方面丧失危机感，如果资源要素没有经过企业深度加工以提高企业产品技术增加值，"资源诅咒"问题就会随之而来。统计数据表明，自然禀赋差异因素形成企业异质性特征与企业内生产要素配置效率高低不存在稳定的相关性。

（二）社会历史环境、制度因素对企业异质性特征形成及效率影响分析

社会历史因素比较复杂且处于不断演化之中，一般而言，同一区域内

企业之间面临相同的社会历史因素，社会历史因素对企业特征的影响与形成在不同区域环境中才具有比较研究的意义。企业面临不同的社会环境，制度的差异会形成企业某些异质性特征，社会历史环境、制度因素包括风俗习惯、经济制度、政治制度、法律制度等；不同区域之间形成的政治、经济、文化差距是一种历史积淀，这种差距是长期日积月累形成的。正式制度和非正式制度都对企业的交易行为规则和交易成本产生影响，尤其正式制度具有稳定性和强制性特点，也是企业决策必须遵守的交易规则，而非正式制度源于所在区域的历史文化传统，对企业交易行为的约束表现为交易习惯等道德层面，但二者都具有属地属性，都会制约或促进区域内企业管理层的决策方式及管理效率，甚至对员工执行计划、生产方式及效率都有一定的影响。正式制度的供给主要源于地方政府制定法律、法规等正式文件，但也存在因地制宜的微调，对企业经营行为影响比较明显；正式制度供给应该与本地区既有的非正式制度相吻合，如果二者之间出现冲突但又未及时进行调整，势必引发企业增加额外的规避成本，进而降低企业层面的生产要素配置效率。正式制度的供给者——政府应全面考察本区域生产要素资源结构和质量状况，结合市场环境提供适宜的正式制度，通过正式制度创新及时化解经济发展中存在的由本区域特征因素产生的瓶颈效应。不同区域之间的正式制度差异是客观的，能否制定适宜的正式制度取决于区域地方政府对本区域非正式制度识别和判断的准确程度。

在短期内，社会历史环境与制度因素对企业异质性特征的影响，主要通过企业内部生产要素——劳动要素在企业生产和经营及管理过程中的处事风格和办事习惯来影响企业生产要素配置效率，进而在整体上影响区域层面的经济增长效率。社会历史环境、制度因素比较多，其中非正式制度对企业管理层进行决策所需要的管理理念、目标选择及产品消费需求习惯等影响具有显著和长久特征，短期内难以改变。这一点和自然禀赋因素一样，对企业初始设立、特征形成具有明显影响，在区域之间协调和分工上具有转化为区域比较优势的内在要求，这种客观基础能否转化为现实上的比较优势并不是自然形成的，且结果具有较大的不确定性，既可以起到扩大也可以起到缩小区域经济增长效率差距的作用。其中人力资本质量和数量差异、企业决策者创业和承担风险的激励、区域内现存生产技术水平、生产要素供给结构等因素对区域比较优势形成都产生重要的影响。市场化水平较高的市场交易环境，都倾向生产技术的研发以获得较强的市场竞争力，这些注重创新、竞争意识强的企业在拥有丰富自然资源的区域就会力求规避"资源诅咒"，追求产生"资源祝福"效应。高效率的市场化环境会提高区域内企业对生产要素配置效率，有利于提高当地区域经济增长效率。如果区域内社会历史环境、制度因素不能产生与本地自然资源禀赋匹配的创新，就会导致本区域资源大量流向其他能够利用该资源禀赋的区域，进而出现本地具有比较优势的生产要素供给。如果丰富的生产要素资源不能在本地高效配置，就会受到该生产要素资源供给的反向制约，该区域就非常容易陷入"资源诅咒"陷阱，进而降低区域经济增长效率。社会历史环境、非正式制度因素形成企业异质性特征，对本区域经济增长效率的影响取决于社会历史环境、非正式制度因素之中是否存在激发企业创新、技术形成的关键因素。

从静态视角来看，任何企业都处在一定的政策与正式制度环境之中，政策与正式制度环境在不同区域空间是存在较大差异的；根据经典的政治经济学的相关理论，经济基础决定上层建筑，上层建筑对经济基础具有明显的能动作用，从动态视角来看，适宜的政治体制改革建立在政治上层建筑良性的自我调整和自我更新循环的基础之上。中国改革开放的过程实际上是一个渐进的制度变迁过程，制度与政策环境差异也是企业异质性特征的重要影响因素。正是这种制度与政策差异性通过企业特征变化来影响经济增长效率。经济增长制度变迁是决定长期经济绩效的基本因素。在市场经济条件下，不断扩大私有和外资经济成分的比重是产权制度演化变迁的主要方向，在这一过程中，企业产权明晰化和建立现代企业制度对资源配置效率改进起到重要的推动作用，也对经济增长效率产生重要影响。从区域层面来看，制度政策因素通过企业异质性特征来影响经济增长效率，区域之间产权制度改革力度差距是非常明显的，中西部区域产权制度改革和政策调整力度明显弱于东部发达区域。

政府针对不同区域实行的不平衡发展政策对企业内部及企业之间生产要素流动配置效率的影响是非常明显的，如果政策驱动力方向与市场机制驱动力是同向的，该不平衡发展政策则能够弥补市场机制中的不足之处，能够提高区域整体的经济增长效率。消除市场扭曲因素、弥补市场机制调节不足的政策，通过对生产要素资源误置进行纠偏来提高生产要素资源的空间配置效率，属于以效率增进型调节政策范畴。逆市场机制调节的政策，则是强调以公平为主，消除以往政策扭曲导致的生产要素配置不高的遗留影响因素。毋庸置疑，政府政策调整是影响区域经济增长效率变动的重要因素。在化解发展过程中不断积累的非市场风险时，政府政策调整起到无可替代的作用，但政府政策调整对经济增长效率的影响依然是一把双刃剑，即使是在政策调整内容正确的情况下，政策调整的时机不恰当，过早或过晚都会起到与预期相反的效果。恰当的政策调整应该是一个组合，包含短期和长期两种调整内容，其中更重要的是关注长期政策调整对经济增长效率的影响，如对人力资本培养、社会保障保险制度的完善、引导现代经济增长观念的建立都是要依靠适宜的政策调整才能更好地促进长期经济增长效率改进。区域之间产业转移政策调整的有效性与生产要素资源在区域之间的增减变化建立在区域比较优势的基础之上，随着生产要素在空间层面的不断调整，区域之间的比较优势会逐渐减弱，整体区域经济增长效率向空间均衡效率逼近，从而达到提高区域整体经济增长效率的预期效果。此外，制度与政策的变动是通过影响企业异质性特征的变化，提高企业对生产要素的配置效率，进而实现经济增长效率改进目标的；对区域之间的制度差距因素产生的经济增长效率差距，根源上还是要依靠制度创新来解决。

（三）生产要素结构特征形成的企业异质性特征对经济增长效率影响分析

劳动要素依附于劳动者，而劳动者具有自主行为决策和企业主体选择的能动性特征，相对资本要素而言，劳动要素配置规模和结构变化对企业效率的影响更为明显。企业初始形成时所面临的劳动力结构、教育水平、生产技能水平差异，是决定企业异质性特征形成的生产要素结构特征因素。一般而言，在其他所有参考因素（条件）相同时，生产要素中劳动供给者的平均受教育水平越高，越有利于企业生产要素配置效率的提高，宏观层面进而就表现出较高的经济增长效率。劳动供给者家庭获得的收入，主要来源于生产要素收入，收入支配的去向要么即期消费，要么远期消费，二者之间相对份额对本区域的当期经济增长也有重要影响；决定劳动收入中用于储蓄和当期消费相对份额变动的主要因素包括生产要素收入的多少，以及消费习惯、社会保障情况等。一般而言，居民中的人力资本存量越高，平均的理性储蓄就会越多，这样消费份额就能形成较为适宜的消费需求，能较好地刺激经济需求的发展；企业内部生产要素结构中，劳动要素中依附于人力资本的程度越大，企业潜在的生产效率也就越高。

此外，区域内劳动供给者的知识水平较高，对就业适应能力较强，在企业间的流动性配置效率也就比较高，对新产品、新技术、新的管理思想容易接受，能够更大自由度地就业，要素结构匹配效率较高，对先进技术与管理水平适应掌握能力较强，容易产生较为有利的竞争效果。舒尔茨分别从人力资本与物质资本两个方面考察了经济增长效率的影响机理问题，物质资本和人力资本不同，物质资本在使用过程中需要折旧，物质资本一旦形成，其生产能力只会递减而不会递增；而人力资本是可以通过自我学习、自我完善来提高生产能力的特殊生产要素。随着时间的延长，人力资本会自我累积经验，人力资本的生产效率呈现逐步增强的特点，随着边际产出的不断增长，人力资本具有边际报酬递增的特点。技术进步速度与市场竞争程度有关，市场竞争程度越激烈，技术进步的速度就越快。技术进步方向取决于企业技术选择决策，企业内部的人力资本存量与企业技术进步有密切的关系，技术进步本身具有较高的正外部性特征，可以使企业内劳动生产要素更有效地使用现存的物质资本，提高劳动要素本身的生产效率。如果一个国家或地区的整体人力资本存量和结构层次较高，而且在企业之间的分布比较均衡，那么该国家或地区对新知识和新技术的创新速度就比较快，区域经济增长的速度就会较高。具体到企业层面来看，生产要素中人力资本结构越合理，企业越容易在竞争中胜出，并能强化已经形成的企业效率垄断特征。

（四）基础设施等硬环境对企业异质性特征形成及效率影响分析

企业生产要素配置效率一方面体现在内部生产要素配置的质量和数量方面，另一方面体现在生产要素在企业内部外部的流通环节中。从宏观层面看，基础设施初始存量对任何一个国家或地区的经济发展都很重要，随着经济的进一步发展，势必要求经济增长速度与基础设施增量规模变动存在一个合理的匹配关系，区域内基础设施存量来源于历史增量的逐年积累,基础设施的形成不需要企业单独耗费生产要素,但确实能够从基础设施中受益。由于基础设施的规模与质量都与当时技术水平有关,增量速度太快与太慢都对区域经济增长效率有制约作用。企业所在区域不同,基础设施差异对企业生产率改进贡献度是存在差异的,基础设施等对企业异质性特征形成也存在重要影响,基础设施的差异也可以说是企业外部化特征差异,对形成企业生产要素配置效率差异具有或正或负的影响。基础设施由于规模比较庞大,要达到预期的使用效果则需要庞大的投资规模,基础设施一旦形成则具有极为明显的外部经济性。由于存在投资收益内部化的困难,企业没有动机决策,从单个企业控制的生产要素规模来看,也很难有能力投资经营基础设施,因此这一项支出决策一般由当地政府承担。区域内基础设施主要影响生产要素在企业间流入流出的速度和交易成本,基础设施规模和质量在对经济增长效率中流动配置效率产生明显影响的同时,也对区域内生产要素的质量,如人力资本的形成速度和质量有重要的影响。

企业的产品价值实现程度的提高离不开基础设施的作用,其中,区域物流业发展程度受制于即时基础设施的服务水平,区域物流业发展水平越高,整个区域生产、流通、消费链条中的交易成本就越低,整个区域经济增长效率也就越高。在区域内部经济要素集聚的过程中,总是存在着"向心力"和"离心力"两种力量的共同作用,基础设施对经济增长效率的影响在空间层面上体现为区域"向心力"和"离心力"都呈现不断减小的趋势。大量企业之间具有的相互关联性表现为,地理空间上集聚初期可以形成较好的外部经济,其中的先进技术溢出、丰富劳动力资源市场、商品信息及物流成本降低等都具有企业所需的生产服务的共享的内在特征,在客观上对企业集聚区起到区域经济"增长极"的作用。企业集聚可以使企业在竞争与协作中扬长避短,促进区域内部不同企业充分发挥各自的比较优势,异质性企业在相同区域内则有利于提高企业之间相互学习能力。尤为明显的是,在很长的时间内,企业之间的纵横向集聚带来的外部经济效益和规模经济效益对提高区域经济增长效率呈现加速递增的正向效果。异质性企业之间的分工与合作会更有效率,非常有利于产品多样化,产业结构升级速度加快,在区域层面表现为区域之间经济增长效率差距不断减小,区域整体经济增长效率不断提高。

区域物流的发展水平通过改变企业的运输成本的高低来影响区域内生产要素资源在本区域内的"向心力"和"离心力"的合力效果，区域物流的发展水平与区域经济增长效率改进程度的正向变动关系越显著，区域物流的发展水平越高，区域内的企业对生产要素配置的效率就越高。基础设施的完善程度对于区域内企业的生产要素和产品运输等交易成本的降低效果明显，提高了资源从生产环节到消费环节的配置效率，提高了企业所在区域的经济增长效率。区域之间的基础设施存量的不同，势必影响区域之间的企业异质性特征，导致区域之间由于区域内部的集聚的初始条件和打破均衡的时间不同，集聚的过程和速度出现差距，由于竞争的作用，区域内的低生产率企业在后期会出现规模调整、解散、清算等，分流企业内部原有生产要素资源，企业内原有的生产要素要么被本区域高效率企业兼并，要么流出该区域；原集聚区内企业内生产要素的自我选择机制，会不断优化资本和劳动要素的配置效率。

其他区域虽然由于资本要素的回流、结构和规模的变化提高了生产率，但与集聚区域相对生产率的差距还在加大，当集聚区域的现有技术进步速度慢于资源配置结构、规模的优化速度时，集聚区域和外围区域的经济增长效率差距才开始减小，但这一过程区域整体的生产率依然在上升。区域内基础设施存量水平决定企业的运输成本的高低对区域经济增长效率的影响仅仅是一个方面。此外，区域内基础设施存量水平与区域内企业产品的销售范围的边界、劳动生产要素能力的提高速度、企业之间吸收和处理外界信息的速度和质量，以及应对风险能力方面等都有密切的关系。基础设施等硬件差异通过影响企业生产要素和产品的运输成本以及信息搜寻等交易费用来改变企业生产要素配置效率、规模配置效率。区域间基础设施的存量分布不均衡程度与增量速度差异都是企业外部化的异质性特征，这些企业异质性特征对区域经济增长效率变动存在重要影响。

（五）区域之间对外开放程度差异形成的企业异质性特征对经济增长效率影响分析

企业对生产要素配置效率改进的程度不仅取决于企业内部生产要素结构、技术进步水平、企业所处的制度政策环境、基础设施，还与企业所在区域与外部其他区域的对外开放程度有关。其中贸易自由度是表示区域间生产要素流动受到的限制和阻力大小的重要指标，可以反映企业之间生产要素与产品的交易摩擦成本，市场分割程度和区域交易成本的高低与基础设施发展水平、市场化程度、技术水平、信息成本等有密切关系。贸易自由度的大小会直接影响企业对生产要素的配置结构和规模；一是与实物生产要素流动转移有关的自然成本，主要指运输成本；二是与制度政策有关的人为成本。根据"新"新经济地理理论，当贸易自由度提高时，无论是生产要素的空间集聚力和分散力均是不断减少的，但是分散力下降得更快。贸易自由度越大，摩擦成本越低，资源空间运动的"冰山"成本越低。企业关联度越强，劳动密集度越高的区域内的存量生产要素资源空间配置速度越快。对外程度越高，说明该区域内的企业不仅能较好地利用本区域内的生产要素和产品市场需求，还能较好地利用外部市场的生产要素和产品需求来提高企业生产效率。

区域之间的相互开放程度也是形成企业异质性特征的重要影响因素之一。根据比较优势与生产和贸易理论，区域对外开放程度也是区域经济增长效率改进的重要影响因素。对整个国家而言，提高区域整体的实际开放度是我国改革开放的一个重要目标，由于所在区位差异较大，不同区域内的企业之间在对外贸易中的直接贸易收益与间接贸易收益存在很大的差异。对外经济关系中对企业异质性特征形成有影响的是进出口贸易，国外市场对不同区域存在贸易选择性和差异性。由于我国市场经济起步较晚，不同行业的企业发展程度、市场竞争力有较大差异，考虑到国家战略性产业以及关系国计民生行业的特殊性，国家对进出口经营活动有一定限制，外汇管理体制仍实行较严格的有管理的外汇制度，我国实际开放度低于名义开放度。区域之间对外开放程度的差异会形成不同区域企业之间生产要素配置效率差距，我国区域之间的对外开放程度很难做到区域之间企业受益相同，这也是企业异质性特征形成的一个重要原因。

改革开放以来，对外开放程度较高区域的企业运营效率有所提高。各个区域都普遍存在资本供给不足、技术水平较低、管理企业的经验和水平存在不同程度的供需缺口等问题，引进直接和间接投资能够通过市场和政策优惠换发达国家的先进生产技术、管理技术，生产技术、管理技术能够补缺，就会对中国经济增长效率改进起到极为重要的作用。由于金融行业日益国际化，资本的流动范围和速度远远大于劳动的流动范围和速度；但由于空间属性的客观差异，引进外商直接投资是平衡企业空间属性差异、提高区域经济增长效率的重要路径。区域之间的对外开放程度差异与外商直接投资区域分布的不均衡性具有重要的关联特征，所以区域之间的对外开放程度差异也是区域之间企业异质性特征形成的一个重要来源。

（六）居民与政府主体行为形成的企业异质性特征对经济增长效率影响分析

在市场经济活动中，经济主体是指在法律的约束条件下，根据自身经济状况、经营能力、消费能力，对自己的行为目标和方式具有自主选择权，并能承担自己的行为后果，其中目标是实现理性的效用（或产出、规模、利润等）最大化，其中消费者效用最大化和生产者利润最大化都是促进生产要素配置效率的，企业规模和产出最大化如果与利润最大化之间出现冲突，也就表明生产要素出现了非效率配置的经济增长低效率问题。参与主体可以简单分为政府、企业、居民三个类别，不同区域之间的居民和政府对企业异质性特征的形成具有重要影响。政府是通过解决外部性，来促进市场运行平稳有效的管理、干预、调节的主体；企业是生产要素组合、生产的主体，主要是通过提供市场需要的产品来获得收入；居民是生产要素的提供者，又是消费主体。

在我国现阶段，各微观经济主体通过市场相互作用联系在一起。劳动者既是生产要素供给者，也是企业产品的最终需求者，劳动者行为同企业经济行为相互联系、相互作用。居民具有消费者和劳动生产要素供给者的双重身份，其中收入是消费最大化的约束条件，也就意味着消费效用最大化和收入最大化二者之间势必存在一个最优均衡，但由于劳动力市场总量结构过剩，人才结构与需求结构失衡，劳动收入不足以支持劳动要素收入与消费者效用实现的最优均衡。作为生产要素供给者，对所拥有的生产要素如何投入进行选择的过程，实质上也是生产要素获得收入最大化、扩大消费约束边界的内在要求，表现为劳动与资本从低效率企业不断流向高效率企业。

消费者作为产品需求者参与市场交易是指基于商品使用价值提供产品效用，但是消费者群体具有分散和数量众多的特征；企业通过提供消费者需要的产品或服务来获取利润；政府是社会公共利益的代表，通过向社会收取税费的方式获取要素资源，为整个社会提供公共品、化解市场失灵问题，具有收支决策集中、对整个社会生产和消费的影响规模较大的特点。在相同的技术进步和生产力水平条件下，区域内人们的勤劳程度不仅影响各种服务业，劳动者愿意付出的劳动量越多，区域内总产出就越多，也是导致区域间经济发展速度有所差别的重要因素。此外，政府财政收支行为也是影响政府所在区域经济增长效率的重要因素，在和中央政府存在利益冲突时，地方政府主体如果简单选择实现短期政绩目标，那么政府投资规模势必存在短期扩大的倾向，在项目选择上偏好有形的公共品项目进行投资，而对教育、文化等软环境的目标则倾向边缘化处理。对公共品项目进行投资具有短期促进经济增长的效果，但教育、文化等软环境发展不足则会制约区域内经济增长效率的进一步提升，而教育、文化的培育则对经济增长效率的影响更为深远。由于对政府业绩考核具有属地属性，地方政府决策者容易忽略全局整体效应，偏好所辖区域的经济增长效率，具有运用行政权力分割市场的内在激励。区域之间市场分割程度越高，企业和消费者的交易成本就越高，经济增长效率也就越低。

由于区域之间市场分割，企业生产和消费者消费行为都被局限在狭小的地方行政边界内，区域之间比较优势长期存在，市场难以通过生产要素充分流动来化解区域特征固化形成的经济增长效率低下的问题，尤其是随着时间的推移，各区域内生产要素中的关键要素无法及时引进，制约和限制了区域整体经济增长效率的进一步提高。赫希曼认为集聚初期会加大地区间的经济增长效率差距，但在集聚后期由于渗透与扩散效应，区域间经济增长效率差距将会缩小，而渗透与扩散效应能较好地减小地区经济增长效率差距，是建立在政府能够及时发现问题，并能够在极短的时间内提供一个恰当的干预政策的基础上的。此外，区域之间经济增长效率差距的环境也是区域之间企业异质性特征形成的重要影响因素，政府收支行为与企业收支之间存在反向对应关系，政府收支行为能力的高低对区域经济增长效率的影响是非常明显的，区域之间政府对财政收支运作能力的差距，也是影响企业所在区域经济增长效率的重要因素。

以上从生产要素资源禀赋、自然因素与历史因素、社会环境、生产要素结构、基础设施存量、政策与制度因素、对外开放程度、居民、政府行为等方面，对形成区域间企业异质性特征路径的经济增长效率影响因素进行分析。但如果把区域间企业异质性特征形成路径仅归结于此，则不能发现区域间企业异质性特征形成背后的深层次原因。现实的经济发展证明，简单地把区域经济增长效率差异归于初始禀赋条件和地理位置是不恰当的。实质上，物质资本增长因素对经济增长效率变动的解释力度很弱。而真正起作用的影响因素是一种无形因素，这种无形因素可以解释为什么即使在东部沿海地区，也有许多地方经济欠发达，而在地理交通、政策均不占优势的个别地区的经济增长效率较高，以及部分区域拥有丰富的资源，又享有一些特殊的优惠政策，在得到大量的财政补贴的情况下，经济增长效率依然相对低下的现象。因此可以得出，各地区经济增长的初始禀赋条件和地理位置，不是区域增长差异的主要原因，隐藏在区域企业异质性特征的主要影响因素背后的这种无形因素，就是区域之间市场化程度的差异。区域之间市场化程度差异，是区域之间企业异质性特征对经济增长效率影响强化还是弱化的深层次影响因素。

此外，在现实经济活动中不同区域的经济增长效率差异较大，实质上是区域间企业异质性特征对生产要素配置效率差异在区域层面的宏观表现。即使是经济增长效率较高区域的经济增长效率，也达不到理想中的潜在经济增长效率。研究区域间企业异质性特征，只是消除区域之间经济增长效率差额部分的资源误置带来的效率损失，要想进一步消除资源误置带来的经济增长效率损失（潜在经济增长效率与较高区域经济增长效率之间的差额），还需要进一步研究区域内企业异质性特征对经济增长效率的影响机理，这是研究区域间企业异质性特征对经济增长效率的影响机理的基础。

二　企业异质性特征对经济增长效率影响的经济学分析

在同一区域内部，不同企业之间面临着同样的生产要素资源禀赋、自然因素与历史因素、社会环境、生产要素结构、基础设施存量、政策与制度因素、对外开放程度、居民、政府行为等。在这种情况下，区域内部企业之间的异质性，是由于企业之间不同的内在条件或不可控的偶然因素形成的，单纯由这些因素形成的企业异质性特征具有稳定性，难以通过政策行为或市场交易来消除，不属于本书研究的范畴。本书主要研究的是具有政策或市场交易可调节性的企业异质性特征，如企业产权特征、企业规模与创新特征、技术特征方面的企业异质性特征。下面具体分析各个区域内企业异质性特征对经济增长效率的影响。

（一）企业产权特征对经济增长效率影响机理

在物质资本相对稀缺、劳动要素相对过剩的地区，依靠物质资本投入是驱动经济增长最快速的方式，现有企业产权划分界定的标准就是以企业物质资本投入份额为依据。对中国这个全球最大的转型经济体而言，由于历史的原因，企业产权特征是企业异质性特征中最为明显的一个。在渐进式改革中，很大的一部分改革内容涉及企业产权特征的变更。中国在国有企业改革过程中，的确提高了区域经济增长效率，这表明了现有改革方向的正确性，本书研究的目的是突出企业异质性特征对经济增长效率影响的作用机理，使以后的国企改革在具体实现路径选择决策和政策组合配套方面更有效率。在市场经济还不成熟、市场化水平不高的区域，政府通过弥补市场不足的方式干预是非常必要的。政府通过制定政策影响企业的经营决策，政策干预手段作为市场经济的补充，对经济增长效率的影响还是非常明显的，但政府并不是非常公平地对待任何一种产权特征的企业主体，尤其是地方政府干预主要表现在对企业投融资活动干预中，政策制定和实施过程中倾向于具有国有产权特征的企业。经典经济学以企业利润最大化为假定条件，但在现实中，企业利润最大化可能不是企业的唯一目标，也可能是企业经营管理的一个中间目标，把利润最大化作为实现企业规模最大化的路径和手段。由于资本要素的稀缺性，在市场经济中，物质资本这一相对稀缺的生产要素配置流向以效率高低为分配标准，而政府干预以企业产权特征作为资本要素的分配标准，这就产生了生产要素分配的双标准，这两个标准之间就存在本就非常稀缺的资本要素"寻租"空间，企业产权特征就可能形成企业主体的经营目标。在企业产权特征存在能够导致生产要素流入、企业规模扩大的作用时，企业特定的产权特征就存在额外企业特征价值。国有企业产权是指国家及其代理人通过国家行政干预的途径将国有资产注入企业，从而使原有企业特征发生改变，取得国家企业产权特征。

在市场经济条件下，企业产权特征对生产要素资源配置具有一定的影响作用，企业产权特征进入市场后也会成为企业管理层决策方面的重要考虑因素，通过资本注入或股权交易就可以实现企业特征转化。特殊的企业产权特征可以实现生产要素非效率分配，如果企业具备了某种产权结构，但企业效率不高，又占用了更多生产要素，就会出现稀缺的生产要素资源按照产权特征进行非效率分配的现象，也就是出现经济学上的资源误置问题。在生产要素分配上具有该类企业产权的企业对其他产权特征的企业生产要素产生明显的挤出效应，降低了区域经济增长效率。具体而言，在市场化进程滞后的地区，以 GDP 为政绩考核标准的潜规则作用，使地方政府有更强的意愿干预企业的资本投资活动，化解现有市场扭曲因素的消极作用。如果这种行政干预不是调整市场经济中的制约经济增长效率改进的短板，那么其他产权特征的高效率企业获得与生产效率相匹配的规模增长的机会就会减少。

此外，过去那种区域地方政府为了追求本地区经济尽快实现跨越式发展而采用的简单干预生产要素市场作用机制的方式存在非常明显的短期效应：侧重引导企业进入资本密集但又不具有地区比较优势和地区禀赋优势的产业，导致区域间重复建设与长期投资效率降低，增大了后期区域间生产要素空间再配置成本。市场化程度不高的区域，政府干预市场的必要性和干预程度较高，如果出现干预失误，尤其是政府政策具有企业异质性特征偏向时，就很可能导致新的甚至扩大生产要素资源误置程度。现实经济运行中，由于缺乏足够的融资渠道，民营企业的投资机会难以实现或被容易获取生产要素资源的地方国企挤占并低效率运营，导致民营企业在这些领域扩张投资不足，丧失对区域经济增长效率提供较高贡献份额的机会，形成经济增长效率损失。

对于企业高层管理决策者来说，不同产权特征的企业管理者的目标函数差异可能会导致其完全不同的企业决策，形式上一样的投资项目，企业管理决策者的激励机制也不相同，进而对企业经营绩效影响也不相同。目标函数可能是追求稳定利益最大化、追求企业规模最大化，也可能是追求企业利润最大化。国有企业管理层主要来自行政任命，行政任命考虑的因素比较多，这本身就违背了企业高层次人才优中选优、优胜劣汰、注重历史经营实务效率来分配高级生产要素——管理型人才的竞争规则。不同产权特征的企业管理者的目标函数差异可能是导致高素质劳动要素资源误置的一个重要原因。企业产权特征对生产要素配置起到非效率干扰，造成资源误置,进而扩大了现实区域经济增长效率与潜在经济增长效率的差距。

(二) 企业规模与技术创新特征对经济增长效率的影响机理

在经典经济学中,研究微观企业对生产要素结构与规模的决策时,假定企业是同质的,每个企业规模与技术条件都一样。在现实经济中,企业异质性特征明显,即规模、技术、生产要素结构、技术研发与创新激励程度等都存在较大差别。由于技术应用存在明显的溢出效应,且技术创新是一个高风险高收益的投资行为,收益和风险具有较大的不确定性。在企业之间风险承担能力不均和管理层风险偏好有较大差异的情况下,企业之间存在明显的"搭便车"现象。基于企业所处的区域经济发展程度对企业技术创新发展路径影响较大,考察既定区域内的企业技术创新与生产要素配置效率之间的作用机理是非常有必要的。考虑到技术创新具有高风险高收益特征,中小企业存在单独自主创新和接受其他企业技术溢出两种方案可供选择。事实上,只有当企业内生产要素配置规模达到一定的临界程度时,企业选择自我研发决策才能提高企业整体的生产效率。从整个区域来看,效率垄断企业的技术研发活动最终会通过技术溢出效应,大幅度提高区域整体经济增长效率。

在市场竞争压力下,对于生产规模较小的企业来说,由于抗风险能力低,企业管理层一般偏好将有限的生产要素资源投入具有稳定预期收益率的项目中,规避技术研发创新不确定性可能带来的损失。小规模企业虽然对新技术应用的渴望程度和接受适应能力都比较高,但还是往往会选择放弃高风险的自主研发而选择其他高效率企业的成熟技术进行模仿。对于规模极大的企业来说,抗风险能力高,由于规模边际效用递减的缘故,具有承担技术研发创新"冒险精神"的能力,但是由于现有企业规模已经很大,单纯利润增长对企业规模的影响在管理决策层面已不具备很强的激励机制。此时,大规模企业目标以稳定经营为主,创新激励不足。中等规模企业处于不稳定期,竞争压力较大,存在被大规模企业吞并和蚕食的风险,具有一定危机感。同时,中等规模企业在技术研发这一类高风险高回报项目上,抗风险能力适中,管理层面主观上也愿意承担较大风险进行创新,以求获得高额风险收益,更倾向进行高风险高预期回报率的新产品和新工艺的创新。在全球经济日益一体化的今天，技术具有外部性特征，对企业技术选择决策而言，借鉴和吸收发达国家适宜技术与自主研发创新是一个并行的权衡选择，已经具有较大风险承受力的企业或者处于较高技术水平的企业，偏好以自主创新为主，通过技术溢出与扩散效应来提高整个区域的经济增长效率。在历史上很长的一段时间，不论是融资还是政府研发补贴政策均向国有企业倾斜，但没有考虑"只有当企业生产规模超过某一'门槛值'，企业研发投入是否有效的主要标准在于能否实现企业生产活动的规模收益递增"这一规律。

潜在经济增长效率是在完全市场竞争的环境中，企业之间完全同质的情况下，能达到生产要素最优配置时的经济增长效率，与在一般企业规模与创新特征差异企业并存的环境中能达到的经济增长效率相比，存在一个效率差额。若这个差额为负数，企业规模与创新特征则是推动经济增长效率不断提高的动力；若这个差额为正数，企业规模与创新特征则降低经济增长效率。相对于同质企业而言，企业技术创新特征差异是形成区域实际经济增长效率与潜在经济增长效率缺口的重要原因。文献研究表明：企业承担风险的能力与企业规模具有较强的相关性，在达到一定临界规模之前，企业创新的冲动与企业规模的大小存在正向相关性，企业发展到一定规模后，企业研发创新的激励减弱，不喜欢承担高风险和收益不确定性的项目。真正能够长期推动区域经济增长效率提升的企业是规模适中、敢于承担风险、偏好技术研发的效率垄断性企业，对整个区域经济增长效率改进主要是通过效率垄断性企业技术溢出来实现的，这一过程体现为两大特征：一是区域内与区域间企业之间效率差距不断缩小与扩大交替进行；二是区域内与区域间生产要素资源误置程度不断减弱与不断增强交替出现。

三　异质性企业特征对经济增长效率影响机理研究

美国经济学家约翰·克拉克在《动态过程中的竞争》中提出，应区分和识别两种不同性质的垄断，分别为非效率垄断和效率垄断。非效率垄断的特征主要是通过依靠非正常交易方式形成的勾结串通、独占等非效率竞争因素形成的市场权力；效率垄断是在企业敢于承担风险进行管理、生产、销售等创新形成的市场优势地位过程中自然形成的。但效率垄断地位会随着其他企业模仿而不断降低。市场交易是生产要素在企业之间的流动性配置的主要途径，在特定情况下的生产要素流动如捐赠、行政划拨、行政干预性企业兼并重组的交易双方的资产评估程序，也主要是参考该项生产要素的市场交易价格进行的，但捐赠、行政划拨、行政干预性企业兼并重组涉及生产要素规模和持续性，相对于市场交易规模和持续性而言，具有小规模和不连续性的特点，所以说市场交易环境对生产要素在企业间的流动配置效率高低起到重要的影响作用。反过来，市场交易价格的合理公允性程度和交易规模大小也有极强的相关性，生产要素定价越公允，该要素市场交易规模也就越大，二者都会直接改变生产要素企业之间的流动配置效率和企业规模结构效率。

在现实中不完全竞争的市场环境意味着生产要素出现了非效率配置，具有非效率垄断特征的企业能够通过非效率垄断的方式聚集大量生产要素来改变或强化该企业的非效率垄断特征，非效率垄断企业特征与市场扭曲程度之间的"累积循环"会加速不具有效率垄断特征的中等效率企业的生产要素流出，对效率垄断特征企业的规模扩张以及技术进步方向也会产生不利于整体经济增长效率改进的影响。由于生产要素资源的稀缺性和有限性，具有非效率垄断特征的企业在实现"企业规模最大化的目标"过程中，依靠的是企业非效率垄断特征，既不能提高生产要素配置效率也不能提高经济增长效率，还会增加生产要素流动的交易成本方面的生产要素消耗，从总量上降低进入生产环节的生产要素供给量。由于非效率垄断因素使生产要素流入低效率企业，短期来看会分流效率垄断企业的生产要素，增加资源误置的生产要素总量；长期来看，生产要素价格结构被非效率垄断企业扭曲后，其与供给数量结构就会偏离，干扰效率垄断企业技术进步的方向，偏离生产要素市场的供给结构。随着时间的推移，生产要素供给数量结构，会对扭曲的生产要素价格结构进行快速纠偏，生产要素价格结构纠偏过程也是区域内技术应用效率不断降低的过程。具体分析如下：效率垄断企业技术创新成果，从长期来看，仅仅是在效率垄断企业优先使用，随着时间的推移，效率垄断企业技术创新成果会通过技术溢出的途径大量固化在区域内众多其他类型企业的固定资产和生产方式中，技术进步的非连续性、固定资产刚性、适应生产方式的劳动力技能稳定性，不能适应生产要素价格结构回归过程的调整，企业运营成本会急剧提升，进而从区域整体层面加剧生产要素资源被闲置和不足并存的矛盾。生产要素资源被闲置和不足并存意味着区域内生产要素资源误置程度不断增大，宏观层面表现为现实区域经济增长效率与潜在区域经济增长效率之间的距离在扩大，现实区域经济增长效率存在较大的改进空间。

此外，由于"企业非效率垄断特征收益"对企业获取生产要素方面存在低成本激励的因素，该类企业存在通过低成本获取利润的实现路径，就容易弱化企业项目决策层和技术选择研发部门对生产要素配置效率改善方面的效率激励。在整个区域内生产要素规模变动中，来自非效率垄断企业特征的比重会逐渐上升。在市场扭曲的环境中，优胜劣汰最终体现在企业生产规模的变化上，市场最终淘汰的永远是规模不断缩小的企业，而不完全是资源配置效率逐渐降低的企业。在任何给定时期内，生产要素总供给量是既定的，随着非效率垄断企业的规模不断扩大，生产要素流入非效率垄断企业中；具有效率垄断特征的企业，相对于完全竞争市场环境下，增量生产要素流入会减少。具有中等程度生产率的企业难以在高生产率企业效率竞争和非效率垄断企业的非效率竞争的共同作用下持续存在，中等程度生产率的企业生产规模急剧萎缩，随着生产要素大量流出而加速解散，区域内最终剩下只有高效率的效率垄断企业与非效率垄断企业。如果区域内只剩下高效率的效率垄断企业与非效率垄断企业，那么效率垄断企业的技术创新的溢出效应会因中等效率企业消失而弱化；随着中等效率企业的消失，效率垄断企业的效率吸引效应也随之减弱。在扭曲的市场环境中，优胜劣汰市场竞争法则依然起作用，但加剧了生产要素资源误置的程度，降低了经济增长效率。

第二节　企业异质性与资源误置的内在关系

一　企业异质性对资源误置影响机理的经济学分析

在非完全竞争市场环境中考察经济增长效率改进问题时，可以选择完全竞争市场带来的经济增长效率作为潜在增长效率，来衡量现实经济增长效率的效率损失。现实经济活动中，无论是生产者（企业）还是消费者（生产要素提供者），活动空间都有限，对信息捕捉能力差异较大，信息传递的空间分布也是不均匀的，所以无论是企业生产行为决策还是消费者消费决策，都只能根据不完整和不对称的信息进行，生产者购买需求和商品销售需求的信息量会随着时间的推移越来越大，这些不对称信息流逐渐累积和不均扩散会加速生产要素非效率流动，导致资源误置速度越来越快。在完全竞争市场中，整个市场中不存在任何垄断因素，不存在国家税收优惠和政府补贴等企业歧视性待遇差异因素，生产要素流向与企业规模变化完全依据市场价格机制调节，生产效率低的企业和不生产的企业都不会长期存在，每个企业对市场价格都不存在干预能力，整个市场产品同质化，信息产生与传递都是瞬时与空间均质分布，市场中生产主体与消费主体不存在对信息捕捉能力和消化理解信息能力的差异。企业和消费者只是市场价格的接受者，因企业利润最大化是建立在最低生产成本的基础上，企业规模最佳、生产技术最佳、企业决策最佳，生产要素不存在资源误置，企业生产能力也不会存在过剩和不足的问题，这是亚当·斯密对完全竞争市场中经济增长效率的著名论断。在企业同质化的完全竞争市场中，生产要素价格信息与生产要素供给结构一致，产品市场供求信息完全透明，企业技术、管理水平信息完全对称且在企业之间充分共享，企业生产要素的边际产出相等，生产要素的决策者会理性决策，优先考虑满足消费者需要的商品生产部门，进而在生产要素配置层面实现了生产要素在不同行业、区域间企业的最优配置，生产要素资源的结构配置效率与消费者支出效用均达到最佳水平，实现现实经济增长效率与潜在经济增长效率的完全相等，生产要素资源在企业间、行业间、区域间的配置均为零误置状态。

异质性企业之间的生产环节关联效应是生产要素空间集聚力形成的重要影响因素。生产要素空间集聚力对区域整体经济增长效率的影响程度与企业之间的前后向关联有关，主要体现为技术、产品加工环节之间的关联程度；区域要素流动集聚力的大小与主导企业之间技术关联度大小和交易成本高低密切相关。生产要素在异质性企业之间的配置效率差距和产品替代弹性是驱动生产要素流动的重要影响因素（Ottaviano，2011），技术关联度越大、技术上被替代的可能性越小，生产要素对空间集聚的内在要求就越强烈，通过生产要素流动来加速空间集聚是降低企业之间空间交易成本，尤其是生产要素（含半成品）运输成本的主要方式。

根据边际效用递减规律，由于关联企业内生产要素集聚带来的产出商品多样化，商品之间替代消费的选择空间就扩大了，进而降低了区域生产成本和消费支出，提高区域内的实际收入水平，能够刺激更多生产供给，提高区域经济增长效率；市场规模扩大、生产成本下降、消费需求上升、实际收入水平提高，又进一步吸引更多的生产要素聚集。生产要素空间集聚力形成良性循环的实现条件为：①区域之间技术缺口不断缩小。在欠发达的集聚区域，如果生产要素初始状态和集聚状态之间与发达区域存在较大技术适用差距，体现在物质资本上的技术进步相差较大，或者提供劳动的劳动力素质（教育水平等）差异较大，关联效应产生生产要素集聚力的效果就会减弱，生产要素流动配置效率就会降低。尤其是处于经济起步阶段的区域，由于多数企业的规模扩张和内含发展都处于无序的状态，企业之间在相互关联的中间产品上难以保持技术上的同步发展，难以在本区域内找到适宜配套的物质资本和劳动力，造成企业之间规模和创新异质性特征差异较大。生产要素在不同空间的异质性企业之间的流动配置效率在短期内难以提高的主要原因在于区域之间技术缺口难以弥补。②企业规模与创新特征在空间分布上不明显。技术配套是对不同空间存量生产要素提出的"生产要素空间同质"的要求，那么规模配套则讲的是生产要素流动规模和数量，如果不能使处在不同上下游产业的企业同步增长，那么关联效应产生生产要素流动配置的拉力效果就非常有限。由于区域之间"技术缺口"和"规模缺口"的平衡还需要很长的一段时间，单纯异质性企业之间的生产环节关联效应对生产要素流动配置动力在短期内不会有很显著的影响；只有区域之间进行充分的产业结构、行业结构调整后，区域之间不存在明显的行业、企业垄断特征且技术水平应用同质化时，关联效应对生产要素流动配置的动力效果才会明显地表现出来。

在生产要素空间布局非均衡的状态下，由于自我选择效应和竞争机制的作用，高生产率企业存在较强的竞争性来获取生产要素配置规模扩大的获利基础条件。高生产率企业获得集聚收益较为明显，在区域空间选择决策时具有较高的承担空间转移成本的能力，选择向聚集区迁移的动机要大于低生产率企业，企业区位固化明显，这是发达区域的平均生产率水平长期高于外围区域，形成区域经济增长效率缺口的一个重要因素。在满足高生产率企业地理上接近能够获得较好集聚过程及集聚以后的净收益这一条件后，再来进一步考察集聚后企业之间溢出效应的发生条件以及对经济增长效率的影响。由于社会分工和比较优势的存在，客观形式上表现为企业之间的主营业务差异这一异质性特征，社会分工对企业的差异性特征的影响主要表现为上下游之间的关联。同一技术链条的前后向关联作用会在相关企业之间形成技术环节、管理与组织形式等方面的空间依赖互补效应，企业之间通过正式或非正式交流与沟通产生溢出效应。虽然集聚区内企业之间依然保留着形式上的独立性，实质上由于相互溢出效应的存在，形成了生产环节内部化联动的经济效果，企业之间都获得了额外的净收益，提高了整个区域内生产要素资源的配置效率。集聚产生的企业之间的溢出效应使企业获得额外收益，在竞争日益激烈的市场环境中，企业获得额外收益的空间区位选择决策依据成为驱动企业内部生产要素资源流向生产效率较高的区域的重要推动力。

二　企业异质性特征对资源误置形成路径的影响

企业是经济增长过程中能对生产要素配置规模和结构进行决策的最小组合，生产要素按照一定的组合规模和结构方式组建成不同产权特征和行业特征的企业。企业产权性质是以资本来源比例进行界定的，企业在达到破产清算的标准之前，企业生产与管理决策都是由企业所有者决定的，表决权的大小取决于投资者的投资份额，企业控股股东或相对控股股东与其他股东的关系结构决定了企业产权特征。企业决策的合理性主要取决于企业产权份额中由高到低的意志，现实中拥有股权份额的高低与决策正确性程度之间不存在一一对应的匹配关系，大股东和小股东之间的决策目标也不一定始终具有一致性，这势必就存在企业要素配置决策和企业生产决策的差异性，生产要素规模配置与效率配置要求不一致就会产生生产要素资源误置现象。如果每个企业的生产要素配置都是按照完全竞争的市场规则进行，那么企业之间在市场规则的作用下也就不存在企业异质性特征差异，或者企业异质性特征会趋于不断减少。现实中市场环境还远达不到完全竞争的市场化水平，现实市场环境与完全竞争市场环境相比，现实市场存在不同程度的市场扭曲，扭曲市场环境的主体只能是市场交易主体的非同质特征，也就是企业异质性特征。扭曲的市场环境和企业异质性特征相互作用，导致现实区域经济增长效率低于潜在完全竞争时的经济增长效率，这个效率缺口就是经济增长效率改进的目标。生产要素价格结构和生产要素供给结构的偏离程度取决于市场扭曲程度，市场扭曲程度越大，生产要素价格结构与生产要素供给结构的偏离越大，受到生产要素供给结构的制约、技术扩散和溢出效应对生产要素配置效率的提高份额就越少，区域层面生产要素配置效率就越低。在市场经济中，经济增长过程主要是通过市场交易实现的，长期经济增长效率取决于技术进步；无论是短期存量生产要素结构性调整还是长期的技术创新都与市场配置效率有关，生产要素市场化程度是效率垄断企业进行技术进步偏向性决策的重要依据。

技术进步来源无论是企业自我研发还是技术引进，都是倾向使生产要素配置按照要素采用的市场价格计算的总支出最小化，在市场扭曲的情况下，生产要素市场的要素相对价格与生产要素的相对稀缺性不一致。长期而言，已经扭曲的市场会导致技术进步方向偏离均衡效率状态，使经济增长效率呈现短期增长、长期不断降低的现象。现有技术水平是指众多异质性企业中生产要素配置效率最高的那个企业所体现的技术水平，市场内所有企业都和众多异质性企业中生产效率最高的那个企业同质情况下的经济增长效率，就是潜在经济增长效率。企业异质性特征的存在是生产要素资源误置的原因，生产要素资源误置程度可以用现实经济增长效率与同质特征企业在完全竞争市场实现的潜在经济增长效率形成的效率差距进行度量。非效率垄断的企业特征是非完全竞争市场环境的主导因素。扭曲的市场环境通过对生产要素资源误置来影响经济增长效率，其实现路径如下：一是非效率垄断企业特征扭曲生产要素市场价格结构，误导效率垄断特征企业技术进步方向偏离生产要素供给结构，导致经济增长动态无效率，表现为现实经济增长效率与潜在经济增长效率长期收敛趋势减弱；二是具有非效率垄断企业特征的企业通过非效率配置的方式挤占大量生产要素，具有效率垄断企业特征的企业的高效率技术水平对整个区域经济增长效率改进的正外部性效应会逐渐减弱。

第三节　企业异质性、资源误置与经济增长效率的综合机理

企业异质性在空间上表现为区域特征，在生产要素配置效率方面表现为企业产权特征、企业规模特征与创新特征，本章从经济增长效率改进的

动态视角，考察企业异质性特征、资源误置与经济增长效率改进的动态作用机理是非常必要的。在本章第二节对企业异质性、资源误置影响机理进行研究的基础上，进一步研究企业异质性特征导致的生产要素资源误置，对现实经济增长效率与潜在经济增长效率偏离程度的变化，企业异质性、资源误置与经济增长效率之间的综合机理、动力机制和演化轨迹进行研究，为解决经济增长过程中经济增长动态无效率问题提供理论基础。

一　经济增长效率变化趋势及空间均衡过程分析

（一）经济增长效率的长期变动趋势分析

从企业异质性的视角来研究资源误置与经济增长效率改进问题，选择什么指标来量化经济增长效率十分重要。根据企业异质性、资源误置与经济增长效率之间的静态机理研究，发现影响经济增长效率的企业异质性特征对资源误置的作用，不是生产要素本身的优劣，而是生产要素配置出了问题，主要集中在非资本、劳动的生产要素之外的因素。全要素生产率变动反映的是技术劳动力的知识积累、教育水平、技术培训、规模变化、组织管理、技术进步程度及方向等因素的综合作用，表达的是剔除掉生产要素本身数量变动带来的效率余值变化。

本章选择全要素生产率作为经济增长效率的量化指标，在对经济增长效率的研究中，通过对现实企业层面全要素生产率测算、比较汇总的行业经济增长效率进行分析，为识别既定区域经济增长是投入型增长还是效率型增长，以及识别经济增长效率损失的主要影响因素提供依据，研究结果及分析为经济增长效率改进的具体政策方向提供重要的决策依据。全要素生产率的影响因素与生产要素资本、劳动相比而言，具有在使用价值上的外部性，不同企业全要素生产率的影响因素可以相互溢出，通过互相学习共同提高企业全要素生产率，使区域内异质性企业生产要素配置效率以更快的速度靠近既定技术水平下的最优均衡。

生产要素具有稀缺性和使用权的排他性，在市场竞争的作用下，生产要素在企业间配置的过程中，由于交易成本费用的存在，生产要素成本在配置过程中是增加的，并不是所有的生产要素流动过程都是有效率的；生产要素在企业间流动要借助有形的运输工具，劳动由于存在不可储存的特点，决定了劳动转移要依附在有形的人口流动上，从而使速度较慢、成本较高；只有流动配置效率带来的效率收益能够抵消生产要素的交易成本，才能对经济增长效率改进产生正向贡献。非资本、非劳动因素在对企业生产要素配置效率起作用的过程中不具有排他性，只是使用权的流转，不影响使用价值以及进一步创新。技术商品的使用价值不具有排他性，每一个技术应用企业都是技术溢出的传播者，在理论上没有技术使用企业数量的限制，技术溢出效应直到这一企业异质性特征——技术特征同质化为止，技术溢出的整个过程也是提高区域经济增长效率的过程。消除企业异质性特征对资源误置的程度，一方面要消除非效率垄断对市场环境的扭曲，提高生产要素在企业之间的配置效率；另一方面要创造适宜条件，加快资本与劳动之外的其他效率因素的经济外部性效应。

从短期看，能够提高全要素生产率的影响因素本身的变化具有非连续性和不确定性；但从长期来看，随着整个社会变革，经济制度和政策是向不断提高经济增长效率的方向变化的。考虑到教育逐渐深化、技术进步积累不断增多，技术进步的速度也会加快。信息流和物流网络的发展也会促进技术溢出、技术扩散速度越来越快，这就意味着效率垄断企业技术效应不断扩散，而且这一企业特征在企业间的同质化速度也在加快，表现为整个区域经济增长效率不断提高。虽然在短期内技术进步、政策、组织创新具有非连续性和不确定事件的影响，使全要素生产率在短期内为波动状态，但不会改变全要素生产率长期上升的趋势，而且随着时间的推移，企业非效率垄断特征越来越小，市场化水平不断提高，企业效率垄断特征同质化速度加快，全要素生产率的短期向下波动幅度越来越小，全要素生产率长期上升的斜率越来越大。效率垄断特征被其他企业同质化过程的后期，新的企业效率垄断特征就开始形成，随后又会出现更高一层次的技术溢出，每一次效率垄断企业技术溢出循环对整个区域经济增长效率改进都起到螺旋式上升的推动作用。经济增长效率的变动趋势如图2.1所示。

（二）经济增长效率空间均衡过程分析

任何企业都是在一定空间进行经营活动的，企业的区域空间特征是企业与企业之间不同质的重要特征。异质性企业之间的区域空间特征——异质是生产要素流动配置效率改进研究的前提，生产要素在不同企业之间流

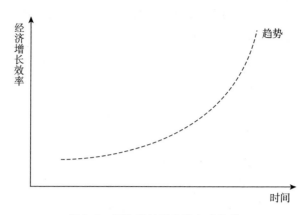

图 2.1 经济增长效率的变动趋势

入与流出，表现为生产要素空间结构调整。依据克鲁格曼的新经济地理理论的观点，空间生产要素经济结构变迁是集聚力与分散力对生产要素流动方向共同作用的结果，区域之间生产要素配置过程与区域比较优势的形成过程是一致的。区域比较优势一旦形成，如果没有突然较大的外力逆向调整干预，区域比较优势就会逐渐得到强化，并一直延续到集聚力开始小于分散力，才会出现新一轮的反向区域自我累积循环。企业的区域空间特征是企业异质性特征的重要特征，传统经济学在完全竞争市场中，把企业抽象为一个不具有空间特征的抽象点，现实中，区域空间是企业与企业之间的一个重要差异特征。从区域空间层面看，生产者和消费者在空间并不是均匀分布的，也不是静态不变的，生产要素在空间层面集聚与扩散本身，就是一种效率配置和非效率配置的动态交替过程。

空间市场拥挤效应是指一般效率水平企业偏向选择在竞争者较少的区位进行生产，以获取更大的市场份额收益。现实经济中，针对企业决策存在信息不对称的特征，再加上不可预测的偶然因素，也可能改变区域经济原有的增长路径，原有平衡也就随之被这种力量所打破；随着时间的推移，市场拥挤效应会逐渐降低集聚区域的聚集租金，降低潜在生产要素资源的流入速度和规模。随着企业在某一空间集聚程度的提高，生产要素供给大于市场需求时就产生了经济增长效率降低现象，表现为企业的获利能力下降、异质性企业空间重新组合的分散力增强。在区域内具有效率垄断特征企业从采购到生产再到营销的全部活动，从长期来看，在很大程度上是其他类型企业可观察、学习和模仿的。具有效率垄断特征的企业获得的超额利润会因大量其他企业的快速模仿而迅速减少，直至消失的过程也是具有效率垄断特征的企业同质化的过程。尽管如此，但在这一轮的循环过程中，具有效率垄断特征的企业获得了更快的发展，相对其他企业而言更具备下一轮企业创新的基础，具备更高的风险承担能力，与此同时，整个区域经济增长效率获得了快速提升。经济增长效率空间不均衡主要表现为区域间经济增长效率差异性，区域间经济增长效率差异性的研究可简化为区域间经济增长效率差异性的两两比较。区域经济增长效率差距是区域间企业异质性特征对生产要素流动配置效率差异的宏观表现，区域之间效率差距相对变动是通过区域间以及区域内市场竞争实现的；区域间企业异质性特征对生产要素配置效率影响同质化的过程，也是区域经济增长效率差距不断缩小的过程，这个区域经济增长效率差距动态波动的幅度会随技术进步节奏和技术溢出速度加快以及市场化水平不断提高而不断变小。随着区域经济增长效率差距波幅变小和频率不断加快，整个区域的经济增长效率提升速度会不断加快。

在图 2.2 中，线 1 表示区域之间经济增长效率差距的变化轨迹，线 2 表示区域经济增长效率实际变化轨迹。

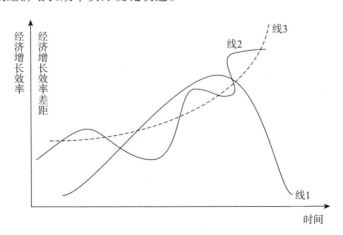

图 2.2　区域经济增长效率差距与全要素生产率变动趋势

线 3 表示区域经济增长效率变化趋势轨迹。发达区域与欠发达区域经济增长效率差距呈现的倒 U 形假说，是由美国学者威廉姆逊（J. G. Williamson）于 1965 年提出的。倒 U 形假说的中心内容可以表述为：在一个区域发展初期，区域内部各部分之间的经济增长效率差别不大，随着生产与管理技术的提高，更新突破、技术溢出对经济增长效率的影响愈加明显；随着人力资本素质的不断提高，人力资本流动对经济增长效率的影响份额也在逐步提升，技术进步与人力资本之间具有的相互促进的匹配效应会随着二者在空间上的不均匀性的初始分布对经济增长效率的影响在空间层面表现出来，区域经济增长效率差距将呈现先扩大后缩小的变化规律，经济学界把这种先扩大后缩小的现象称为倒 U 形假说。虽然威廉姆逊通过横向和纵向分析 20 多个国家经济增长的相关资料，对倒 U 形假说进行了实证检验，但没有在理论上进一步给出有说服力的论证。后来许多学者对不同发达程度的区域经济增长效率差距的变化趋势进行实证检验，也得出了类似倒 U 形的结论，但倒 U 形趋势变动的临界点和拐点存在较大差异，也没有对趋势变化中的这些效率差距变动的持续时间和临界值进行有说服力的解释。

本章从经济增长效率变动的趋势特征以及全要素生产率变动的影响因素方面解释区域之间经济增长效率差距变动呈现近似倒 U 形变化的原因。倒 U 形左边表示经济发展的初期即区域差距逐渐扩大的时期，经济发展初期生产要素资源在各个区域内都是稀缺的，区域内部市场潜在需求巨大，企业发展都处于生命周期的初期，企业边际投入产出还处于边际收益递增阶段，在此时期企业只要增加投入、扩大规模就可获得规模收益，那么拥有资本资源越多的区域，发展的速度就越快。全要素生产率均衡经济差距的力量还无法完全抵消由于生产要素集聚效应形成的扩大增长效率差距的力量。随着时间的推移，由于资本的边际收益递减规律、物质资本的投资刚性作用，生产要素分布的不均衡形成区域差距扩大的力量就会减小。当全要素生产率均衡经济差距的力量上升到与生产要素分布不均衡形成的区域差距扩大的力量相等时，区域差距就达到了最大值点——倒 U 形曲线的最高点。由于全要素生产率的技术、制度、专业化分工模式和创新因素与资本和劳动相比可以更快地在区域之间达到均衡，在资本和劳动因素之外因素产生的生产率贡献逐渐递增效应与资本和劳动要素的边际收益递减规律共同作用使扩大差距的合力逐渐减小的情况下，倒 U 形左边就会出现不断减少的变化趋势，达到差距最大后转向右边使区域绝对差距逐渐减小。从倒 U 形的最高点开始，在全要素生产率均衡经济差距的力量的作用下，生产要素分布的不均衡形成的区域差距扩大的力量不断缩小，二者的合力效果越来越大，方向与扩大阶段相反，这也解释了威廉姆逊倒 U 形的实证结果曲线向上凸的左右不对称的形状（左边斜率变化慢、右边斜率变化快）。

区域之间的差异也会存在倒 U 形差异，倒 U 形的变化趋势不是一种简单的变化趋势，其中可以细化为经济增长效率差距上升扩大期、经济增长效率差距平稳期、经济增长效率差距下降期三个不同趋势变动的交替进行。如果不能在理论上对这种复杂多变的变化趋势进行合理解释，那么根据这些倒 U 形变化趋势只能做粗略的预测，而不能通过制定适宜的政策干预使区域经济增长效率差距按照预期的目标进行演化：减少不同发展程度的区域之间经济增长效率差距陡峭扩大的期间和差距最大值，使不同发展程度的区域之间经济增长效率差距变动的倒 U 形尽可能扁平化。经典经济学中对市场结构的研究，不考虑企业空间特征差异，而现实经济中企业空间特征差异是一个重要的企业异质性特征，不同发展程度的区域之间形成企业异质性特征是区域经济增长效率差距形成和演变的微观基础。

区域之间经济增长效率差距的倒 U 形变化趋势与企业异质性特征的变化存在怎样的关系呢？两个区域内的企业除了区域空间特征不同之外，在其他企业异质性特征相同的情况下，区域之间的经济增长效率差距也就趋于零；从区域之间企业异质性特征变化的视角能够对区域经济增长效率差距的倒 U 形变化趋势进行解释，区域经济增长效率差距的变化轨迹与区域之间企业异质性特征差异的变化具有一致性。

图 2.2 中倒 U 形左边区域经济增长效率呈现加速扩大的趋势，意味着发达区域内具有效率垄断特征的企业在某些效率垄断特征方面得到了初始强化，生产要素配置效率得到了急剧上升，通过溢出效应在发达区域内的企业之间进行扩散，发达区域经济增长效率对生产要素的使用需求数量也随着上升，本区域内生产要素价格呈现上升趋势，在市场竞争机制的作用下，欠发达区域生产要素不断流入。在欠发达区域闲置生产要素流出完毕之前，发达区域生产要素价格上升并不明显，在这一经济增长效率差距形成初期，发达区域内的企业的规模经济效率变化明显，但生产成本主要受生产要素使用数量的影响，受到生产要素价格上涨因素的影响很小。与此相对应，欠发达区域由于生产要素的竞争性区域流出，大量企业受到企业临界规模的约束而纷纷解体，企业规模效率上升导致经济增长效应不足以

抵消企业解体、生产要素闲置造成的效率损失，这一时期欠发达区域的经济增长效率急剧下降，这就是倒 U 形趋势初期的区域经济增长效率差距急剧扩大时期。

当欠发达区域闲置生产要素完全流出后，生产要素供给就形成了欠发达区域内效率较高的企业和发达区域内效率较高的企业竞争性使用的局面，生产要素价格开始上涨，无论是发达区域还是欠发达区域内企业的边际生产成本都会上升，区域之间的经济增长效率差距变动开始变缓，发达区域内企业在本轮效率垄断特征技术溢出带来企业规模递增效应，与生产成本上升带来的经济增长效率递减效用之差达到最大值。具有效率垄断特征企业的技术创新是不连续的，每一次的技术创新带来的经济增长效应也不相等。如果发达区域没有新一轮效率垄断企业产生新溢出效应，在发达区域生产要素成本不断上升和欠发达区域空间土地成本不断下降、企业边际产出不断上升的多重作用下，欠发达区域与发达区域之间的经济增长效率差距就会开始下降，开始进入倒 U 形曲线右边区域。在倒 U 形曲线右边区域，区域生产要素竞争性使用，技术在区域间溢出作用也日渐明显，区域之间土地地租差异也逐渐减小，当发达区域内企业在本轮效率垄断特征技术溢出带来的企业规模递增效应与生产成本上升带来的经济增长效率递减效用之差为零时，欠发达区域的地租也上升到一个新的最大值，区域之间的经济增长效率差距趋于一个稳定值。

为什么实证结果显示倒 U 形区域经济增长效率差距最后不是趋于零呢？从企业异质性特征视角来看，主要是企业异质性特征的初始变化时间不同。随着时间推移，在区域之间企业非空间异质性特征逐渐消失的过程中，企业非空间异质性特征并没有完全消失到零差异，主要是由于在倒 U 形右边时期，欠发达区域的企业要承担生产要素在区域之间流动配置的空间转移成本。当区域之间非空间企业异质性特征差异带来的效率改进增量不足以抵消生产要素的空间转移成本时，生产要素在区域间的动态配置就达到了均衡，宏观上就表现为欠发达区域与发达区域之间经济增长效率差距呈现一个稳定的较低数值。

那么如何解释不同国家内区域之间经济增长效率差距变动的倒 U 形形状、效率差距拐点、最大值差异呢？这主要是不同国家存在企业异质性特征差异，尤其是非效率垄断特征因对市场扭曲程度不同而表现出区域之间市场化水平的差异。企业非效率垄断特征越明显的国家或地区，市场扭曲程度越大，效率垄断特征企业的技术创新周期较长，技术进步程度也相对较弱，效率垄断技术溢出效应较慢，倒 U 形形状越不明显，无论是区域经济增长效率的扩大期间还是缩小期间都不明显，倒 U 形顶点的平台期也很长，无论是发达区域还是欠发达区域的经济增长效率绝对值都很低，倒 U 形变化的整个时期，整个区域经济增长效率提升不明显。

相反，企业非效率垄断特征越不明显的国家或地区，市场扭曲程度较低，较高的市场化水平会导致大量企业形成对效率垄断企业特征的激励，效率垄断特征企业的技术创新周期也会逐渐变短，技术进步程度较高，效率垄断技术溢出效应较快，倒 U 形形状明显，区域经济增长效率的扩大期间会明显大于缩小期间，倒 U 形顶点的平台期很短，无论是发达区域还是欠发达区域的经济增长效率绝对值都很高。由于效率垄断特征企业的技术创新周期也会逐渐变短，企业非效率垄断特征越不明显的国家或地区的区域经济增长效率差距表现出的倒 U 形右边的低点会很快出现，且明显高于倒 U 形左边的最低点，倒 U 形左边会很快出现一个新倒 U 形的起点。

二　经济增长效率分解及其影响因素分析

总结目前理论和实践的学术研究成果，关于选择并运用 TFP 指标研究经济增长效率的影响因素，从理论上可以界定两个方面：一方面是源于微观企业生产技术的进步，这是由研发投入或技术引进带来的；另一方面则是源于生产要素在行业、区域层面的企业之间配置效率的改善。较多文献将企业生产率的加权平均值定义为总生产率（Baily et al.，1992；Olley and Pakes，1996；Foster et al.，2001；Melitz and Polanec，2015）。

分析企业层面的资源配置效率变化机理，运用 Baily 等提出的 BHC 方法把区域全要素生产率变动部分分解为连续存在的企业（C）、新建企业（E）和退出企业（X）的贡献，全要素生产率的变动部分可用以下公式表示：

$$\Delta w_t = \sum_{i \in C}(z_{it}w_{it} - z_{it-1}w_{it-1}) + \sum_{i \in E}z_{it}w_{it} - \sum_{i \in X}z_{it-1}w_{it-1} \qquad (2.1)$$

其中，w_t 表示 t 时期的区域总生产率，z_{it} 表示区域内企业的资本或产出权重，w_{it} 表示区域内第 i 个企业的生产率。在式（2.1）的基础上，根据偏离份额方法，将始终存在的企业全要素生产率变动进一步细化为三部分，则式（2.1）区域经济增长效率的变动部分可以写为：

$$\Delta w_t = \sum_{i \in C} z_{it-1} \Delta w_{it} + \sum_{i \in C} \Delta z_{it} w_{it-1} + \sum_{i \in C} \Delta z_{it} \Delta w_{it} + \sum_{i \in E} z_{it} w_{it} - \sum_{i \in X} z_{it-1} w_{it-1} \quad (2.2)$$

式（2.2）右边的第一项，表示的是连续存在企业的生产率变动部分，界定为技术适用效率；由于技术进步是非连续的，重大技术进步的产出是整个科学界共同作用的结果，技术进步的快慢和进步程度具有不确定性，对外部技术在假定企业只能选择性接受溢出技术和引进技术的条件下，技术进步是外生变量，对技术适用效率影响的大小取决于技术偏向性。第二项表示连续存在的企业之间相对份额的变化所引发的经济增长率变动，在行业层面上表现为生产要素行业结构配置效率，行业结构配置效率与生产要素在行业间配置规模合理性有关，行业结构越合理，行业结构配置效率就越高。第三项表示生产率和相对份额同时变动的部分。第四、五项表示外界资源的流入和本区域资源的流出导致的经济增长率。第三、四、五项一起表示生产要素流动配置效率。流动配置效率的高低取决于市场化水平；市场化水平高低与生产要素流动配置效率呈现正向变动的关系。区域之间的流动配置效率高低不仅取决于市场化水平的变化，还与不同区域间的企业外部性大小有关，生产要素从企业外部性低的区域流向企业外部性高的区域，能够提高区域之间流动配置效率。可以将全要素生产率分解为三部分，分别为技术适用效率、行业结构配置效率和流动配置效率，针对全要素生产率分解层面的解释，还需要通过运用相关经济理论推导出在现实层面有可操作性的具体影响因素。区域经济增长效率的影响因素可以归结为：①影响企业内部的技术适用效率的因素是技术偏向性；②影响规模效率的因素是行业结构；③影响流动配置效率的因素是市场化水平。

根据区域经济增长效率影响因素的研究结果，把除了生产要素投入的全要素生产率的众多影响因素归结并具体化为市场化水平、技术偏向性、行业结构等方面。根据全要素生产率的定义，全要素生产率是剔除资本和劳动贡献后所得到的残差，从微观主体企业层面来看，如果不存在生产要素存量和增量的变动，企业的经营活动就会停止，那么全要素生产率也就会变为零，整个区域经济增长效率也就不存在了。由此可以得出：全要素生产率的变动，一定是通过生产要素在不同企业主体之间的增减变动过程中实现的；影响全要素生产率的因素——技术偏向性、行业结构、市场化水平对全要素生产率的影响，就必然体现在生产要素在不同企业主体之间的增减变动过程之中。

（一）市场化水平对区域经济增长效率的影响机理

在市场经济中，生产要素在不同企业主体之间的增减变动这一过程必须在一定市场环境中进行。不同生产要素的相对稀缺性和需求程度不同，要求市场能够提供一个反映生产要素相对稀缺性和需求程度的要素比价，来真实反映和体现生产要素在不同企业之间的增减变动是生产要素从低效率企业向高效率企业流动的结果。单纯的生产要素从低效率企业流入高效率企业，没有改变区域内生产要素的投入量，生产要素在企业间进行重新组合，就会形成一个高效率企业和低效率企业的效率增加值，可以提高全要素生产率中的流动配置效率。流动配置效率的高低取决于企业和企业之间的市场化水平，市场化水平越高，市场能够提供的反映生产要素相对稀缺性和需求程度的要素比价就越合理，从而生产要素重新组合获得的高效率企业和低效率企业的效率增加值就越大，全要素生产率中的生产要素重新组合效率就越大。如果存在一定程度的市场扭曲，低效率企业占用了相对多的生产要素，高效率企业难以实现通过效率优势竞争性使用低效率企业存量生产要素，生产要素在企业间流动效率低下，导致行业内不同特征企业之间形成生产要素结构配置效率缺口，进而引起整个区域经济增长率中的流动配置效率降低。

（二）生产要素结构对区域经济增长效率的影响机理

区域经济增长效率是一个过程量，那么区域经济增长效率变动势必受到基期生产要素存量和本期生产要素增量的共同影响，基期生产要素存量和本期生产要素增量共同表现为生产要素规模。区域内不同行业内企业生产要素规模加总后的比对关系就形成行业结构关系，生产要素在行业之间进行增减变动不会改变下一个基期生产要素存量总和，但会改变下一期基期生产要素存量对全要素生产率的影响，所以在单纯的行业结构调整没有改变区域内生产要素投入量的情况下，可以改变区域经济增长效率。

由于不同行业内要素配置的结构、主营业务差别太大，生产要素劳动力素质的内在要求不同，以及物质资本的路径依赖性的原因，不同企业之间短期难以替代而流动性弱，不同行业之间的企业要素重新配置，本质上是区域内的行业结构调整过程。同一行业内企业之间的生产要素在结构上最为相似，企业之间生产要素具有高度流动性和替代性，行业内企业效率缺口的补缺应优先于行业间效率缺口；行业内企业效率缺口的补缺时间要短于行业间企业效率缺口的补缺时间。从整体而言，行业间结构调整建立在行业内企业间效率均衡的基础上，对区域经济增长效率的改进效果更好。

（三）技术进步偏向对区域经济增长效率的影响机理

区域经济增长效率变动除了受到行业结构、市场化水平、外部性差异的影响外，还受到区域内技术进步偏向的影响；根据对经济增长效率分解结果的分析，发现技术适用效率变动与技术进步偏向性有关。随着技术溢出速度的不断加快，适宜技术进步偏向会对经济增长效率起到逐渐加速的正向影响；不适宜技术进步偏向会在技术溢出过程中受到生产要素结构供给失衡的制约，对经济增长效率起到的正向影响会逐渐弱化。从微观层面来看，生产要素进入企业内部后要进行一系列的生产组合活动才能完成产品的形成过程。从技术选择的角度看，一种产品不会只有一种生产技术，企业关心如何能够用最小的货币支付生产要素成本，获得目标产出。在这样的理性目标驱动下，企业就会选择多用价格相对便宜的生产要素进行生产，这样就形成了对多用价格相对便宜的生产技术的激励，进而形成对该类技术进步偏向性的内在需求。在路径依赖性和固定资产、人力资本短期难以转换的作用下，技术一旦使用，就会持续很长时间。技术选择的多样性提供了技术适用性的要求，一旦技术选择不当，技术适用性效率就会下降，而且短期内不会改变，直到生产转型成本（固定资产更换、人力资本重新形成等都需要支付额外成本）与生产要素的采购成本增加相等为止。如果生产要素价格结构与生产要素供给结构发生偏离，就会误导企业技术选择决策，降低区域经济增长效率中的技术适用性效率。

根据以上分析，市场化水平、技术偏向性、行业结构因素在生产要素增减变动的不同环节，分别对区域经济增长效率产生重要影响，并且对区域经济增长效率的影响路径具有相对独立性。

三　企业异质性、资源误置与经济增长效率之间综合作用机理

区域经济增长效率是区域内所有微观企业生产效率的加权，企业之间生产要素的流动方向如果是从低效率企业向高效率企业流动，就会降低低效率企业权重，提高高效率企业权重，进而提高整个区域经济生产效率水平。企业之间外部性差异会导致同质生产率在企业间的配置效率差异，所以企业外部性较好的企业更容易获得生产要素流入，企业之间外部性差异也是影响生产要素流动的重要因素。考虑到经济生产效率的区域空间特征，生产率较高的区域内的企业之间就会形成较好的技术溢出效应和竞争效应，这也是影响生产要素流动配置效率的重要因素。政府在制定政策干预市场失灵的过程中，应力求规避生产要素在空间配置上过度配置形成的拥挤效应，提高生产要素在空间配置上形成的规模效应，在提高生产率较高企业份额的同时，降低低生产率企业份额，这对研究行业与产业层面的空间生产要素流动具有较强的政策参考价值。

从生产要素流动重新组合企业的视角来看，针对生产要素流动性极差的低效率企业进行生产要素重新组合，生产要素可以低损耗地进行高效率配置，低效率企业原有的生产要素资源进入高效率企业的过程中，可以借助“后发”优势：对行业具有选择权，以及对具体生产要素组合最优的适宜技术具有选择权；由于生产要素新组合的选择不存在路径依赖性，所以能够最大限度地提高行业结构配置效率和企业层面的技术适用效率。根据以上的理论分析，相应地可以得出区域经济增长效率的影响因素：①影响企业内部的技术适用效率的因素是技术偏向性；②影响规模效率的因素是行业结构；③影响流动配置效率的因素是市场化水平。

在不完全竞争的市场环境中，相对于完全竞争市场而言，市场扭曲程度越高，经济效率损失越大。为了综合考察区域经济增长效率，根据这三类具体的影响因素将区域经济增长效率分解为三部分：技术适用效率、规模效率、流动配置效率；经济增长效率损失源于技术适用效率、规模效率、流动配置效率三部分偏离最优化的程度。从生产要素配置的视角来看，经济增长效率损失是由于生产要素资源误置形成的，表现为生产要素低效率配置，那么是什么原因导致了生产要素资源误置呢？生产要素在企业之间流动与企业内的生产要素规模和结构都是微观主体的理性决策结

果：生产要素在企业间流动的决策主体是生产要素所有者或授权代理人，决策依据是生产要素收入最大化；生产要素在企业内部规模与企业间的行业选择的决策主体是企业管理者，决策依据是企业利润最大化。

根据古典经济理论的观点，完全竞争的市场结构是帕累托最优的，生产要素有效配置均衡的实现过程表现为效率高的企业具有较高的生产要素成本支付能力，在市场"看不见的手"的指引下，信息完全对称，生产要素会在很短的时间内从投资回报率低的企业流向投资回报率高的企业，直到各部门边际产品价值趋于相等。现实经济中如果出现企业之间的生产要素投入的边际收益差异长期存在或呈现扩大的现象，意味着生产要素在企业间存在明显的资源错配现象。但问题是现实的市场主体——企业是非同质的，企业异质性使现实市场偏离了完全竞争市场环境，在扭曲的市场环境中，效率较高的企业基于利润最大的原则，也不会严格按照边际成本等于边际产出的原则对生产要素进行定价。由于异质性企业间存在效率差异，而且不同效率企业对生产要素需求反映在同一市场中，考虑到技术创新程度与企业规模扩张速度的匹配关系，当增加规模带来的额外收益低于降低成本带来的额外收益时，高效率企业更倾向以低于本企业边际产出的价格对生产要素进行定价，从而获得更多的效率垄断收益。

如果低效率企业也不是按照边际成本等于边际产出的原则对生产要素进行定价，而是按照非效率垄断市场价格，那么市场中资源误置就不仅仅来源于效率垄断企业按照低于边际产出的市场价格对生产要素进行配置，还存在一个生产要素在扭曲的市场环境中的定价机制问题：生产要素的定价权在于扭曲市场的非效率垄断企业，其他企业根据非效率垄断企业对生产要素的垄断定价界定单位边际产品收益与边际生产要素成本，异质性企业对生产要素资源配置规模的理性决策源于对预期单位边际产品净收益为零时对应的生产要素配置规模的准确判断。效率垄断企业获取的垄断利润包括：效率垄断利润和市场扭曲定价超配生产要素带来的超额利润。任何市场环境下，企业获得的决策信息都是不充分的，尤其是根据历史和即时信息来推断、评估未来都是不充分的、不准确的；基于不同风险偏好和企业承担风险差异，总体来说任何企业对生产要素资源的配置规模都会呈现不同程度的乐观偏好，表现为生产要素超配现象；所以，在市场扭曲和存在企业效率差异的环境下，异质性企业之间的资源误置表现在三个层面：

一是非效率垄断企业依赖垄断定价和其他非市场因素获得的超配生产要素；二是高效率企业（效率垄断企业）由于低估单位边际收益递减的速度，导致的高估本企业效率垄断技术带来预期单位边际产品净收益从而超配的生产要素；三是介于效率垄断与非效率垄断之间接受技术溢出的企业，对生产要素配置的能力既不占有非效率垄断也不占有技术效率垄断优势，再加上市场扭曲与非效率垄断企业之间存在累积循环影响，这类容易过分乐观、高估预期单位边际产品净收益的企业超配的生产要素。由于区域内生产要素都是稀缺的，第一层面的生产要素资源误置源于非效率垄断因素，不但直接降低了企业内生产要素的配置效率，还对效率垄断企业和接受技术溢出的企业产生了要素"挤出效应"，所以说第一层面的生产要素资源误置对区域经济增长效率改进的拖累效应要明显大于第二、第三层面的资源误置对经济增长效率的拖累效应。

在短期内生产要素供给没有约束的情况下，由于效率垄断企业也不同程度获得了市场扭曲带来的差额利润，在短期内也会降低效率垄断企业进一步获取效率垄断技术特征的激励。在长期，由于生产要素的稀缺性，生产要素供给就存在约束，由于非效率垄断对生产要素占用是非价格机制，其垄断力高于效率垄断的市场价格机制。如果效率垄断企业难以通过市场生产要素价格机制获得企业技术所要求的生产要素规模与结构，效率垄断企业不但不能获得超配生产要素带来的超额利润，而且效率垄断利润也会由于难以获得技术适用规模的生产要素而不断降低。

从整个区域来看，由于技术适用效率降低，效率垄断利润不足以抵消生产要素在非效率垄断企业过度使用带来的规模效率下降形成的损失。从长期动态来看，经济增长效率损失是企业内生产要素——劳动与资本配置长期偏离技术内在均衡要求的宏观体现；行业内的企业非效率垄断特征对生产要素市场的扭曲，在生产要素相对成本失真的情况下，诱导效率垄断企业内技术进步方向偏离区域内生产要素禀赋的比较优势，不能反映出要素的相对稀缺性，形成结构层面资源误置，在技术溢出的作用下形成整个行业的适用技术偏向效率损失。微观企业层面的资源误置，在短期主要表现为生产要素在低效率、非效率垄断企业大量积聚，而效率垄断企业因生产要素流入不足，导致内部降低技术应用效率，从而使区域经济截面经济增长效率低于经济增长的机会效率。在长期内资源误置主要体现为生产要素配置结构效率低下，长期资源误置会对区域经济增长效率起到负向变动的作用，表现为区域经济增长效率持续降低的趋势。

企业非效率垄断特征扭曲了市场交易机制，生产要素价格不能真实地反映生产要素效率需求方面的要求，生产要素流动配置效率就会降低，形成交易层面资源误置；生产要素再流动的激励除了较高效率企业的高要素价格支付，还存在非效率垄断对生产要素干预性低价格干扰，最终出现了生产要素价格结构、生产要素供给结构以及生产要素效率需求结构失衡。如果没有外力来及时消除非效率垄断企业特征对市场造成的扭曲，就会误导效率垄断企业技术进步方向，造成下一个截面区域经济增长效率逐次低于上一个截面经济增长效率，并会一直保持下去，生产要素稀缺性形成供给约束，对经济增长中技术适用效率和结构规模配置效率的影响日益明显。

企业异质性、资源误置与经济增长效率的综合作用机理如图 2.3 所示。

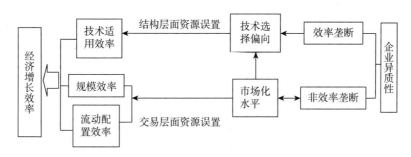

图 2.3　企业异质性、资源误置与经济增长效率之间动态演化的综合机理

四　企业异质性、资源误置与经济增长效率改进的演化路径和动力机制

（一）企业异质性、资源误置与经济增长效率改进的演化路径

根据企业异质性特征与区域内生产要素配置效率相互变动的关系，企业异质性特征可以划分为效率垄断特征与非效率垄断特征两大类别。非完全竞争的市场环境是企业效率垄断与非效率垄断特征干预竞争的综合结果。企业净收益与"要素配置效率收益"和"非效率垄断企业特征收益"有关，二者都需要要素投入，在微观企业内部收益路径选择决策时"要素配置效率收益"与"非效率垄断企业特征收益"之间在质量上不存在优劣

之分，只是在数量上存在多少之异。如果企业获得"非效率垄断企业特征收益"的成本低于为获得同等"要素配置效率收益"的支付成本，同样的资源投入获得企业特征收益高于资源配置效率改进收益，那么理性的效率垄断企业就不再选择获得效率垄断特征为目标，而是选择获得非效率垄断企业特征为目标，具有效率垄断特征企业的发展就会受到抑制。在静态空间层面，效率垄断在提高垄断特征企业内部要素配置效率的同时，不会降低其他企业的要素边际产出；在动态跨期层面，效率垄断除了导致生产要素从低效率企业流向高效率企业外，还表现为效率垄断企业通过企业特征溢出效应，会提高其他不具备该特征企业的生产要素配置效率。非效率垄断企业特征会导致生产要素流向具有非效率垄断特征的企业，如果非效率垄断特征企业不是高效率企业，那么生产要素配置就会出现效率配置损失，降低区域经济增长效率。此外，由于非效率垄断企业具有吸引生产要素流入的能力，这样就对效率垄断企业产生了挤出效应，导致区域内异质性企业之间的生产要素边际产出效率差距进一步扩大，宏观层面的区域经济增长效率降低。

现代竞争理论中的有效竞争理论表明：技术进步与创新是经济增长动态效率演化的动力，技术进步与创新的非连续性能够很好地解释经济增长过程中的"突进跳跃"和"技术溢出"现象，前者意味着经济增长效率开始发生转折性突变的起点，表现为一个新的效率拐点的诞生，此时，资源误置的程度是最大的。技术进步与创新开始于效率较高的企业，该企业就具有了对其他企业效率垄断的特征，效率垄断特征企业获得效率垄断收益的过程中，由于技术创新仅在效率垄断企业内对生产要素进行优化配置，效率垄断企业规模相对于整个区域内企业而言较小，区域经济增长表现为少数效率垄断企业的高效率增长和大多数企业相对低效率增长并存。"突进跳跃"实质上是指效率垄断企业内部生产要素配置效率突然提升，此时对整个区域经济增长效率提升起到拐点的作用。企业异质性、资源误置与经济增长效率改进的演化路径如图2.4所示。

随着时间的推移，由于市场竞争的作用，效率垄断企业的技术与创新特征就会溢出，其他类型企业也会积极参与接受溢出，在这个过程中效率垄断企业的效率垄断利润就会不断减少，但区域内其他企业因为运用了效率垄断企业的技术溢出而提升了生产要素配置效率，进而大幅度跳跃性地

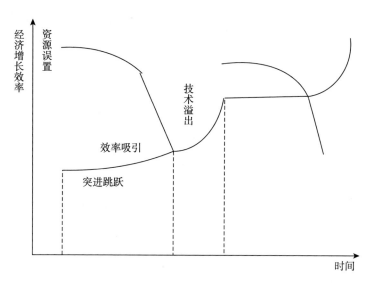

图 2.4 企业异质性、资源误置与经济增长效率改进的演化路径

提升了整个区域经济增长效率。在这一过程中效率垄断企业的垄断利润逐渐减少，一直延续到新一轮效率垄断特征产生；资源误置程度逐渐降低，而且降低的速度越来越快。

在消除非效率垄断企业特征、提高市场化水平的情况下，纠偏生产要素资源误置、实现经济增长效率改进的路径有两个。一是生产要素流动，竞争意味着生产要素具有稀缺性，有效竞争能够使低效率配置的生产要素组合被打破，通过市场交易依次流向效率较高的企业，形成新的生产要素组合。生产要素从低效率企业向高效率企业流动，提高了生产要素流动配置效率。在效率垄断企业获得垄断利润的时期，由于市场竞争的作用，生产要素向效率垄断企业流入，引起区域内生产要素资源误置规模和程度下降，进而产生的经济增长效率改进贡献可以称为效率垄断企业的效率吸引效应。二是技术溢出效应，由高效率企业到低效率企业的技术溢出，提高了区域内高效率生产要素配置份额。在效率垄断企业技术创新不断溢出的过程中，呈现以效率垄断企业为源头层层辐射状的技术溢出特征；生产要素资源误置纠偏速度很快，这一期间对整个区域经济增长效率改进的程度最为明显。市场化水平越高，效率垄断企业特征的更替频率就越快，生产要素资源误置程度扩大—纠偏—均衡—再扩大—再纠偏的速度就越快，经济增长效率改进程度就越大。

结合以上经济增长效率层面的分析，在短期内，资源误置在经济增长效率上体现为生产要素流动配置效率较低，实质上是短期生产要素由于非效率垄断企业对市场进行扭曲，进而导致效率垄断企业边际产出与边际成本定价机制不能发挥作用，形成生产要素在异质性企业之间不同程度的超配。在长期内，资源误置表现为：由于生产要素的稀缺性约束，短期生产要素在异质性企业之间不同程度的超配导致生产要素跨期结构失衡，生产要素价格结构和数量供给结构不断调整，导致企业适用技术所要求的生产要素配置结构成本和规模不断上升，在经济增长效率上体现为生产规模效率和技术适用效率不断降低。经济增长效率改进的过程也就是生产要素资源误置程度扩大—纠偏—均衡—再扩大—再纠偏的循环不止的过程。

（二）企业异质性、资源误置与经济增长效率改进的动力机制

区域潜在经济增长效率与现实经济增长效率之差能够较好地界定资源误置对经济增长效率影响程度的高低，企业异质性特征对经济增长效率影响的同质化过程，也是非效率垄断企业特征对市场化水平扭曲程度减小的过程。在这个过程中，随着效率垄断企业技术不断溢出，具有其他特征的企业生产要素配置效率不断提高，效率垄断企业特征不断弱化，生产要素不断从低效率企业流向高效率企业，低效率企业的生产要素份额不断降低，高效率企业的生产要素份额不断升高，现实经济增长效率逐渐向潜在经济增长效率逼近。但这个逼近的过程能不能使潜在经济增长效率与现实经济增长效率之差趋向于零呢？现在来进一步研究经济增长效率改进中的"动力形成"问题，这是研究"推动经济增长效率动态演化"的最根本的问题。经典经济学中，企业同质意味着生产要素在完全竞争市场中，能够配置到生产要素在任何一个企业的边际产出相等的均衡状态，但在现实中即使企业异质性特征不存在，还会有生产要素空间转移成本等交易成本的作用，企业边际产出也不可能达到相等的均衡状态。但这不是问题的关键，关键是在企业同质的状态下，信息搜寻成本为零时，在经济增长过程中任何的截面状态，从理论上企业同质，完全竞争时经济增长效率是最高的，那么经济增长过程中的下一个经济截面又是一个什么样的效率状态呢？如果在下一个经济截面时的经济增长效率高于上一个截面效率，那么又是什么力量推动一个已经是最优的经济增长效率状态进行改进呢？如果在下一个经济截面时的经济增长效率低于上一个截面效率，那么又是什么力量使已经是最优的经济增长效率降低，产生资源误置呢？如果没有一种力量来改变，下一个截面经济增长效率应维持不变，长期演化轨迹为一条直线。

1. 不存在非效率垄断企业特征的经济增长效率改进动力分析

（1）经济增长效率均衡的正向变化分析。首先，从企业异质性层面来解释第一个问题：在下一个经济截面经济增长效率与上一个截面经济增长效率之间变动的正向动力形成问题。由于不存在非效率垄断特征对市场交易环境的影响，生产要素流动配置是按照企业之间生产要素配置效率高低进行的。首先假定生产要素只有资本和劳动两种生产要素，而且每种生产要素是同质的，资本要素流动的决策权在于资本所有者，劳动要素的决策权在于拥有劳动的劳动者；目前整个区域内所有企业生产率已经达到完全竞争的均衡状态，任何生产要素流动都不会对区域经济增长效率进行改进，此时如果没有一种外力作用，生产要素则拥有不具备生产要素再流动的激励；企业也不具有扩大或缩小规模的决策收益，因为无论企业规模扩大还是缩小，企业整体收益与企业规模之比都是不变的。在这种情况下，区域经济增长效率是稳定的，也不存在区域经济增长效率改进的问题，因为任何生产要素流动只会增加交易成本而不产生新增收益。如果没有外力来打破这个均衡，下一个截面区域经济增长效率依旧维持不变，并会一致保持下去。

那么区域经济增长效率改进就要求一种力量来打破这个均衡状态，这种力量从何而来？随着时间的推移，知识技能的积累势必打破生产要素同质性假设，如果生产要素同质性假设不成立，那么生产要素组合——企业也就存在异质性特征。异质性企业之间的竞争，就体现在通过企业生产效率改进来吸引生产要素流入，实现企业之间的优胜劣汰，这是每个企业的经营目标，通过投资实现生产要素优化配置、生产技术优势，获得更高的生产经营效率，从而能够支付更高的生产要素成本。对生产要素决策者而言，通过生产要素重新选择流动可以获得效率更高的企业，能够支付足以抵消生产要素新增交易成本的要素新增收入，这样原来的区域经济增长效率均衡就会被打破。区域经济增长效率是微观企业效率的加权汇总，随着区域内异质性企业之间效率变化，整个区域经济增长效率也会随着变动，下一个截面区域经济增长效率与上一个截面区域经济增长效率就出现了差异。生产要素资源误置纠偏过程，主要是通过生产要素从低效率企业向效率垄断企业流动来实现的。异质生产要素配置效率与企业效率特征有关，其与规模效率改进程度取决于在既定技术水平下的企业融资能力，而企业融资能力大小也与企业异质性特征有关。高效率企业在提升效率直至均衡的过程中可以吸引更多的生产要素不断流入，对区域经济增长效率的影响权重也在不断增加。此外，在市场竞争的作用下，其他企业为了减少生产要素流出，也不断提高企业自身的生产要素配置效率，进而推动经济增长效率均衡不断地向更高层面变动。

（2）技术与效率垄断企业特征的关系。无论是生产性技术还是管理类技术，在能够提高生产要素配置效率的情况下，都有多种可能的选择，这也就意味着技术进步方向存在选择性。只有进入企业实际运用层面的技术，才能通过提高企业生产要素配置效率和对其他企业技术溢出的方式对区域经济增长效率起到促进提高的作用。企业对技术进步方向的确定和选择贯穿于整个生产、管理过程之中。企业效率垄断特征主要体现在技术应用特征方面。根据世界知识产权组织在《供发展中国家使用的许可证贸易手册》对"技术"的界定，所有能带来经济效益增量的方法都属于技术范畴，就技术本身的表现形式而言，既可表现为无具体形态技术、品牌，也可以固化为有形的工具装备、机器设备、实体物质等实物型生产要素。无具体形态技术主要表现为抽象无形的管理模式更新、新技能、新工艺、新方法、规则调整，技术还可以表现为信息资料、设计图纸方面的更新等。效率垄断企业对市场内其他企业垄断的原因，在于该企业在技术进步方面投入了大量的风险研发投资，考虑到技术本身收益不具有排他性特征，许多国家都会通过立法的方式对此类企业给予保护，使公司投资在技术研发上的成本能够回收的基础上获得风险投资的垄断收益，这就是该类企业特征具有效率垄断的原因。适度的专利保护能够提高技术研发的风险投资收益，激励企业进行技术研发，不断地为经济增长效率改进提供动力支持。技术是企业与企业之间在生产要素配置效率产生差异的重要根源，相对其他企业而言，在技术研发风险投资收回期间，拥有了独特新技术的企业就具有了效率垄断特征。

（3）效率垄断企业特征影响经济增长效率改进的机理。随着经济的发展，生产要素不断流向效率垄断企业，虽然存在规模递减效应，但生产要素流出企业的自身边际生产率也会减缓下降的幅度，在宏观层面上表现为区域经济增长效率不断改进。在生产要素配置规模扩大的情况下，效率垄断企业生产效率依然上升，表明效率垄断特征企业内对生产要素配置技术水平的不断改进和提高能够抵减规模经济递减效应。实质上，区域内企业在生产要素投资方向上进行了调整，一部分从普通及直接产品的生产过程中分离出来，投入能够提高直接产品产出效率的技术研发方面，通过研发竞争来获得效率垄断企业特征，这就是效率垄断企业形成途径。在效率垄断企业内部技术进步具有内生性，效率垄断技术与企业效率垄断特征之间的良性循环将使得区域经济增长从总量水平上的递减报酬的陷阱中摆脱出来。研发创新目的在于获取更为先进有效的生产与管理技术，意味着企业差异化，对企业研发创新的研究只能是在不完全竞争市场环境中。学者们普遍认为技术是有目的的 R&D 活动的结果，R&D 活动本质上是一种风险收益比较高的投资行为，事后垄断力量获得垄断利润就是这种风险投资所获得的收益。

效率垄断企业特征产生，实质上是众多企业为获得独享技术进步收益进行充分竞争的结果。在以往新技术还没形成、旧技术已经充分溢出的情况下，企业之间生产要素配置效率无差异，资源误置程度趋向于零，每个企业生产要素配置效率是相同的，生产要素重新组合不但不会提高经济增长效率，还会因交易成本增加而降低生产要素在企业内的边际产出。如果没有适宜技术进步持续性出现，那么整个区域经济增长效率就会出现持续向下波动，这个状态直到适宜技术进步再次出现扭转原来经济增长效率的变化趋势。在一个封闭区域内，技术进步不会自动产生，"技术"作为一个特殊的产品也同其他产品一样是需要投资、消耗生产要素资源才能形成。对生产性企业而言，"技术"不是最终的生产品，而是一个特殊的生产要素。拥有这一特殊生产要素的企业就会进一步把技术进步与应用创新结合起来，技术进步与应用创新"双螺旋结构"共同作用，大幅度地提高生产要素配置效率，表现出效率垄断特征。在效率垄断企业内部，技术创新承担了巨大的失败风险，一旦成功也会获得较长时间丰厚的垄断利润，效率垄断企业内部存在很强的有利于刺激技术进步创新的激励机制，正是效率垄断企业不断技术进步与应用创新的"双螺旋结构"演进驱动着区域经济增长效率不断改进。具有新技术的企业能够成为效率垄断企业的原因，就在于企业内部的生产要素结构发生了变化，新增了一个"技术"要素。这一特征具有时效性，当风险收益期过后，这一"技术"要素在企业之间就会普及性应用，企业效率垄断特征就会被同质化，直到新的效率垄断企业特征再次形成后，再继续新一轮技术溢出、生产要素资源误置纠偏过程。

下面引入不确定的风险投资思想，来分析一下效率垄断企业是怎样形成的。企业之间为获取更多的生产要素流入，都存在极强的效率改进的内在动力，众多企业根据自身风险承担能力进行技术研发投资，在技术研发过程中，每个企业机会、生产要素中人力资本结构、风险投资规模等都存在差异性，导致企业技术研发成功的概率差异。不具有效率垄断特征且风险承担能力不足的企业，不具备自我研发能力，主要是选择性接受相应的技术创新企业的技术溢出。针对不具有效率垄断特征的企业而言，接受效率垄断企业的技术溢出是提高企业生产要素配置效率、推动区域经济增长效率快速提高的主要阶段。技术研发投资如果不是站在效率垄断企业角度来考虑效率垄断收益，整个区域内总的研发投入收益率就会低于正常的一般投资收益率，而技术具有溢出效应且不具有排他性，首先获得成功的企业一旦产生新技术，就意味着整个区域其他企业再没有必要继续增加研发投入。从整个区域来看，效率垄断企业特征的产生是建立在其他众多企业失败、研发投资终止和法律赋予垄断的基础之上的。在效率垄断期间，只是通过增加效率垄断企业所占的规模权重来提高区域经济增长效率；随着时间的推移，在效率垄断企业获得风险收益期间之后，该项技术就可以被其他企业无偿使用，从而大幅提高整个区域的经济增长效率。

（4）效率垄断企业与经济增长效率改进的关系。效率垄断企业的技术进步对经济增长效率改进的影响体现为生产可能性边界和现实生产边界相对变动的一致性。现实经济活动中，大部分企业难以达到最优的产出规模，这个最优的产出规模对应的全要素生产率也就是调整主要因素能够达到的预期全要素生产率。前沿生产函数刻画了企业内部已知的一组生产要素投入与产出观测值，构造出生产要素投入与企业产出的一切可能组合边界，也是对区域内企业生产要素配置效率改进行为的描述。现实经济中产出是在生产前沿的内部进行的，现实经济增长效率与最优生产率的边界是怎样形成的呢？由于企业异质性特征存在，企业之间特征差异产生了企业之间生产要素配置效率差异：效率垄断特征企业内部生产要素配置效率最高，非效率垄断特征企业内部生产要素配置效率最低，经济增长效率边界是按照当时最理想效率配置水平的边界，实质上就是按照效率垄断企业生产要素配置效率水平实现的。因此，效率垄断企业技术水平越高，经济增长的最优边界就越往外扩展。

现实经济增长效率与潜在经济增长效率之间的差额取决于以下四个因素：效率垄断企业技术水平、效率垄断企业的生产要素配置规模、非效率垄断企业对市场的扭曲程度、非效率垄断企业的生产要素配置规模。效率垄断企业技术水平越高，现实经济增长效率与潜在经济增长效率之间的差额就越大；效率垄断企业的生产要素配置规模越大，现实经济增长效率与潜在经济增长效率之间的差额就越小；非效率垄断企业对市场的扭曲程度越大，现实经济增长效率与潜在经济增长效率之间的差额就越大；非效率垄断企业的生产要素配置规模越大，现实经济增长效率与潜在经济增长效率之间的差额就越大。在这里先研究效率垄断企业技术水平、效率垄断企业的生产要素配置规模这两个因素对现实经济增长效率的影响。非效率垄断企业对市场的扭曲程度、非效率垄断企业的生产要素配置规模这两个因素对经济增长效率的影响是属于非效率垄断企业特征对经济增长效率改进动力效果分析的研究内容，放在非效率垄断企业特征对资源误置、经济增长效率改进的动态分析中进行分析。

根据前沿生产函数的相关理论，技术效率刻画了生产过程中，技术水平不变的情况下对现有技术的利用程度；配置效率刻画了运用生产要素的配置能力和水平。内生增长理论中引入技术进步和人口增长率对区域经济增长效率差异的原因进行了解释：持续经济增长的动力源于技术创新，劳动者素质的高低、人力资本的数量结构及分工程度是决定技术创新水平高低的最主要因素。在新古典经济增长模型中稳定均衡是建立在收益递减规律基础之上，在解释长期经济增长效率变化方面并不完美，不能合理有效地解释区域经济增长的短期波动与长期趋势问题。在这种背景下，虽然技术进步作为外生变量引入内生增长理论模型中，但外生的技术进步率和人口增长率只能解释增长持续性问题，无法解释经济增长效率改进问题。

针对一个既定区域边界，如果存在其他区域对该区域技术溢出的情况，该区域也不是所有企业针对该项技术溢出呈现同步性的反应，首先投入生产要素成本、获得生产要素配置效率改进的企业对其他企业而言也具有短期的效率垄断特征，只不过没有专利权的保护，再加上其他企业对该项技术的可获得性途径依然存在，效率垄断企业的超额收益维持的时间较短，且从超额收益数量上也是加速递减，但仅就该项技术对区域经济增长效率的影响而言，效果非常快速但不持久。区域经济增长效率是微观企业生产要素规模权重与对应企业生产要素配置效率乘积累加而成的，企业自我研发是形成较高程度效率垄断企业特征的重要途径。效率垄断企业技术水平越高，生产要素在效率垄断企业和其他企业之间的配置效率差距就越大，生产要素流向效率垄断企业的速度越快、数量越多，区域经济增长效率改进程度也就越大。

2. 非效率垄断企业特征对资源误置、经济增长效率改进的动态分析

（1）经济增长效率均衡的负向变化分析。首先，从企业异质性层面来解释第二个问题：在下一个经济截面经济增长效率与上一个截面经济增长效率之间变动的负向动力形成问题，也就是下一个截面的区域经济增长效率低于上一个截面区域经济增长效率。企业之间生产要素流动是建立在企业生产效率差异的基础上，生产效率高的企业具有更高的生产要素收入的支付能力，生产要素流动的决策倾向于更高的生产要素收入，这种生产要素由低效率流动向高效率企业流动配置会提高区域经济增长效率。但实现这一条件是建立在市场交易有效率的前提下，市场化水平越高，生产要素流动配置效率越高。但在非效率垄断特征企业的情况下，非效率垄断企业扭曲了市场，生产要素价格不能真实地反映效率垄断企业的边际需求价格，生产要素流动配置过程受到已经扭曲的价格干扰，效率垄断企业也不能得到足够数量的生产要素流入，就出现了效率垄断企业规模经济递增和非效率垄断企业规模经济递减长期并存的现象。资源误置在短期主要表现为生产要素在低效率的非效率垄断企业大量积聚，而效率垄断企业因生产要素流入不足，降低了技术应用效率，造成下一个经济截面经济增长效率低于上一个截面经济增长效率。

在长期内资源误置主要体现为生产要素配置结构效率低下，长期资源误置会对区域经济增长效率起到负向变动的作用，表现为区域经济增长效率持续降低的趋势。基于异质性企业的非效率垄断特征会导致市场扭曲的

客观现实，生产要素流动配置的驱动力存在多元化问题，其中按照企业之间生产要素配置效率高低进行配置对区域经济增长效率起到正向作用，但非效率垄断对生产要素资源的配置力量则起到相反的作用。在非效率垄断的企业特征扭曲市场的环境中，如果生产要素价格不能真实反映生产要素稀缺性，生产要素流动配置效率就会降低；生产要素再流动的激励除了较高效率企业的高要素价格支付，还存在非效率垄断对生产要素干预性的低价格干扰，最终出现了生产要素价格结构、生产要素供给结构及生产要素效率需求结构失衡。如果没有外力来及时消除非效率垄断企业特征对市场造成的扭曲，就会误导效率垄断企业技术进步方向，造成下一个截面经济增长效率逐次低于上一个截面经济增长效率，并会一致保持下去。生产要素资源误置纠偏过程，主要是通过生产要素从低效率企业向效率垄断企业流动来实现的，非效率垄断企业在降低了生产要素流动配置效率的同时，还提升了生产要素向非效率垄断企业流动的速度和规模。如果非效率垄断特征与效率垄断特征不为同一个企业具有，那么整个区域经济增长效率就会更低。

（2）非效率垄断企业特征对技术进步方向的影响分析。从长期动态来看，经济增长效率损失是企业内生产要素——劳动与资本配置长期偏离技术内在均衡要求的宏观体现。行业内的企业非效率垄断特征对生产要素市场的扭曲，在生产要素相对成本失真的情况下，诱导效率垄断企业内技术进步方向偏离区域内生产要素禀赋的比较优势，在技术溢出的作用下形成整个行业的适用技术偏向效率损失。在长期内需要一个稳定适宜的制度环境，来促进企业在技术进步偏向决策方面能够更好地反映要素的相对稀缺性；在技术进步选择和创新方向与当地生产要素禀赋的比较优势的内在要求一致的基础上，通过政策的调整促进区域内与区域间企业层面技术溢出效率，是提高区域经济增长效率的有效路径。生产要素不断流动的动力，来自生产要素所有者收入最大化的追求，只有利润高的企业才有能力支付更高的利息和工资，所以生产要素市场的生产要素流动方向始终是由低利润企业流向高利润企业。

生产要素在企业间流入流出是生产要素所有者的短期决策行为的表现，决策者无法也无须识别企业利润是来自生产要素配置效率还是依靠企业特征通过扭曲市场获得的市场扭曲收益。在已经存在扭曲的市场环境中，对持续性经营的企业而言，无论企业获得的利润是来自生产要素配置效率改善还是市场扭曲造成的企业特征收益，都会使企业规模不断扩大。为了防范规避难以支付由于竞争而形成的逐渐升高的生产要素成本，企业管理层不断通过技术创新和提高管理水平等方法提高企业核心竞争力进而促进区域生产率增长。如果企业发现获得市场扭曲收益的增加利润比通过技术创新和提高管理水平来增加利润更为容易，那么就会放弃技术创新和提高管理水平等提高生产要素配置效率的途径，转向努力改变企业主体特征来获取市场扭曲收益。

随着区域内部具有非效率垄断特征的企业数量不断增多，市场的扭曲程度将会日益严重，随着时间的推移，大量生产要素转移到低效率的具有非效率垄断特征的企业中，进而降低了区域经济增长效率。在这个过程中，只有少数具有效率垄断特征企业与具有扭曲市场的非效率垄断特征企业可以生存下来，大部分不具有垄断特征的企业就会在高生产率企业的效率竞争和市场扭曲主体非效率竞争的双重挤压下生产规模急剧萎缩。非效率垄断企业特征会逐渐恶化市场竞争环境，不同企业特征的市场主体面临日益增强的生产要素成本压力，通过技术进步不断降低成本成为效率垄断企业的重要手段，但是效率垄断企业的技术最终会被普及整个生产领域的所有行业，所以技术进步方向是由效率垄断企业的技术进步方向决定的。

（3）技术进步方向影响经济增长效率的机理分析。生产要素禀赋论是古典国际贸易理论中对区域经济发展适宜方向方面的主要强调观点，赫克歇尔认为生产活动中可投入的具体生产要素具有选择性，也就是不同的区域内资本与劳动的结构是有差异的，经济增长需要与区域内生产要素的禀赋优势相结合。根据生产要素禀赋理论，不同区域生产使用价值可以相互替代的产品的成本是不一样，在市场经济中要素禀赋结构差异主要通过市场的供求关系决定的价格差异成本反映出来，完全竞争市场的价格差别可以准确地反映各种生产要素的区域间相对丰裕程度。由于各种产品不同生产路径要求的两种生产要素的结构是不同的，如果该区域选择生产较多地使用区域内数量比较多的生产要素的产品，生产成本就较低，长期而言，生产的最大可持续性受到生产要素资源总量的约束；相反，如果使用本区域比较稀缺但其他区域比较丰裕的生产要素结构去生产时，当生产要素禀赋的数量结构与价值结构一致时，短期的生产成本就比较高，同样的产品在区域间就没有竞争力，最终会被其他区域相同产品的生产所淘汰。

当生产要素禀赋的数量结构与价值结构一致时，假定区域间要素市场价格是统一的，那么短期来看生产成本上没有差异。如果区域间生产要素数量结构存在差异，就会导致要素相对稀缺的区域受到要素总量的限制，经济增长不具有持续性，在这种情况下就会引导技术进步向少用稀缺要素多用富余生产要素的方向发展。部分不可转移、复制、交易的要素在区域内短期难以改变，如人口数量、人口受教育的状况、地方传统的生产习惯、地形、地貌；一些生产要素的禀赋总量在既定的区域内甚至是不可以改变的，如不可再生矿藏资源等。这些差异性要求一个有效的生产要素市场，通过价格机制来反映区域内要素结构的存量要素价值；如果市场是有效的，那么这个区域内的生产要素禀赋的数量结构与价值结构应该一致，供给数量多的生产要素价格低，供给数量少的生产要素价格高。

如果市场是扭曲的，那么生产要素禀赋的数量结构与价格结构就会出现偏离，区域内企业在对决定生产路径的生产技术进行选择时，依据的是企业能够获得的生产要素价格，进而做出最有利于降低企业经营成本的技术创新或选择方向的决策，但是随着时间的推移，生产要素资源的相对供给价格会导致偏离预期的变化。这种变化的价格结构会导致技术使用的预期收益，同时依据技术选择决策更新或购置的固定资产就会大量闲置，甚至提前处置或被动式更新或淘汰，经济增长效率损失会不断扩大，一直延续到按照新的生产要素价格结构研发的新技术出现，这种原有技术选择决策导致经济效率损失的局面才会扭转。只要市场扭曲的问题得不到彻底纠偏，生产要素禀赋的数量结构与价格结构就不会一致，以上的由于技术大量应用的技术溢出效率就会逐渐减弱，最后很快被淘汰。在这个过程中，不但区域层面的经济增长效率难以持续改进，在微观企业层面表现为企业层面的研发成本和固定资产更新处置成本也会不断增加。微观企业层面生产要素配置效率变化及其原因具体分析如下。

在存在市场扭曲的情况下，企业只是依据生产要素的价值结构进行技术选择决策和要素配置。生产要素禀赋的数量结构与价值结构偏离时，势必导致某一种价格相对过高的要素消耗过快，成为制约经济持续增长的短板。从长期来看，生产要素禀赋的数量结构与价值结构偏离会导致企业层面形成较大的生产技术转型成本，如大量设备不得不提前处置，人力资本重新培训或引进；技术转型难度较大的情况下，只能进行产品转型，造成大量在用生产要素闲置和额外追加的固定资产重置成本。生产要素市场扭曲导致的生产要素禀赋的数量结构与价值结构的偏离，最终会导致长期的区域经济增长效率降低。从长期动态来看，经济增长效率损失是企业内生产要素——劳动与资本配置长期偏离技术内在均衡要求的宏观体现；行业内的企业非效率垄断特征对生产要素市场的扭曲，在生产要素相对成本失真的情况下，诱导效率垄断企业内技术进步方向偏离区域内生产要素禀赋的比较优势，在技术溢出的作用下，形成整个行业的适用技术偏向效率损失，这是经济增长效率长期不断降低的主要原因。

第四节　本章小结

本章结合现有的企业异质性、资源误置与经济增长效率的相关理论研究，主要侧重从宏观层面的生产率高低和微观层面的生产率差距的基础上，根据"新"新经济地理学等前沿理论深入研究企业异质性特征、市场扭曲程度、经济增长效率变动的内在机理，在理论研究内容方面也是对"新"新经济地理理论的进一步扩展与深化。从静态截面和长期动态两个层面进行更为深入的理论研究，为后续实证研究消除非效率垄断、资源误置纠偏与经济增长效率改进路径研究提供理论支持。首先从企业异质性特征形成路径、企业异质性特征对经济增长效率影响的经济学原理、企业异质性特征对经济增长效率影响三个方面论证了企业异质性、资源误置的内在关系；其次分企业异质性对资源误置影响机理的经济学分析、企业异质性特征对资源误置形成路径研究两个方面，论证了企业异质性与资源误置的内在关系；最后对企业异质性、资源误置与经济增长效率的综合机理、演化路径和动力机制进行研究，通过对经济增长效率短期波动、长期趋势的研究，论证得出经济增长效率改进的过程，也就是生产要素资源误置程度扩大—纠偏—均衡—再扩大—再纠偏的循环不止的过程。在不存在非效率垄断企业特征的经济增长效率改进动力研究的基础上，进一步对非效率垄断企业特征对资源误置、经济增长效率改进的动态进行了理论研究。

在现实经济中，由于市场扭曲使异质性企业获得生产要素成本不同，企业非效率垄断特征对市场的扭曲，产生了不同企业特征的企业间存在获得生产要素成本高低或难易差异，异质性企业间存在企业特征差异形成生产要素无风险套利的流动性成本；具有非效率垄断企业特征的企业依靠企业自身特征就能够获得非生产性利润，并导致大量生产要素不断流入，规模不经济现象明显。在短期内技术没有发生变化的情况下，通过制度政策调整改变市场主体——异质性企业之间的要素配置的总量结构，是短期经济增长效率改进的关键。在长期内，效率垄断企业技术进步方向选择决策是依据生产要素成本最小化的原则进行的，异质性企业之间的生产要素成本差异是导致技术进步方向偏离均衡、产生资本与劳动替代效率损失的原因。

技术作为一个特殊的产品，从区域经济增长的需求层面上看，其实并不需要每个企业都进行研发投入，只要一个企业研发成功，其他企业就可以通过接受技术溢出的方式来提高企业生产效率。技术在生产过程中是通过企业之间的竞争实现的，一旦研发成功，其首先提供技术产出的企业使用，该企业相对其他企业就具有了效率垄断的企业特征。该技术会使企业生产要素配置效率提高而获得该技术的效率垄断收益，同时也会带动整个区域经济增长效率的提高，但这个效率提高是建立在其他竞争企业研发失败的基础之上的，所以技术垄断特征的企业对研发技术投资是一种高风险高收益的生产要素配置形式。从整个区域经济层面，真正大幅度提高区域经济增长效率主要体现为，效率垄断企业特征消失后的技术扩散和溢出效应对生产要素配置效率的提高份额的大小。本章的理论研究为解决后面章节中的从资源误置程度、市场化水平、技术进步方向的测算，以及从企业非效率垄断特征的界定等方面研究经济增长效率改进路径，化解经济增长过程中经济增长动态无效率问题提供了理论基础。

第三章 经济增长效率与资源误置的测算与比较研究

　　基于制造业企业是体现人类经济发展最主要的创造性领域，大部分技术进步与管理创新都发生在制造业，农业和服务业的生产率变动与机械制造业提供的机械工具创新密切相关，这个局面在短期或未来几十年内不会被打破，也不会有明显的变化。制造业全要素生产率的变动，主要取决于技术进步程度和偏向性、规模经济、企业外部性、市场化水平、企业管理水平等非要素投入的因素。根据技术经济学的研究，在开放的条件下，由于人力资本知识规模和知识溢出效应，技术进步随着时间的推移会呈现由低水平到高水平的逐渐加快发展趋势。此外，随着教育事业的不断发展，企业人力资本水平也不断提高，在开放的环境中，企业中无论是高层决策管理还是生产管理和销售管理方面的管理水平都在不断提高，这些正向的因素提高了全要素生产率。

　　通过研究全要素生产率的影响因素及其影响机理，我们不难发现在技术进步和企业管理水平只会提高且不可能长期呈现下降趋势的情况下，如果出现全要素生产率下降的情况，可能是市场化水平、技术进步偏向、行业结构失调、企业外部性环境等因素出现了不利于经济增长效率的变化。经济增长效率存在偏离最优的均衡状态，就意味着存在不同程度的资源误置现象，经济增长效率改进过程也就是资源误置程度不断减少、纠偏的过程。区域经济增长效率和资源误置程度的现状研究，为通过政府干预市场失灵状态，实施更为有效的纠偏资源误置的政策来提高经济增长效率提供了更为具体的理论和实证依据。

第一节 区域全要素生产率的测算

　　经济增长效率的高低很大程度上源于全要素生产率（TFP）的差异，

这一观点已被学界普遍认同。为了探索区域经济增长效率改进的微观来源，把市场微观主体企业作为基本生产经营决策主体，运用中国工业企业数据库的数据资料对企业全要素生产率进行测算，然后通过对企业全要素生产率的汇总得到总量全要素生产率。此外，考虑到不同行业的生产过程以及生产要素市场相对独立分割、技术选择和技术水平差异较大的特点，应进一步选择以行业为单位来计算企业的全要素生产率，以 29 个制造业行业为单位分别来计算企业全要素生产率。区域内并不是所有行业的供给和需求形成一个完整有机的市场整体，行业内部的市场化水平也存在明显的区域空间差异。为了更精确地分析不同区域内各行业资源配置效率的差异性，本节结合东中西三大区域对不同行业的经济增长效率进行测算。

一　估计企业生产函数

在估计企业生产函数方面，针对使用传统 OLS 方法估计生产函数，可能遇到同时性偏差和样本选择性偏差的估计偏差问题，学者们采用了一些方法来进行修正，如选择投资额作为代理变量的 OP 方法（Olley and Pakes，1996）和以中间投入作为代理变量的 LP 方法（Levinsohn and Petrin，2003）。LP 方法能较好地解决样本选择性和同时性偏差问题。本节借鉴 LP 方法，设定企业的生产函数是 Cobb-Douglas 形式，假设采用 Hicks 中性的技术进步，y、k、l 和 m 分别为产出值、物质资本投入、劳动力投入和中间投入品，β 表示投入资本的企业产出弹性。其生产函数可设定为：

$$y_{it} = \beta_o + \beta_l l_{it} + \beta_k k_{it} + \beta_m m_{it} + w_{it} + \eta_{it} \tag{3.1}$$

其中，残差项由两项构成，一个是 w_{it}，另一个是 η_{it}：w_{it} 表示企业投入决策因素中遗漏的、难以确定的因素对生产过程的影响；η_{it} 为独立同分布的残差项，表示企业投入生产决策无关变量的影响；在不考虑 w 与生产要素投入存在相关性的条件下，产出的贡献份额中资本的贡献则被低估，而产出的贡献份额中劳动的贡献却被高估。LP 方法的全要素生产率测算中，对中间投入 m 的假定是依赖于资本 k 和企业生产率的冲击 w，可用 $m_t = m_t (w_t, k_t)$ 形式表达中间投入需求函数。LP 方法假定需求量函数依 w 单调递增，所以可求中间投入需求函数的反函数：$w_t = w_t (m_t, k_t)$，不可观测性变量 w 就可以转换为两个可观测性变量 m 和 k 的可求函数，其中

w_t 服从一阶马尔可夫过程，即 $w_t = E\left(w_t \mid w_{t-1}\right) + \xi_t$，式（3.1）就可转换为：

$$y_t = \beta_l l_t + \phi_t\left(m_t, k_t\right) + \eta_t \tag{3.2}$$

其中，有

$$\phi_t\left(m_t, k_t\right) = \beta_0 + \beta_k k_t + \beta_m m_t + w_t\left(m_t, k_t\right) \tag{3.3}$$

在 LP 方法的估计中，首先是估计 β_l。把 k_t 和 m_t 引进式（3.3），则式（3.2）可重新表述为：

$$y_t = \delta_0 + \beta_l l_t + \sum_{i=0}^{3} \sum_{j=0}^{3-i} \delta_{ij} k_t^i m_t^j + \eta_t \tag{3.4}$$

通过式（3.4）计算 β_l 的一致估计量 $\hat{\beta}_l$。然后估计 β_k 和 β_m。由式（3.2）得到 $\hat{\phi}_t = y_t - \hat{\beta}_l l_t$；再估计 $E\left(w_t \mid w_{t-1}\right)$ 的非参数一致估计量 $\hat{E}\left(w_t \mid w_{t-1}\right)$，进而得到：

$$\hat{w}_t = \gamma_0 + \gamma_1 w_{t-1} + \gamma_2 w_{t-1}^2 + \gamma_3 w_{t-1}^3 + \varepsilon_t \tag{3.5}$$

式（3.5）中的残差可以写为：

$$\hat{\eta}_t + \hat{\xi}_t = y_t - \hat{\beta}_l l_t - \beta_k^* k_t - \beta_m^* m_t - \hat{E}\left(w_t \mid w_{t-1}\right) \tag{3.6}$$

对 $\min\limits_{(\beta_k^*, \beta_m^*)} \sum\limits_{h}\left[\sum\limits_{t}\left(\hat{\eta}_t + \hat{\xi}_t\right) z_{ht}\right]^2$ 与 $z_t \equiv \left(k_t, m_{t-1}, l_{t-1}, m_{t-2}, k_{t-1}\right)$，计算得出 β_k^* 和 β_m^*，并得到 β_l、β_k 和 β_m 的一致有效估计量，最后由 $\hat{w}_t = \exp\left(y_t - \hat{\beta}_l l_t - \hat{\beta}_k k_t - \hat{\beta}_m m_t\right)$ 求得 w_t。

二　变量、数据处理

为了能更好地解释企业层面的生产要素配置效率差异，异质性企业分析中对企业生产函数的估计，就需要质量较高的微观层面的企业数据，本节选用企业的源数据为国家统计局的《中国工业企业年度调查数据库》（Annual Survey of Industrial Firms，ASIF），《中国统计年鉴》的工业汇总数据也是基于《中国工业企业年度调查数据库》加总编撰而成。当前可得的企业层面的微观数据年份为 1998～2009 年，但考虑到 1998 年、1999 年、2000 年和 2008 年、2009 年的微观企业数据中缺乏法人代码等关键指标，主要利用 2001~2007 年的数据进行相应测算。数据库企业类型非常齐全，平均每个企业包括 100 多个变量，覆盖了企业大部分相关信息，包含 1736065 个企业数据。该数据库的样本规模和数据期间都比较大，基本符合我们从微观企业的层面来考察中国区域经济增长效率的变化和资源误置状况研究的样本需求量。

首先，抽取该数据库 2001~2007 年的制造业企业样本，其主营业务收入都超过了 500 万元，并对抽取的样本进行如下处理。

（一）行业处理

为了克服行业分类口径不一致的问题，根据新的行业分类标准对 2001 年和 2002 年数据中的行业类别进行了相应调整，并删除了"C43 废弃资源和废旧材料回收加工业"后保留了 29 个两位数行业。

（二）异常值处理

把经济学基本逻辑关系不能合理解释的观测值定义为异常值，删除不满足经济学基本逻辑关系的异常值。符合经济学基本逻辑关系的界定如下：第一，企业投入和产出都为正，包括职工人数、中间投入、固定资产原值、总产值。考虑到企业投入与产出之间的正向关系，把投入数为负值的企业视为无效数值。另外，参照谢千里等（2008）的做法，剔除雇用人数少于 8 人的企业。第二，企业固定资产原价小于固定资产净值。第三，工业增加值或中间投入小于总产出。第四，剔除处于停产、筹建、当年撤销、破产及其他非正常状态的企业数据，选择营业状态的企业数据。

（三）统一指标口径

参照李玉红等（2008）的数据处理，为了统一指标口径，剔除 500 万元以下销售收入的国有企业，只保留主营业务收入大于等于 500 万元的企业，原始数据经过行业、异常、统一口径处理后的企业数如表 3.1 所示。

表 3.1 数据处理前后企业数变化比较

单位：个

项目	2001 年	2002 年	2003 年	2004 年	2005 年	2006 年	2007 年
原始数据	171254	181557	196217	276473	271835	301961	336768
行业处理	156814	166868	181074	256613	251061	278753	312394

项目	2001 年	2002 年	2003 年	2004 年	2005 年	2006 年	2007 年
异常处理	135381	144573	162460	236150	221664	246959	287235
统一口径	132768	142104	160947	235215	221411	246504	287071

资料来源：《中国工业企业年度调查数据库》。

（四）企业投入和产出的界定和价格处理

在本节模型中估计生产函数时，所需的基础指标有工业总产值、资本存量、中间投入和就业人数。其中劳动就业人数直接用数据样本中的职工人数表示。考虑到源数据库中不同期间企业货币计量数据不具有可比性，选用原材料、燃料和动力购进价格指数对中间投入进行价格平减。资本数据计量运用永续盘存法得到固定资产净值，投资用 Chen 等（1988）的方法得到，企业初始资本计量用首次出现的固定资产净值。固定资产原值是通过计算每年新增的固定资产，然后进行平减再逐年相加而得，固定资产原值再按适当的折旧方式扣除折旧后就可以得到固定资产净值，其中，平减指数采用各地区固定资产价格指数，折旧率通过本年折旧除以固定资产原值计算。企业产出用企业的工业总产值来表示，以 2001 年为基期采用各地区工业产品出厂价格指数并进行平减。

三　企业全要素生产率的测算与加权汇总

假设企业的生产函数为 Cobb-Douglas 形式，其对数形式为：

$$y_{it} = \beta_o + \beta_l l_{it} + \beta_k k_{it} + \beta_m m_{it} + w_{it} + \eta_{it} \tag{3.7}$$

其中，i 表示企业，t 表示年份，η_{it} 为随机扰动项，w_{it} 代表生产率冲击，y_{it} 为企业工业总产值，l_{it} 为企业的就业人数，k_{it} 为企业资本，m_{it} 为中间投入。用 LP 方法估计出上面生产函数的资本、劳动、中间投入三个系数后，t 年企业 i 的对数形式生产率可用 $\hat{w}_{it} = y_{it} - \hat{\beta}_l l_{it} - \hat{\beta}_k k_{it} - \hat{\beta}_m m_{it}$ 计算得到。在获得区域内每一个企业具体全要素生产率后，分区域或行业全要素生产率，通过式（3.8）根据估计出的企业 w_{it} 以资本投入 z_{it} 为权重进行加权汇总。

$$w_t = \sum_{i \in N} z_{it} w_{it} \tag{3.8}$$

本节以 29 个两位数代码制造业行业分别来建立生产函数估计模型，对 2001～2007 年样本使用 LP 和 OLS 两种方法逐一估计企业生产函数。系数估计结果如表 3.2 所示，从劳动力和资本投入数量来看，20 个行业除医药制造业外都验证了 Levinsohn 和 Petrin 理论上推导出的结论，也就是在大多数情况下，经过 LP 方法纠正后的劳动和中间投入的系数会下降，而资本系数的值会提高，表明 LP 半参数估计方法在纠正系数偏误方面的确有效，为精确估计企业全要素生产率奠定了基础。

表 3.2 用 LP、OLS 方法估计的制造业行业的生产函数系数

变量	13		14		15		17	
	LP	OLS	LP	OLS	LP	OLS	LP	OLS
$\ln l$	0.041 ***	0.057 ***	0.034 ***	0.048 ***	0.053 ***	0.06 ***	0.064 ***	0.076 ***
$\ln k$	0.031 *	0.019 ***	0.031 ***	0.023 ***	0.04 ***	0.023 ***	0.033 ***	0.02 ***
$\ln m$	0.906 ***	0.904 ***	0.921 ***	0.911 ***	0.913 ***	0.922 ***	0.881 ***	0.892 ***
样本量（个）	68817		27207		18070		114983	
变量	19		21		25		26	
	LP	OLS	LP	OLS	LP	OLS	LP	OLS
$\ln l$	0.068 ***	0.082 ***	0.049 ***	0.064 ***	0.035 ***	0.035 ***	0.039 ***	0.048 ***
$\ln k$	0.029 *	0.026 ***	0.029 ***	0.022 ***	0.047 ***	0.03 ***	0.041 ***	0.028 ***
$\ln m$	0.893 ***	0.881 ***	0.894 ***	0.894 ***	0.894 ***	0.913 ***	0.9 ***	0.907 ***
样本量（个）	32267		15589		9548		94417	
变量	27		28		30		32	
	LP	OLS	LP	OLS	LP	OLS	LP	OLS
$\ln l$	0.055 ***	0.065 **	0.044 ***	0.054 ***	0.059 ***	0.071 ***	0.05 ***	0.062 ***
$\ln k$	0.027 ***	0.032 ***	0.055 ***	0.022 ***	0.052 **	0.032 ***	0.044 ***	0.019 ***
$\ln m$	0.924 ***	0.896 ***	0.883 ***	0.912 ***	0.865 ***	0.884 ***	0.889 ***	0.912 ***
样本量（个）	25409		6905		63085		30042	
变量	34		35		36		37	
	LP	OLS	LP	OLS	LP	OLS	LP	OLS
$\ln l$	0.05 ***	0.062 ***	0.05 ***	0.062 ***	0.043 ***	0.057 ***	0.057 ***	0.073 ***
$\ln k$	0.055 ***	0.033 ***	0.05 ***	0.027 ***	0.035 ***	0.023 ***	0.051 ***	0.029 ***
$\ln m$	0.869 ***	0.886 ***	0.883 ***	0.898 ***	0.905 ***	0.898 ***	0.883 ***	0.886 ***
样本量（个）	72073		102899		53186		59086	

续表

变量	39		40		41		42	
	LP	OLS	LP	OLS	LP	OLS	LP	OLS
$\ln l$	0.05 ***	0.064 ***	0.067 ***	0.081 ***	0.051 ***	0.07 ***	0.075 ***	0.083 ***
$\ln k$	0.047 *	0.029 ***	0.043 ***	0.043 ***	0.037 ***	0.031 ***	0.034 ***	0.027 ***
$\ln m$	0.894 ***	0.896 ***	0.893 ***	0.861 ***	0.899 ***	0.866 ***	0.864 ***	0.866 ***
样本量（个）	80238		45479		18387		28715	

注：1. ***、** 和 * 分别表示在 1%、5% 和 10% 的显著水平上显著。2. 使用软件为 STA-TA10.0。3. 两位数制造业行业名称与行业代码对应关系如下：农副食品加工业（13）、食品制造业（14）、饮料制造业（15）、烟草业（16）、纺织业（17）、纺织服装、鞋、帽制造业（18）、皮革、毛皮、羽毛（绒）及其制品业（19）、木材加工及木、竹、藤、棕、草制品业（20）、家具制造业（21）、造纸及纸制品业（22）、印刷业和记录媒介的复制（23）、文教体育用品制造业（24）、石油加工、炼焦及核燃料加工业（25）、化学原料及化学制品制造业（26）、医药制造业（27）、化学纤维制造业（28）、橡胶制品业（29）、塑料制品业（30）、非金属矿物制品业（31）、黑色金属冶炼及压延加工业（32）、有色金属冶炼及压延加工业（33）、金属制品业（34）、通用设备制造业（35）、专用设备制造业（36）、交通运输制造业（37）、电气机械及器材制造业（39）、通信设备、计算机及其他电子设备制造（40）、仪器仪表及文化、办公机械制造业（41）、工艺品及其他制造业（42）。

第二节　区域经济增长效率的比较研究

一　行业全要素生产率的比较分析

考虑到制造业行业比较多，行业间全要素生产率存在较大的差异，行业的区域分布不均匀，生产要素在行业间的流动性配置还受到行业技术水平差异较大、固定资产选择具有较强路径依赖性的影响，由于固定资产应用具有行业路径依赖性的特点，行业之间的生产要素结构调整势必是一个长期过程。短期内企业之间的生产要素结构调整主要是实物资产在企业之间的调整，长期借助货币资金这一媒介才能进行行业之间的生产要素在企业之间的结构调整，所以有必要分行业对全要素生产率进行测算。对行业全要素生产率的测算，我们进一步细分为东中西三大区域来比较分析。其中，东部地区包括北京、天津、河北、上海、江苏、浙江、福建、山东、广东、海南、辽宁 11 个省市；中部地区包括山西、安徽、江西、河南、湖北、吉林、黑龙江、湖南 8 个省份；西部地区包括广西、内蒙古、重庆、四川、贵州、云南、西藏、陕西、甘肃、青海、宁夏、新疆 12 个省区市。

根据式（3.8）对东中西部三大区域行业全要素生产率测算并比较分析，测算结果如表 3.3 ~ 表 3.5 所示。根据表 3.3 ~ 表 3.5，制造业行业全要素生产率在 2001 ~ 2007 年都呈现比较平稳的小幅波动，2001 ~ 2007 年无论是东部还是中西部，区域制造业行业全要素生产率都没有呈现逐渐递增的趋势。剔除不同年份波动，具体到行业全要素均值来看，东部地区行业全要素生产率由高到低前三名分别是：工艺品及其他制造业（42）、金属制品业（34）、塑料制品业（30），其全要素生产率分别是 1.031、0.922、0.913；由低到高前三名分别是医药制造业（27）、饮料制造业（15）、食品制造业（14），其全要素生产率分别是 0.591、0.598、0.674。

中部地区行业全要素生产率由高到低前三名分别是：工艺品及其他制造业（42）、文教体育用品制造业（24）、塑料制品业（30），全要素生产率分别是 1.074、1.005、0.948；由低到高前三名分别是医药制造业（27）、饮料制造业（15）、化学纤维制造业（28），全要素生产率分别是 0.603、0.615、0.670。

西部地区行业全要素生产率由高到低前三名分别是：工艺品及其他制造业（42）、塑料制品业（30）、文教体育用品制造业（24），其全要素生产率分别是 1.028、0.930、0.922；由低到高前三名分别是医药制造业（27）、饮料制造业（15）、食品制造业（14），其全要素生产率分别是 0.672、0.687、0.708。

表 3.3 2001 ~ 2007 年东部区域 28 个制造业行业的全要素生产率

行业	2001 年	2002 年	2003 年	2004 年	2005 年	2006 年	2007 年	行业平均
13	0.811	0.835	0.872	0.861	0.800	0.791	0.774	0.821
14	0.671	0.693	0.731	0.727	0.651	0.632	0.611	0.674
15	0.612	0.623	0.644	0.631	0.582	0.551	0.543	0.598
17	0.831	0.861	0.902	0.881	0.828	0.821	0.824	0.850
18	0.838	0.840	0.872	0.874	0.807	0.811	0.802	0.835
19	0.791	0.822	0.831	0.811	0.722	0.711	0.721	0.773
20	0.801	0.799	0.821	0.807	0.746	0.732	0.749	0.779

续表

行业	2001 年	2002 年	2003 年	2004 年	2005 年	2006 年	2007 年	行业平均
21	0.891	0.910	0.914	0.922	0.842	0.821	0.824	0.875
22	0.801	0.83	0.863	0.838	0.775	0.764	0.768	0.806
23	0.854	0.87	0.872	0.862	0.789	0.786	0.759	0.827
24	0.905	0.876	0.905	0.881	0.808	0.797	0.801	0.853
25	0.836	0.856	0.911	0.889	0.813	0.802	0.803	0.844
26	0.772	0.781	0.851	0.862	0.783	0.751	0.761	0.794
27	0.591	0.612	0.663	0.643	0.553	0.531	0.541	0.591
28	0.751	0.782	0.823	0.771	0.703	0.697	0.721	0.750
29	0.801	0.823	0.819	0.824	0.774	0.744	0.749	0.791
30	0.933	0.951	0.962	0.931	0.874	0.871	0.867	0.913
31	0.772	0.773	0.811	0.800	0.727	0.714	0.707	0.758
32	0.811	0.832	0.901	0.922	0.846	0.823	0.832	0.852
33	0.745	0.698	0.795	0.740	0.686	0.681	0.678	0.718
34	0.911	0.942	0.972	0.957	0.901	0.881	0.892	0.922
35	0.801	0.823	0.864	0.861	0.792	0.771	0.766	0.811
36	0.753	0.779	0.803	0.801	0.732	0.741	0.721	0.761
37	0.782	0.821	0.873	0.842	0.751	0.743	0.751	0.795
39	0.752	0.781	0.794	0.790	0.721	0.691	0.612	0.734
40	0.763	0.784	0.803	0.772	0.701	0.661	0.623	0.730
41	0.795	0.804	0.911	0.862	0.763	0.743	0.731	0.801
42	1.045	1.053	1.072	1.051	1.011	0.981	1.001	1.031
年平均	0.801	0.816	0.852	0.836	0.767	0.752	0.748	

表 3.4　2001～2007 年中部区域 28 个制造业行业的全要素生产率

行业	2001 年	2002 年	2003 年	2004 年	2005 年	2006 年	2007 年	行业平均
13	0.841	0.844	0.881	0.851	0.792	0.781	0.832	0.832
14	0.672	0.684	0.734	0.742	0.681	0.672	0.701	0.698
15	0.612	0.623	0.651	0.663	0.602	0.596	0.561	0.615
17	0.802	0.831	0.871	0.843	0.821	0.802	0.811	0.826
18	0.882	0.870	0.893	0.872	0.850	0.824	0.850	0.863
19	0.832	0.834	0.891	0.863	0.812	0.791	0.862	0.841

续表

行业	2001 年	2002 年	2003 年	2004 年	2005 年	2006 年	2007 年	行业平均
20	0.822	0.845	0.859	0.836	0.769	0.760	0.802	0.813
21	0.911	0.932	0.913	0.914	0.851	0.833	0.871	0.889
22	0.811	0.802	0.848	0.852	0.812	0.783	0.830	0.820
23	0.886	0.909	0.934	0.925	0.847	0.830	0.849	0.883
24	0.991	1.006	0.998	1.070	0.984	0.988	0.999	1.005
25	0.800	0.804	0.861	0.842	0.781	0.771	0.754	0.802
26	0.731	0.752	0.801	0.791	0.723	0.703	0.741	0.749
27	0.572	0.581	0.634	0.653	0.592	0.603	0.583	0.603
28	0.662	0.671	0.702	0.691	0.662	0.651	0.653	0.670
29	0.793	0.802	0.863	0.857	0.775	0.717	0.983	0.827
30	0.942	0.951	0.981	0.962	0.924	0.921	0.952	0.948
31	0.756	0.761	0.820	0.803	0.721	0.758	0.776	0.771
32	0.792	0.813	0.871	0.891	0.782	0.774	0.823	0.821
33	0.681	0.683	0.751	0.744	0.707	0.709	0.723	0.714
34	0.921	0.924	0.972	0.961	0.923	0.903	0.962	0.938
35	0.771	0.783	0.834	0.851	0.833	0.803	0.824	0.814
36	0.732	0.761	0.784	0.782	0.701	0.721	0.772	0.750
37	0.754	0.783	0.861	0.852	0.722	0.741	0.774	0.784
39	0.712	0.763	0.834	0.826	0.731	0.734	0.751	0.764
40	0.691	0.712	0.823	0.781	0.753	0.881	0.934	0.796
41	0.772	0.813	0.871	0.832	0.913	0.871	0.901	0.853
42	1.031	1.021	1.133	1.072	1.092	1.051	1.121	1.074
年平均	0.792	0.806	0.852	0.844	0.791	0.785	0.821	

表 3.5　2001~2007 年西部区域 28 个制造业行业的全要素生产率

行业	2001 年	2002 年	2003 年	2004 年	2005 年	2006 年	2007 年	行业平均
13	0.801	0.822	0.841	0.862	0.831	0.843	0.832	0.833
14	0.682	0.703	0.751	0.754	0.691	0.694	0.681	0.708
15	0.661	0.683	0.692	0.791	0.663	0.641	0.681	0.687
17	0.771	0.811	0.841	0.821	0.802	0.781	0.802	0.804
18	0.851	0.811	0.842	0.821	0.808	0.794	0.825	0.822

续表

行业	2001 年	2002 年	2003 年	2004 年	2005 年	2006 年	2007 年	行业平均
19	0.891	0.812	0.843	0.824	0.831	0.792	0.843	0.834
20	0.803	0.811	0.787	0.809	0.784	0.802	0.826	0.803
21	0.831	0.823	0.921	0.982	0.821	0.881	0.944	0.886
22	0.754	0.789	0.808	0.789	0.747	0.744	0.793	0.775
23	0.855	0.873	0.867	0.795	0.809	0.902	0.867	0.853
24	0.867	0.945	0.963	0.960	0.862	0.895	0.964	0.922
25	0.852	0.841	0.894	0.851	0.814	0.845	0.771	0.838
26	0.753	0.762	0.811	0.805	0.750	0.754	0.763	0.771
27	0.651	0.702	0.704	0.721	0.640	0.641	0.643	0.672
28	0.803	0.791	0.753	0.722	0.701	0.704	0.713	0.741
29	0.772	0.865	0.763	0.787	0.712	0.754	0.746	0.771
30	0.901	0.921	0.942	1.001	0.911	0.914	0.921	0.930
31	0.736	0.752	0.797	0.795	0.732	0.746	0.751	0.758
32	0.782	0.811	0.852	0.883	0.814	0.763	0.813	0.817
33	0.690	0.723	0.760	0.741	0.668	0.704	0.737	0.718
34	0.906	0.903	0.971	0.943	0.892	0.911	0.914	0.920
35	0.771	0.810	0.853	0.861	0.824	0.832	0.851	0.829
36	0.682	0.723	0.761	0.773	0.731	0.741	0.752	0.738
37	0.731	0.762	0.792	0.803	0.691	0.712	0.723	0.745
39	0.692	0.711	0.743	0.761	0.723	0.732	0.753	0.731
40	0.723	0.734	0.721	0.762	0.631	0.683	0.711	0.709
41	0.752	0.761	0.801	0.782	0.741	0.740	0.792	0.767
42	1.021	1.042	1.091	0.981	1.030	1.034	0.994	1.028
年平均	0.785	0.803	0.827	0.828	0.773	0.785	0.800	

通过以上对东中西三大区域的行业全要素生产率比较的测算结果来看，工艺品及其他制造业（42）、塑料制品业（30）这两个行业的全要素生产率无论在哪个区域都是比较高的；医药制造业（27）、饮料制造业（15）、食品制造业（14）这三个行业全要素生产率无论在哪个区域都是比较低的。

二 区域全要素生产率的比较分析

根据式（3.8），汇总 2001 ~ 2007 年东中西各区域制造业生产率（如表 3.6 所示）。根据表 3.6，2001 ~ 2007 年无论是东部还是中西部，制造业生产率都没有呈现出逐渐递增的变化，2001 ~ 2003 年东部和中西部制造业生产率出现逐渐递增的趋势但并不明显，从 2004 年起东中西三大区域均出现了回落下行的变化。从区域差异来看，无论是上升阶段的 2001 ~ 2003 年，还是下降阶段的 2003 ~ 2007 年，东部全要素生产率本身和变化幅度均普遍高于中西部，区域之间经济增长效率不均衡现象明显。

表 3.6 中国东中西部制造业生产率的测算结果

年份	东部	中部	西部
2001	0.807	0.751	0.750
2002	0.834	0.766	0.769
2003	0.882	0.825	0.803
2004	0.868	0.819	0.823
2005	0.792	0.754	0.756
2006	0.769	0.752	0.754
2007	0.771	0.767	0.769

制造业全要素生产率的变动主要取决于技术进步水平和方向、规模经济、企业外部性、市场化水平、企业管理水平等非要素投入的因素。技术进步本身随着时间的推移会呈现由低到高的发展趋势，体现在物质资本中的非体现式技术进步也是逐年提高的。随着教育事业的不断发展，企业人力资本水平也不断提高。在开放的环境中，企业中无论是高层决策管理还是生产管理和销售管理方面的管理水平都在不断提高，这些都是提高全要素生产率的正向因素。企业规模变动对企业全要素生产率影响程度取决于企业管理层水平的边界；随着教育投入的不断增加、人力资本逐渐成熟，现代企业的管理模式和理念逐渐形成，企业规模经济的生产率效应会逐渐增强，表现为规模不经济效应逐渐减弱或规模经济效应逐渐增强。

在全要素生产率的决定因素中，在技术进步水平和企业管理水平只提高不下降的情况下，根据区域经济增长效率影响因素的研究结果，可以得出：影响企业内部的技术适用效率的因素是技术进步偏向性；影响规模效率的因素是行业结构；影响流动配置效率的因素是市场化水平和企业外部性。如果出现制造业全要素生产率呈现连续减少的变化的情况，应该是市场化水平、技术进步偏向性、行业结构、企业外部性效率方面出现了不利于经济增长效率的变化，抵消了技术进步、企业管理水平方面对全要素生产率增长的正向效应。2001~2007 年无论是东部还是中西部，制造业生产率都没有呈现逐渐递增的变化，甚至 2004 年后东中西部普遍出现了全要素生产率下降的现象，东部下降程度大于中西部。

第三节　企业异质性层面的行业与空间资源误置程度比较研究

一　资源误置程度的度量

由于现实经济活动中，不具备存在完全竞争所要求的企业同质、信息完全对称等条件，对资源误置程度进行研究，选择完全竞争条件下的资源配置效率作为参照系是非常困难的。现实经济活动中，不同的国家市场经济环境差异较大，同一国家不同区域内不同的行业，由于空间差异性的存在，微观企业层面都会有自己的稳态和均衡，难以采用一个统一的效率配置标准。没有必要精确研究资源在多大程度上存在绝对误置，重要的是研究现实资源误置可能存在的改善程度，所以本节主要侧重解决我国企业异质性、资源误置与经济增长效率的关系以及内在作用机理，选择我国这一区域侧重分地区、分行业在时间维度上考察资源配置效率的改善程度。生产要素资源误置意味着生产要素没有完全配置在最优生产率的企业内部，具有非效率垄断特征的企业通过非效率垄断的方式聚集了大量生产要素，形成了较大的生产规模，但是这类企业的生产要素配置效率较低，相对于生产效率较高的效率垄断企业而言，配置在其他企业的生产要素相对于完全竞争市场而言，就处在资源误置状态。

资源误置程度高低与区域内经济增长效率呈反向相关关系，资源误置程度越低，配置在高效率企业的生产要素份额就越大，整个区域经济增长效率就越高。如果在完全竞争的市场环境，企业之间同质，生产要素均配置在生产效率最高的企业，如果不是配置在生产效率最高企业，市场竞争就会导致生产要素向高效率企业流动，直至企业之间效率均衡为止，此时经济增长效率达到了最优的理想状态。

在现实中，生产要素流动的驱动力量不仅是市场竞争因素，还包括垄断因素；企业管理层经营目标有可能从利润最大化的单一目标转化为企业生产要素规模最大化和利润最大化并存的双重目标；企业对生产要素配置的决策取决于非效率垄断特征获取和企业经营利润最大化之间的权衡，这两个决策的备选目标都可导致企业生产要素规模最大化。现实的区域经济增长率是生产要素在不同特征企业之间配置效率的加权综合效率，理想区域经济增长效率是假定生产要素全部配置在最高生产效率企业之中，或者现实中每一个企业都和效率垄断企业的生产效率相同时，能够达到的整个区域经济增长效率。理想区域经济增长效率与现实区域经济增长效率之差就是区域内生产要素资源误置带来的效率损失；由于资源误置程度高低与区域内经济增长效率呈反向相关关系，所以选用理想区域经济增长效率与现实区域经济增长效率之差来度量资源误置程度。

二 资源误置程度的动态变化

根据企业异质性特征与生产要素配置效率的关系，企业异质性特征可简化为效率垄断企业特征、非效率垄断企业特征、效率中性垄断企业特征三类，其中效率中性垄断企业特征与企业生产效率没有相关性，对生产要素资源误置和区域经济增长效率没有影响，不是企业异质性特征与资源误置的动态演化机理研究的内容，虽然是企业异质性特征，但本节忽略和舍弃这一特征，对效率中性企业这一特征不予关注。理想区域经济增长效率与现实区域经济增长效率之差越大，意味着资源误置程度越高，那么企业异质性特征与资源误置程度之间存在一种什么样的作用机理呢？

实质上，企业异质性特征对经济增长效率的影响，是通过企业异质性特征分别影响现实区域经济增长效率和理想区域经济增长效率来实现的，企业异质性特征的变动会使现实区域经济增长效率和理想区域经济增长效率都发生变动。如果二者之间的差值缩小，资源误置程度就会减小，在现有的技术水平下，经济增长效率就会改进；反之，二者之间的差值扩大就意味着，在现有的技术水平下资源误置程度增大，经济增长效率就会负向改进。因为区域经济增长效率的影响因素很多，除了企业异质性特征之外，还有世界范围内知识更新、技术进步、贸易条件的变化、自然灾害等因素的冲击影响。从现实区域经济增长效率和理想区域经济增长效率长期变动来看，二者并不是一直向上变动的，都是一种波动性上升趋势，但无论如何波动，由于企业异质性特征的存在，市场化水平就达不到完全竞争时的状态，现实区域经济增长效率会始终小于理想区域经济增长效率，且二者变化趋势在长期是一致的，但在短期会存在方向相反的波动，二者之间的差值就会出现比上一期增大的现象，这就意味资源误置出现恶化现象。怎么来解释这种"现实区域经济增长效率会始终小于理想区域经济增长效率，且二者变化趋势在长期是一致的，但在短期会存在方向相反的波动"的现象呢？

根据第二章对企业异质性、资源误置与经济增长效率之间内在机理的研究，非效率垄断企业依靠企业非效率垄断特征扭曲市场，获得大量生产要素流入，区域内效率垄断企业的效率垄断特征越弱，非效率垄断企业对生产要素占有的规模就越高。现实区域经济增长率高低取决于效率垄断企业对生产要素占有份额，效率垄断企业占有生产要素份额越高，非效率垄断企业占有的份额越低，经过生产要素份额加权的现实区域经济增长率就越大，也越逼近潜在经济增长效率，资源误置程度越低。潜在经济增长效率与区域内效率垄断企业特征对生产要素配置效率的影响程度有关，生产要素配置效率最高的效率垄断企业代表着区域潜在经济增长率。

从短期看，能够提高经济增长效率的影响因素本身的变化具有非连续性和不确定性，非连续性和对经济增长效率影响程度的不确定性是经济增长效率波动的原因。但从长期来看，随着整个社会变革，经济制度和政策尤其是技术进步是向不断提高经济增长效率的方向变化的。从企业异质性特征变动来看，效率垄断企业的效率创新来源和程度也存在差异性；对经济增长效率的研究离不开既定的区域，区域内经济增长效率的波动既受到本区域内企业生产要素配置效率的影响，还受到区域之外各种其他区域内技术、贸易条件等影响。如果区域的效率垄断企业的效率垄断特征相对于其他区域而言是原创性的、革命性的，那么区域内效率垄断企业的生产效率本身就会平稳地逐步提高，而且在创新过程中也会随时间的推移而逐渐对其他企业技术溢出。在这种情况下，区域潜在增长率和现实区域经济增长率波动就会比较少，但资源误置程度较大，表现为区域潜在增长率和现实经济增长率陡升。

在非效率垄断特征企业对生产要素占有份额比较稳定的情况下，二者变动的一致性程度也比较高。在非效率垄断特征企业对生产要素占有份额突然增大的情况下，二者变动的一致性程度就会降低，甚至会出现相反趋势的波动。考虑到区域技术溢出不具有企业选择性，如果区域内效率垄断特征企业的效率垄断特征是源于其他区域溢出形成，由于效率垄断企业接受技术的基础较高，而获得企业效率垄断特征很快会被其他企业通过多种途径而获得。相对于上期效率垄断特征企业获得的非原创性效率垄断特征较弱，非效率垄断特征企业对生产要素占有份额也随效率改进企业竞争的影响而不断降低，区域潜在增长率和现实经济增长率陡升的同时，二者之间的差距则会呈现缩小的变动趋势。

如果区域潜在经济增长效率和区域现实经济增长效率都呈现下降趋势，则可能是受到区域内不确定突发经济因素的冲击以及制度政策重大变更、外部市场环境影响等；区域潜在经济增长率和区域现实经济增长率的差额是扩大还是缩小，取决于突发经济因素对企业异质性特征的影响；如果政策重心侧重扶持企业非效率垄断特征，就会导致差额扩大、资源误置程度提高，区域潜在经济增长率和区域现实经济增长率的差额是扩大还是缩小这一必然变化的特征就已经具备了研究价值；在政府决策部门制定或实施政策干预的过程中，就具有了决策参考价值。

如果偏重弱化了企业非效率垄断特征，就会导致差额缩小、区域内生产要素资源误置程度降低，但从区域经济增长效率变化趋势来看，这种减弱的生产要素资源误置程度实质上是降低了未来区域经济增长效率的正向变动动力作用效果。如果政策重心侧重不具有垄断特征企业，效率垄断特征企业与非效率垄断特征企业对生产要素整体占有份额相对不变，区域潜在增长率和现实经济增长率二者呈现平行波动变化，差额变化不明显。但这种外在环境、制度、政策的冲击不会持续太长时间，只会改变区域经济增长效率变动的具体路径，但不会改变二者长期上升的变动趋势。本文研究企业异质性、资源误置与经济增长效率改进旨在提供消除经济增长过程中不利因素冲击，规避经济增长效率改进次优路径，力求为靠近经济增长最优路径的政策选择的时机和干预方向及力度提供参考依据。

三　资源误置程度的测算与比较分析

在非完全竞争的市场环境中，企业之间存在极大的差异性，企业之间的异质性特征明显，生产要素在不同企业之间的配置效率也有很大的差异性。生产要素配置在生产率最高企业与生产率较低企业的份额的相对变动都会对整个区域经济增长效率产生明显的影响。如果生产要素配置在生产率最高企业的份额达到了100%，此时整个区域经济增长效率达到最优，整个区域内生产要素资源达到了最优配置，资源误置程度为零。只要区域经济增长效率偏离了这个最优效率，那么就意味着生产要素资源存在进一步优化的空间，存在一定程度的资源误置，生产要素配置是存在效率损失的。生产率是把生产要素组合转换为产出组合的能力，生产要素收入与企业生产经营效率是正向相关的，只有高效率企业才能支付更高的生产要素成本，所以生产要素从低效率企业向高效率企业流动，是存在生产要素获得更高收入的内在激励。由于现实的市场环境中存在不同程度的市场扭曲，企业之间没有完全按照企业生产效率由高到低的顺序进行配置。市场竞争越充分，生产要素向高效率企业流动的激励机制越有效，生产要素配置趋向均衡速度就越快，生产要素资源误置很快会得到纠正，异质性企业之间生产要素配置效率很快会处于均衡，此时经济增长效率达到了最优的理想状态。

消除制约企业与生产要素两个层面的市场主体有效率自动均衡配置的障碍，通过提高企业全要素生产率，从生产和供给的方面来适应需求侧的新变化是"供给侧改革"的重要内容。因此可以说，国家或地区经济增长效率差异是来源于生产要素资源误置程度的差异。企业是生产要素配置最小的组合，企业之间的异质性特征千差万别，为了突出主要特征，我们主要选择企业的行业特征、区域空间特征分类进行实证比较研究。全要素生产率可用于考察资本与劳动因素之外对生产率变动的贡献部分，已经得到了学界的认可。在不完全竞争的市场环境中，效率垄断可以提升资本和劳动要素的边际产出，非效率垄断会降低资本和劳动要素的边际产出，消除资本价格扭曲和劳动报酬扭曲引起的生产要素边际产出效率低下，提高效率垄断对劳动和资本要素的边际产出效率是经济增长效率改进的重要路径。本章分别对资本和劳动两种生产要素的边际要素生产率进行测算，为从行业和空间两个层面的研究测算比较资源误置程度提供了相互印证、解释的研究视角。

为了能够从企业异质性层面考察生产要素资源误置程度的行业与空间特征差异，本节采用上文 2001～2007 年工业企业数据，运用工业规模以上制造业企业的微观数据来测算企业生产率，再加权汇总成行业或区域总量生产率。根据式（3.7）估算企业生产函数，这是测算生产率和计算配置效率的第一步。根据 LP 方法测算 2001～2007 年不同所有制异质性企业的劳动边际生产率（MPL）、资本边际生产率（MPK）和全要素生产率（TFP），再根据 TFP 最大值（$MaxTFP$）与 TFP 的差额计算各所有制企业 TFP 的资源误置程度（$diff$），CV 为变异系数，如表 3.6、表 3.7 所示。中国制造业企业三种类型生产率差异较大，其中 MPL 表示劳动边际生产率，增长幅度最大，增长 109% 左右，MPK 表示资本边际生产率，增长 58.8%，TFP 代表全要素生产率，增长率为负值 –4%。与曲玥（2016）测算的中国工业企业三种类型生产率的增长率幅度相比，测算结果排序相同，劳动生产率增长幅度大于资本增长幅度，且二者都大于全要素生产率增长幅度，不同的是本章测算结果显示 2001～2007 年制造业全要素生产率增长率为负数，说明中国制造业的资源误置程度在工业中还是较大的，也可能与行业数据范围区间的选择与测算方法不同有关。

表 3.7　所有制异质性企业资源误置程度的估计结果

年份	所有制	MPL	MPK	TFP	$diff$	$MaxTFP$	CV	样本量（个）
2001	国有	8.974	0.0878	0.7631	1.0639	1.827	0.2814	42816
	私有	10.300	0.1958	0.7900	1.037	1.827	0.2392	21019
	外资	17.516	0.1413	0.8020	1.025	1.827	0.2796	18682
2002	国有	10.3474	0.0967	0.7831	1.0439	1.827	0.2722	42549
	私有	11.645	0.1894	0.8092	1.0178	1.827	0.2252	30570
	外资	19.117	0.1489	0.8273	0.9997	1.827	0.2703	20889
2003	国有	13.151	0.1126	0.8342	0.9928	1.827	0.2531	39567
	私有	12.446	0.1910	0.8386	0.9884	1.827	0.2139	42124
	外资	21.325	0.1728	0.8575	0.9695	1.827	0.2513	23902

续表

年份	所有制	*MPL*	*MPK*	*TFP*	*diff*	*MaxTFP*	*CV*	样本量（个）
2004	国有	15. 804	0. 1284	0. 8397	0. 9873	1. 827	0. 2776	46000
	私有	12. 709	0. 1876	0. 8170	1. 01	1. 827	0. 2334	77895
	外资	20. 644	0. 1783	0. 8327	0. 9943	1. 827	0. 2891	36852
2005	国有	18. 403	0. 131	0. 7628	1. 0642	1. 827	0. 3004	39710
	私有	14. 623	0. 1907	0. 7610	1. 066	1. 827	0. 2583	76153
	外资	21. 278	0. 1782	0. 7631	1. 0639	1. 827	0. 3090	36029
2006	国有	21. 095	0. 1406	0. 7494	1. 0776	1. 827	0. 3054	42493
	私有	15. 886	0. 2069	0. 7588	1. 0682	1. 827	0. 2581	87607
	外资	22. 924	0. 1787	0. 7384	1. 0886	1. 827	0. 3062	38762
2007	国有	24. 619	0. 1449	0. 7534	1. 0736	1. 827	0. 3134	46625
	私有	18. 681	0. 2194	0. 7656	1. 0614	1. 827	0. 2663	106772
	外资	25. 127	0. 1851	0. 7316	1. 0954	1. 827	0. 3143	43392

根据表3.7、表3.8所有制异质性企业生产率和资源误置程度的估计结果，可以看出2001～2003年国有企业的全要素生产率相对低于私有企业、外资企业，但资源误置程度略高于私有企业、外资企业；2004～2007年国有企业的全要素生产率相对略高于私有企业、外资企业，但生产要素在企业间的资源误置程度略低于私有企业，略高于外资企业。同一所有制的企业从事的主营业务可能分属于不同的行业，行业之间生产要素替代性较弱；由于路径依赖性的原因，在短期内生产要素在不同行业之间不能充分流动来均衡行业配置效率差异。不同所有制企业之间企业主营业务的行业份额差异较大，由于空间交易成本的约束，同类主营业务企业还存在空间布局的效率差异性，如果忽略了企业的行业与空间特征，单纯考虑企业所有制差异特征，很难做出企业所有制特征与资源误置程度具有稳定变化关系的判断。

表 3.8　企业层面不同所有制资源误置程度的估计结果

所有制	2001 年	2002 年	2003 年	2004 年	2005 年	2006 年	2007 年	年平均
国有	1. 0639	1. 0439	0. 9928	0. 9873	1. 0642	1. 0776	1. 0736	1. 0433
私有	1. 037	1. 0178	0. 9884	1. 01	1. 066	1. 0682	1. 0614	1. 0355
外资	1. 025	0. 9997	0. 9695	0. 9943	1. 0639	1. 0886	1. 0954	1. 0338

通过以上分区域对制造业全要素生产率进行测算和比较分析，考虑到制造业行业比较多，行业间全要素生产率存在较大的差异，行业的区域分布不均匀，生产要素在行业间通过流动性配置对资源误置纠偏还受到行业路径依赖性的影响，行业结构调整是一个长期过程，有必要分行业对资源误置程度进行测算。根据式（3.7）估算的企业生产函数，依据式（3.8）汇总各行业 TFP，再计算各行业 TFP 最大值（MaxTFP）与 TFP 的差额，得到制造业行业全要素生产率的资源误置程度，如表3.9所示。

企业层面东中西空间资源误置程度的计算方法同上。根据式（3.7）估算的企业生产函数，依据式（3.8）汇总各区域 MPL、MPK、TFP，再根据 TFP 最大值（MaxTFP）与 TFP 的差额，计算得到企业层面东中西部空间资源误置程度结果，如表3.10、表3.11所示。

表 3.9 制造业行业资源误置程度估计结果

行业	2001 年	2002 年	2003 年	2004 年	2005 年	2006 年	2007 年	年均
13	0.7748	0.7566	0.7197	0.7327	0.7821	0.7969	0.7954	0.7655
14	0.8729	0.8497	0.8078	0.8123	0.8769	0.8947	0.9014	0.8594
15	0.7895	0.7699	0.7493	0.729	0.7987	0.8214	0.8232	0.7830
17	0.8232	0.5694	0.536	0.5634	0.6153	0.6287	0.6209	0.6224
19	0.7242	0.7077	0.6859	0.7092	0.7776	0.7918	0.7747	0.7387
21	0.6624	0.6547	0.6412	0.6461	0.7094	0.7277	0.7304	0.6817
25	0.7036	0.693	0.6356	0.6609	0.7279	0.7331	0.745	0.6999
26	0.7388	0.7247	0.6643	0.6633	0.7371	0.7543	0.7446	0.7182
27	1.0474	1.023	0.9884	0.9936	1.0704	1.0878	1.0806	1.0416
28	0.5341	0.515	0.4785	0.5137	0.5679	0.5756	0.5648	0.5357
30	0.6418	0.6217	0.5998	0.6247	0.6899	0.6927	0.6778	0.6498
32	0.6502	0.6274	0.5651	0.5506	0.6247	0.646	0.6428	0.6153
34	0.699	0.6773	0.6449	0.6561	0.7181	0.7289	0.716	0.6915
35	0.6686	0.6511	0.6091	0.6105	0.6716	0.6875	0.6876	0.6551
36	0.9237	0.8907	0.8555	0.8623	0.9339	0.9312	0.9275	0.9035
37	0.8866	0.8509	0.7953	0.819	0.9214	0.9221	0.9056	0.8716
39	0.7347	0.7156	0.6882	0.7011	0.7683	0.7871	0.7875	0.7404
40	1.0727	1.0547	1.03	1.0648	1.1339	1.1602	1.197	1.1019

续表

行业	2001 年	2002 年	2003 年	2004 年	2005 年	2006 年	2007 年	年均
41	1.0149	1.0034	0.9427	0.9741	1.0374	1.0624	1.0641	1.0141
42	0.7707	0.7549	0.7237	0.7555	0.802	0.8196	0.7897	0.7737

根据表3.10、表3.11企业层面东中西部空间资源误置程度的估计结果，2001~2007年都先小幅下降，至2004年后又比较平稳地小幅上升波动，2001~2007年无论是东部还是中西部，制造业行业资源误置程度都呈现先下降后小幅增长的变动趋势。为剔除不同年份行业资源误置程度波动影响，采用行业资源误置程度的行业均值进行比较（表3.9）：行业资源误置程度由高到低前三名分别是：通信设备、计算机及其他电子设备制造（40），医药制造业（27），仪器仪表及文化、办公机械制造业（41），其行业资源误置程度分别是1.1019、1.0416、1.0141；由低到高前三名分别是化学纤维制造业（28）、黑色金属冶炼及压延加工业（32）、纺织业（17），其行业资源误置程度分别是0.5357、0.6153、0.6224。

表 3.10　企业层面东中西部空间资源误置程度的估计结果（一）

年份	区域	*MPL*	*MPK*	*TFP*	*diff*	*CV*	样本量（个）
2001	东部	13.098	0.1254	0.7864	1.041	0.2616	60559
	中部	7.315	0.081	0.7580	1.069	0.2926	12864
	西部	6.967	0.070	0.7535	1.073	0.3058	9092
2002	东部	14.699	0.1361	0.810	1.017	0.2490	70132
	中部	8.282	0.092	0.774	1.018	0.2742	14327
	西部	8.211	0.0779	0.7726	1.054	0.2988	9548
2003	东部	17.379	0.1596	0.8494	0.9776	0.2318	79108
	中部	10.605	0.1081	0.8327	0.9943	0.2519	16234
	西部	9.882	0.090	0.8077	1.019	0.2635	10216
2004	东部	18.202	0.1717	0.8335	0.9935	0.2563	119884
	中部	12.837	0.123	0.827	0.9997	0.2647	20881
	西部	12.286	0.1087	0.8236	1.0034	0.2838	13415
2005	东部	19.835	0.1736	0.7641	1.0629	0.2781	115801
	中部	15.052	0.1184	0.7506	1.0764	0.2800	16078
	西部	13.848	0.1158	0.7554	1.0716	0.3032	13308

续表

年份	区域	*MPL*	*MPK*	*TFP*	*diff*	*CV*	样本量（个）
	东部	21.81	0.1799	0.7458	1.0812	0.2748	129036
2006	中部	16.975	0.1234	0.7456	1.0814	0.2980	17973
	西部	16.150	0.1250	0.7572	1.0698	0.3167	14557
	东部	24.410	0.1840	0.7398	1.0872	0.2807	144657
2007	中部	20.939	0.1484	0.7761	1.0509	0.3059	27816
	西部	19.773	0.1353	0.7688	1.0582	0.3173	16176

表 3.11 企业层面东中西部空间资源误置程度的估计结果 （二）

区域	2001 年	2002 年	2003 年	2004 年	2005 年	2006 年	2007 年	年均
东部	1.041	1.017	0.9776	0.9935	1.0629	1.0812	1.0872	1.0372
中部	1.069	1.018	0.9943	0.9997	1.0764	1.0814	1.0509	1.0414
西部	1.073	1.054	1.019	1.0034	1.0716	1.0698	1.0582	1.0499

四 开放环境中的外资流入对内资企业资源误置的影响研究

中国多年来实施引进外资政策的目的在于通过市场换技术以促进区域内资企业经济增长效率提升，主要是考虑与世界其他发达国家相比，我国生产技术水平还相对落后，通过有选择性引进外资在国内成立外资企业，并给以特殊优惠的政策待遇，能够使国内企业获得外资企业技术溢出的机会。本章通过对内外资企业全要素生产率进行动态比较分析，考察外资流入政策对内资企业生产要素误置程度纠偏是否存在实现的基本条件。

根据式（3.7）测算出的内外资企业全要素生产率，由式（3.8）分别对中国分东中西三大区域，测算内外资企业生产率并以资产为权重进行加权汇总，结果见表3.12。根据表3.12中内资与外资企业全要素生产率的测算结果，东中西三大区域外资企业的全要素生产率均高于内资企业的全要素生产率，这一研究结论从生产要素配置效率比较的视角来看与多数文献的研究结论是一致的。从东中西三大区域全要素生产率增长变化：东、西部外资企业2001～2003年虽然都处于年均增长率分别为4.02%和2.8%的增长状态，但是依然均低于对应区域的内资企业4.50%和3.62%的年均增长率；中部外资企业年均全要素增长率略高于内资企业年均全要素增长率；东、西部外资企业年均增长率都低于对应区域内资企业年均增长率，中部外资企业年均全要素增长率为 0.79%，远远高于内资企业年均全要素增长率的 0.22%。

表 3.12　东中西部制造业全样本的内外资企业生产率水平

年份	东部			中部			西部		
	制造业	外资	内资	制造业	外资	内资	制造业	外资	内资
2001	0.807	0.877	0.771	0.751	0.781	0.747	0.75	0.774	0.747
2002	0.834	0.914	0.789	0.766	0.829	0.758	0.769	0.805	0.765
2003	0.882	0.949	0.842	0.825	0.867	0.819	0.803	0.818	0.802
2001~2003 年年均增长率（%）	4.54	4.02	4.5	4.81	5.36	4.71	3.47	2.8	3.62
2004	0.868	0.924	0.829	0.819	0.873	0.81	0.823	0.843	0.821
2005	0.792	0.844	0.757	0.754	0.791	0.738	0.756	0.778	0.753
2006	0.769	0.806	0.741	0.752	0.817	0.74	0.754	0.781	0.75
2007	0.771	0.803	0.747	0.767	0.819	0.757	0.769	0.783	0.767
2001~2007 年年均增长率（%）	-0.76	-1.46	-0.53	0.35	0.79	0.22	0.42	0.19	0.44

注：根据式（3.8）汇总计算，全样本是指 2001~2007 年所有企业样本。

整体而言，在中国东部与西部区域，在 2001~2007 年内资企业全要素生产率年均增长率都高于外资企业全要素生产率年均增长率。表 3.12 的测算数据和分析表明：在中国东部与西部区域，外资企业对内资企业的技术溢出条件并不存在；只有中部区域的外资企业全要素生产率年均增长率是高于内资企业全要素生产率年均增长率的，具备外资企业对内资企业技术溢出的条件；从 2001~2007 年内外资企业年均增长率变动对比，可以看出中国 2001~2007 年外资企业虽然呈现效率增长趋势，但对内资企业技术溢出效应则呈现逐渐减弱的变动趋势，外资政策效果与我国原来实施的外资引进政策初衷并不一致，通过市场换技术促进区域内资企业经济增长效率的效果并不理想。

以上从内资与外资企业之间生产要素配置效率的变动关系分析可以得出：整体而言，东部与西部外资对内资企业资源误置程度起到加剧的效果，外资企业对内资企业的挤出效应非常明显，而外资企业对内资企业的技术溢出效应则是呈现逐渐减弱的变化；中部外资对内资企业资源误置程度起到减少的效果，表现为外资对内资的溢出效应大于外资对内资的挤出效应。

根据式（3.8），对2001～2007年东中西三大区域中持续经营的制造业企业的全要素生产率进行以资产为权重的加权汇总，得到三大区域七年一直持续经营的企业的全要素生产率，如表3.13所示。由表3.13可以看出，2001～2007年一直持续经营企业的全要素生产率呈现较为明显差异性：东中西三大区域能够持续经营的制造业企业年均增长率有增加也有减少，东部区域和西部区域为负值，分别为－0.79%、－0.13%，表示这两区域持续经营的制造业企业年均增长率为不断下降、呈现负向改进的状态；中部区域为正值0.04%，表明中部区域持续经营的制造业企业年均增长率为不断提升改进的状态。从变化趋势上来看，中西部的持续经营的制造业企业全要素生产率与东部逐渐趋近，中部持续经营的制造业企业的全要素生产率增长速度最快；中部较快的增长使中部与东部的全要素生产率差距日益减少：七年来，全要素生产率差距由0.07缩小到0.029。西部持续经营的制造业企业全要素生产率追赶东部的速度相对中部而言较慢：七年来，全要素生产率差距由2001年的0.075缩小到0.042。

表3.13　东中西部制造业平衡样本的内外资企业生产率水平

类别	东部			中部			西部		
	制造业	外资	内资	制造业	外资	内资	制造业	外资	内资
2001 年	0.835	0.9	0.792	0.765	0.776	0.763	0.76	0.811	0.753
2002 年	0.867	0.933	0.823	0.789	0.857	0.777	0.786	0.844	0.779
2003 年	0.907	0.963	0.872	0.848	0.906	0.839	0.811	0.848	0.806
2001～2003 年年均增长率（%）	4.22	3.44	4.93	5.29	8.05	4.86	3.3	2.26	3.46
2004 年	0.906	0.951	0.878	0.831	0.841	0.83	0.815	0.843	0.811
2005 年	0.824	0.876	0.794	0.769	0.808	0.764	0.744	0.779	0.739
2006 年	0.801	0.848	0.775	0.752	0.829	0.743	0.741	0.747	0.74
2007 年	0.796	0.831	0.777	0.767	0.833	0.76	0.754	0.768	0.753
2001～2007 年年均增长率（%）	－0.79	－1.32	－0.32	0.04	1.19	－0.07	－0.13	－0.9	0

注：根据式（3.8）汇总计算。平衡样本指2001～2007年一直存活的企业样本。

通过比较全部样本数据和平衡样本数据测算结果差异，全样本全要素生产率的三大区域全要素生产率均衡速度较快。东部的全样本外资企业全要素生产率增长率的下降速度快于平衡样本中外资企业全要素生产率增长率的下降速度，表明东部新进入外资企业生产率低于原先一直持续经营企业，这说明东部外资进入新组建企业技术水平不具备技术溢出的条件。中部平衡样本增长率高于全样本外资企业年均增长率，表明中部近年来引进的外资企业本身并不具备相对内资企业更高生产要素配置效率的优势。而平衡样本生产率低于全样本中西部内外资的全样本，意味着西部新进入的外资企业对内资持续经营企业已经具有了技术溢出条件。一方面，是因为西部区域内持续经营的企业全要素生产率较东部和中部区域低；另一方面，西部区域应进行适宜的外资引进政策调整，鼓励设立数量更多的高生产率的外资企业，通过较好的外资企业溢出效应来提高区域经济增长效率。

为了深入探究不同区域外资影响制造业生产率变化的状况，下面对区域生产率的动态变化采用分解的方法将区域企业区分为内资企业和外资企业来分析。方程（3.9）中区分内、外资企业分别用下标 D 和 M 来表示，则可写为：

$$\Delta w_t \equiv \sum_{H=M,D} \left\{ \sum_{i \in C} \left[z_{it-1}^H \Delta w_{it}^H + \Delta z_{it}^H w_{it-1}^H + \Delta z_{it}^H \Delta w_{it}^H \right] + \sum_{i \in E} z_{it}^H w_{it}^H - \sum_{i \in X} z_{it-1}^H w_{it-1}^H \right\} \quad (3.9)$$

方程（3.9）所采用的主要方法是对区域生产率增长进行分解，可以有效考察区域内外资企业生产率动态变化对区域生产率的影响。选择 2001 ~ 2007 年作为考察期，对企业全要素生产率变动差额进行逐年分解，得到三大区域内外资的技术适用效率、规模配置效率、流动配置效率贡献如表 3.14 所示。

表 3.14　2001 ~ 2007 年东中西部制造业全样本内外资企业 TFP 影响因素分解

区域	生产率增长幅度	存活企业贡献					
		技术适用效率		规模配置效率		流动配置效率	
	制造业	内资	外资	内资	外资	内资	外资
东部	− 0.037	− 0.007	− 0.011	− 0.039	− 0.067	− 0.039	0.127
中部	0.013	− 0.004	0	− 0.032	− 0.02	0.014	0.069
西部	0.02	− 0.022	− 0.001	− 0.033	− 0.008	0.034	0.047

从表 3.14 中显示的技术适用效率来看，三大区域外资企业的技术适用效率都有下降。东部外资技术适用效率下降对整个区域内的生产要素产生了低效率配置，其次是西部区域和中部区域。东部区域制造业外资的技术创新速度相对较慢是全要素生产率下降的重要原因。外资企业在技术选择方面一般选择的是适用技术，因此在技术创新方面并没有很强的激励动机。以上分析结果表明，外资企业对三大区域生产率增长的贡献中，技术适用效率的贡献较小，资源配置效率变化的贡献较大。东部廉价的劳动力成本和巨大的市场需求是外资大量流入东部的主要推动力，政策优惠只是给外资企业带来额外收益，整个区域经济增长效率则是起到与政策预期相反的效果。

外资存活企业的企业间规模效率绝对量较大但为负，说明存活外资企业对区域全要素生产率的边际年贡献为负数且呈扩大的趋势。虽然存活企业的生产规模在扩张，但其企业规模扩张的速度可能小于新进入的企业，从而导致持续经营企业的相对市场份额逐渐减少。在不考虑新增企业和退出企业的情况下，研究三大区域存活企业的资源配置效应，对观察期间一直持续经营企业的平衡样本进行效率分解，结果如表 3.15 所示，从中可以看出，三大区域内资企业的规模配置效率都为正，而三大区域外资企业的规模配置效率仍然为负，其中东部区域的外资企业的规模配置效率最大，西部区域的外资企业的规模配置效率最小。这意味着由于集聚的规模效率下降，开始出现了集聚过度的特征，说明东部所获得的不是真正意义上的由效率提升所驱动的增长，而仅仅是基于简单的生产要素规模积累驱动的经济增长。表 3.15 平衡样本中中部外资的技术水平贡献为正，而东部与西部的技术水平贡献为负，表明东部与西部区域对外资利用的效果整体不高。

表 3.15 2001～2007 年东中西部制造业平衡样本内外资企业 TFP 影响因素分解

区域	生产率增长幅度	存活企业贡献						
		技术适用效率			规模配置效率		流动配置效率	
	外资	制造业	内资	外资	内资	外资	内资
东部	-0.038	-0.023	-0.013	0.052	-0.053	0.005	-0.006
中部	0.002	0.004	-0.021	0.063	-0.043	-0.005	0.004
西部	-0.006	-0.006	-0.015	0.022	-0.007	-0.001	0.001

为了进一步分析内资企业生产要素资源误置程度，进一步对东中西部制造业内资生产率增长进行逐年分解，我们根据式（3.9）以 2002～2007年作为考察期，得到三大区域内资企业的技术适用效率、规模配置效率、流动配置效率贡献数据，分别如表 3.16、表 3.17、表 3.18 所示。

表 3.16　东部内资企业生产率增长的分解效应

年份	生产率增长幅度	技术适用效率	规模配置效率	流动配置效率
2002	0.018	0.011 （－61）	0.021 （－117）	－0.014 （－78）
2003	0.053	0.042 （－79）	0.009 （－17）	0.002 （－4）
2004	－0.012	－0.006 （－50）	－0.011 （－92）	0.005 －42
2005	－0.073	－0.061 （－84）	0.016 －22	－0.028 （－38）
2006	－0.015	－0.016 （－107）	－0.005 （－33）	0.006 －40
2007	0.007	0.001 －14	0 0	0.006 －86

注：括号内为各效应对生产率增长的贡献百分数，表 3.17 和表 3.18 同。

2002～2007 年技术进步效应、规模效应、创新转移效应对内资企业全要素生产率变化增长幅度的贡献比例的趋势影响：2002～2005 年技术进步效应在东中西部区域呈现平稳下降趋势，2006 年开始上升；东中西部区域的企业规模效应呈现整体下降的变动趋势，区域流动配置效率在东中西部区域则呈平稳上升的变动趋势。

表 3.17　中部内资企业生产率增长的分解效应

年份	生产率增长幅度	技术适用效率	规模配置效率	流动配置效率
2002	0.011	0.013 （－118）	0.047 （－427）	－0.049 （－445）
2003	0.061	0.038 （－62）	－0.051 （－84）	0.074 （－121）
2004	－0.009	－0.012 （－133）	0.012 （－133）	－0.009 （－100）

续表

年份	生产率增长幅度	技术适用效率	规模配置效率	流动配置效率
2005	-0.072	-0.043 (-60)	0.126 (-175)	-0.155 (-215)
2006	0.002	-0.01 (-500)	-0.059 (-2950)	0.071 -3550
2007	0.016	0.005 (-31)	-0.1 (-625)	0.111 (-694)

通过以上全要素生产率分解数据发现，2002～2007年的东中西三大区域内资企业生产率增长中除了流动配置效率呈平稳上升的趋势，技术适用效率、规模配置效率均呈现依次减少的趋势。中西部的外资企业对内资企业的全要素生产率正向溢出效果比较平稳，东部外资企业对内资企业的全要素生产率起到的技术溢出效果已经弱化。除了中部区域外，东西部区域的外资企业对内资企业的溢出效应小于挤出效应。实证结果表明：政府制定的外资政策产生的溢出和挤出效应的净效果，相对于中国与发达国家的技术水平差距而言整体并不对称，应该调整外资政策，进一步提高外资企业对内资企业的溢出效应，引导外资投资结构的升级以扩大区域乘数作用，减小对内资企业投资的挤出效应。

表3.18　西部内资企业生产率增长的分解效应

年份	生产率增长幅度	技术适用效率	规模配置效率	流动配置效率
2002	0.017	0.01 (-59)	0.012 (-71)	-0.005 (-29)
2003	0.038	0.026 (-68)	0.006 (-16)	0.006 (-16)
2004	0.019	0.001 (-5)	-0.009 (-47)	0.027 (-142)
2005	-0.068	-0.047 (-69)	0.038 (-56)	-0.059 (-87)
2006	-0.003	-0.007 (-233)	0.002 (-67)	0.002 (-67)
2007	0.017	-0.003 (-18)	-0.042 (-247)	0.062 (-365)

第四节　本章小结

　　制造业企业是体现人类经济发展最主要的创造性领域，大部分技术进步与管理创新都发生在制造业，农业和服务业的生产率变动与机械制造业提供的机械工具创新密切相关。考虑到不同行业生产要素替代性强弱、市场相对独立分割、技术选择和技术水平差异较大的特点，采取了分行业分区域结合东中西三大区域对经济增长效率进行测算，以行业和区域两个主要企业异质性特征为标准进行比较研究。在企业异质性层面的行业与空间资源误置程度比较研究方面，首先在界定资源误置的内涵和资源误置程度度量方法的基础上，对企业异质性特征与资源误置的动态演化机理进行研究，其次分行业和区域对资源误置程度进行测算与比较分析，最后从区域开放的视角考察外资流入对内资企业资源误置程度的影响。

　　从东中西三大区域的行业全要素生产率的测算结果来看，工艺品及其他制造业、塑料制品业这两个行业的全要素生产率无论在哪个区域都是比较高的；医药制造业、饮料制造业、食品制造业这三个行业的全要素生产率无论在哪个区域都是比较低的。无论是东部还是中西部区域，制造业生产率都没有呈现出逐渐递增的变化，东部全要素生产率本身和变化幅度均普遍高于中西部。2001～2003 年国有企业的全要素生产率相对低于私有企业、外资企业，但资源误置程度略高于私有企业、外资企业；2004～2007 年国有企业的全要素生产率相对略高于私有企业、外资企业，但资源误置程度略低于私有企业，略高于外资企业。企业层面东中西部空间资源误置程度 2001～2007 年都先小幅下降，至 2004 年后又比较平稳地小幅上升波动，2001～2007 年无论是东部还是中西部区域，制造业行业资源误置程度都呈现出先下降后小幅增长的变动趋势。

　　对东中西三大区域外资流入对内资企业资源误置产生的影响进行了分析，结合 2001～2007 年东中西三大区域制造业企业全要素生产率分解效应的变动进行了描述和解释，发现：2001～2007 年东中西三大区域内资企业生产率增长中除了流动配置效率呈平稳上升的趋势，技术适用效率、规模配置效率均呈现依次减少的趋势。中西部的外资企业对内资企业的全要素生产率正向溢出效果比较平稳，东部外资企业对内资企业的全要素生产率起到的技术溢出效果已经弱化。三大区域中，只有中部外资企业对内资企业的净溢出效应为正，而东部与西部的外资企业对内资企业的溢出效应都小于挤出效应。

第四章 非效率垄断、市场化水平与交易层面资源误置的实证研究

生产要素在企业之间进入、退出主要是通过市场交易进行的，在这个过程中资源误置程度随着生产要素在企业之间进入和退出，会强化或弱化资源误置程度，市场扭曲程度越大，交易层面资源误置程度就会越大。反过来，随着时间的推移，在市场扭曲的环境中，生产要素在异质性企业之间流入流出，在没有外力干预的情况下，市场交易结果会不断强化原有的企业"非效率垄断"特征，由于生产要素大量转移到低效率的具有"非效率垄断"特征企业，从而引起整个区域的生产要素低效率配置、经济增长效率下降。宏观层面汇总异质性企业规模的变化就表现为区域与行业结构层面资源误置。区域内的市场水平越高，市场扭曲程度越低，企业之间通过市场交易后，生产要素在企业内的配置结构就越接近市场中真实的生产要素供给结构，区域经济增长效率中的行业规模配置效率就越高。在市场经济中，实现生产要素在不同企业主体之间的增减变动这一过程，必须在一定的市场环境中进行。区域经济增长效率中的流动配置效率高低，取决于异质性企业之间的市场交易环境，市场水平越高，市场能够提供的反映生产要素相对稀缺性和需求程度的要素比价就越合理，流动配置效率越高，交易层面资源误置程度就越低。如果存在一定程度的市场扭曲，具有扭曲市场特征的低效率企业就会通过非市场化途径占用越来越多的生产要素资源，具有较高生产效率的企业在市场扭曲的环境中，效率竞争优势难以充分发挥。在市场扭曲交易环境中，生产要素在交易过程中出现了大量的非效率交易，交易层面资源误置程度就会增大，我们认为非常有必要从区域与行业层面对市场化水平进行测算和比较研究。

第一节 企业非效率垄断、市场化水平与资源误置的理论分析

市场环境由交易主体买方和卖方组成，非完全竞争市场中存在的扭曲资源配置效率的力量只能来源于市场交易主体自身。在生产要素市场中，交易对象是资本和劳动两种生产要素，长期以来中国劳动力总量过剩，劳动供给决策属于家庭或劳动者本人共同决策，相对于企业这一劳动需求方，劳动者供给方数量众多，且处于分散状态，劳动者对收入边际效用的依赖程度要高于企业对边际成本的承担支付能力，劳动者与企业在劳动力报酬方面的议价能力较弱，处于定价决策的被动地位。众多劳动者供给方分散决策的差异化对市场交易环境的影响相互抵消，而企业作为劳动生产要素的需求方则处于定价决策的主动地位，劳动生产要素供给方在供给过剩和分散决策的条件下，没有能力扭曲市场价格机制。资本要素在总量供给上相对劳动要素而言具有稀缺性，但由于资本要素来源于众多的资本所有者，要满足具有生产能力的物资资本形成的需求，资本定价决策权就集中到少数的金融机构企业，结合劳动要素的供给者在劳动力报酬方面的议价能力较弱这一特点，扭曲生产要素市场定价机制，是生产要素的需求方——具有非效率垄断特征的企业方面。

在非完全竞争的现实市场环境中，企业经营目标也不再是经典经济学假定的单一目标：市场扭曲程度越大，"企业利润最大化"越有可能成为规模最大化的辅助目标。在完全竞争的市场环境中，微观企业"企业利润最大化"与宏观层面经济增长效率改进的内在要求是一致的，企业获得生产要素流入从而扩大规模的唯一途径，就是依靠自身高效率地配置生产要素获得高利润，进而能够有能力支付较高的生产要素价格成本，吸引生产要素流入。经济增长效率不断提高的根源，来自高效率企业对生产要素流动的效率吸引效应和自身技术溢出效应的共同作用。但在市场扭曲的情况下，企业如果有条件比单纯地获取经营利润，更为有效地获取增量生产要素以实现企业规模最大化，那么企业最理性的经营决策，是直接采取"企业规模最大化"经营模式来实现目标。

一　企业非效率垄断对市场扭曲的形成机理

中国改革开放以来，经济实现持续高速增长，其主要推动力来自市场化水平的不断提高。参照杨帆和徐长生（2009），市场扭曲可以被定义为市场机制不能引导资源在经济中达到最优配置，也就是指经济活动对帕累托最优状态的偏离。在现实经济活动中，企业是市场交易的主体。任何一个具体企业都是相对独立的决策主体，自负盈亏的经营压力和利润最大化的经营目标激励，必然促使企业结合所处的现实交易环境进行最有利的交易决策。市场交易的资源配置效率与市场扭曲程度有关，如果企业是同质的，市场就不会存在扭曲，正是企业之间存在异质性特征差异，不同特征的企业之间对市场环境的影响存在着差异，非效率垄断特征在市场交易中干扰了市场中的竞争公平性，扭曲了市场交易环境。已经扭曲的市场交易会形成更有利于非效率垄断企业的生产要素流动，进而原有企业异质性特征进行了强化，企业非效率垄断特征与市场扭曲程度之间存在累积循环影响的关系，市场最终淘汰的永远是不断亏损的企业，而不完全是资源配置效率逐渐降低的企业。企业非效率垄断特征的存在是市场化水平偏离完全竞争状态、经济增长效率降低的一个重要原因。

市场化水平的高低很难通过直接的指标进行度量，所以本章通过市场扭曲程度来界定，市场化水平越高，市场扭曲程度越少，二者呈反向变动关系。在经济增长过程中，企业是对生产要素进行配置形成生产能力的最小组合，也是重要的市场交易主体。对市场化水平变动的形成机理进行研究离不开对企业行为进行分析，企业的理性决策仅仅是局限在企业的范围内，局部理性不等于区域整体理性。企业之间的收益差异源于效率收益差异和市场扭曲收益两部分差异，效率收益差异来自企业自身的经营能力，市场扭曲收益来自企业的具有某种特征的企业主体。其他企业就会放弃"生产经营与管理技术创新"等提高资源配置效率的效率收益目标追求，选择转向为获得能带来市场扭曲收益的企业特征而投入本应用于生产经营的生产要素去进行寻租行为。在区域内，企业利润中的收益来源比例就会随之发生变化，来自扭曲市场的市场扭曲收益的比重会逐渐上升，而来自生产要素配置效率改善的效率收益比重会逐渐降低，这也是导致经济增长效率不断降低的微观主体——企业层面的解释。

二 市场扭曲对交易层面资源误置的影响分析

在理想的完全不存在任何扭曲的竞争市场中，市场对生产要素配置过程是有效率的优化配置，表现为生产要素不断地从低生产率的企业流动到高生产率企业，企业之间的生产要素边际生产率相等是生产要素流动配置效率最优的均衡条件，此时企业之间效率异质程度离散度趋于零。要实现对市场扭曲形成的交易层面资源误置程度进行纠偏的目标，首先要找到并消除扭曲市场的具有非效率垄断能力的企业特征，才能从根本上解决市场扭曲对交易层面资源误置的影响。非效率垄断的企业特征一方面引导大量生产要素流向低效率的非效率垄断企业；另一方面会诱导非垄断企业在获取垄断特征方面进行寻租，而使大量生产要素转变为非生产性消耗，这也是生产要素资源误置形成的一个重要途径。在市场扭曲的市场环境中，市场扭曲使不同特征企业获得生产要素成本不同，企业市场扭曲特征对市场的扭曲，产生了企业间存在获得生产要素成本高低或难易的比较优势，在同一区域市场内异质性企业间存在生产要素无风险套利的机会，市场扭曲企业仅仅依靠企业自身特征就能够获得非生产性利润。

在市场扭曲的市场环境中，生产要素价格就不能真实地反映生产要素供给状况，失真的生产要素价格不能真实地反映生产要素市场余缺情况，诱导企业技术进步方向偏离生产要素市场的供给结构，导致存量较多的生产要素资源被闲置，而稀缺的生产要素资源则被低效率企业大量使用。随着时间的推移，区域整体经济增长效率不断降低。市场扭曲是降低区域经济增长效率中的生产要素重新组合效率的直接原因，长期来看，非效率垄断企业扭曲市场，交易层面资源误置会诱导企业技术进步方向偏离生产要素市场的供给结构，导致生产要素跨期结构误置，降低区域经济增长效率中的技术适用效率。

第二节　制造业市场化水平的行业与区域比较

一 市场化水平的测算方法

在完全不存在任何扭曲的竞争市场中，所有参与市场竞争企业的生产效率应处于均衡状态，企业生产率离散度趋向于零（Hsieh and Klenow，2009）。运用全要素生产率的离散程度来衡量市场扭曲程度的方法，已被学术界认可并被广泛应用。在不存在市场扭曲的市场交易环境中，生产要素在企业间充分流动，企业间生产要素边际产出相等。现实市场环境达不到完全竞争的状态，市场化程度越高的市场，生产要素资源稀缺性对应的流动性程度就越充分。市场竞争是生产要素不断地从低生产率企业流向高生产率企业的推动力，高生产率企业不断淘汰低生产率企业的过程，宏观区域层面就表现为区域经济增长效率不断改进的过程。市场化水平的高低是通过企业全要素生产率的离散系数进行测算的，离散系数越大表明市场扭曲程度越高，也就意味着市场化水平越低。

二 市场化水平的行业与区域比较

参照 Hsieh 和 Klenow（2009）的做法，根据区域内微观企业全要素生产率离散程度的测算结果来度量该区域内的市场扭曲程度。在数据处理方面，删除区域内企业前后 1% 分位数的全要素生产率的测算结果，排除企业全要素生产率异常观测值对市场扭曲程度测算的干扰。在根据上述数据处理标准进行数据筛选后，剩下 1660037 个企业全要素生产率测算结果的样本值。考虑到行业之间市场化水平的差异性，选择行业内企业之间的全要素生产率的离差系数作为指标来度量该行业的市场扭曲程度，离差系数大小与市场化水平的高低呈反向变动关系。此外，为了排除不同时段偶发等其他不确定性因素对市场化水平的冲击干扰，在市场扭曲程度的测算与比较时，选择对 2001～2007 年的离差系数进行均值化处理。对制造业的 28 个行业、31 个省市 2001～2007 年的全要素生产率的离差系数进行测算，市场扭曲程度用区域或行业内企业全要素生产率的离差系数的大小来度量，表 4.1 所示为中国制造业行业内市场扭曲程度测算结果。

表 4.1 中国制造业行业内市场扭曲程度

行业	东部			中部			西部			全国
	均值	标准差	离散系数	均值	标准差	离散系数	均值	标准差	离散系数	离散系数平均
13	0.725	0.219	0.302	0.774	0.284	0.367	0.768	0.322	0.419	0.363

续表

行业	东部			中部			西部			全国
	均值	标准差	离散系数	均值	标准差	离散系数	均值	标准差	离散系数	离散系数平均
14	0.604	0.255	0.422	0.632	0.274	0.434	0.632	0.250	0.396	0.417
15	0.538	0.239	0.444	0.570	0.229	0.402	0.596	0.272	0.456	0.434
17	0.794	0.188	0.237	0.835	0.251	0.301	0.829	0.257	0.310	0.283
18	0.954	0.240	0.252	0.966	0.251	0.260	0.935	0.239	0.256	0.256
19	0.709	0.228	0.322	0.780	0.201	0.258	0.771	0.221	0.287	0.289
20	0.714	0.185	0.259	0.759	0.239	0.315	0.737	0.252	0.342	0.305
21	0.784	0.221	0.282	0.841	0.212	0.252	0.819	0.279	0.341	0.292
22	0.721	0.206	0.286	0.777	0.230	0.296	0.735	0.261	0.355	0.312
23	0.735	0.240	0.327	0.769	0.267	0.347	0.748	0.282	0.377	0.350
24	0.910	0.223	0.245	0.931	0.306	0.329	0.890	0.181	0.203	0.259
25	0.772	0.239	0.310	0.756	0.240	0.317	0.793	0.219	0.276	0.301
26	0.710	0.223	0.314	0.743	0.247	0.332	0.720	0.230	0.319	0.322
27	0.548	0.273	0.498	0.586	0.304	0.519	0.607	0.296	0.488	0.502
28	0.698	0.190	0.272	0.705	0.231	0.328	0.688	0.175	0.254	0.285
29	0.722	0.218	0.302	0.747	0.223	0.299	0.713	0.232	0.325	0.309
30	0.829	0.216	0.261	0.866	0.256	0.296	0.842	0.249	0.296	0.284
31	0.688	0.206	0.299	0.719	0.219	0.305	0.691	0.227	0.329	0.311
32	0.754	0.244	0.324	0.773	0.199	0.257	0.766	0.230	0.300	0.294
33	0.639	0.229	0.358	0.696	0.197	0.283	0.686	0.274	0.399	0.347
34	0.824	0.230	0.279	0.864	0.271	0.314	0.849	0.287	0.338	0.310
35	0.729	0.215	0.295	0.758	0.254	0.335	0.738	0.241	0.327	0.319
36	0.696	0.250	0.359	0.717	0.277	0.386	0.700	0.257	0.367	0.371
37	0.696	0.244	0.351	0.724	0.284	0.392	0.692	0.225	0.325	0.356
39	0.656	0.234	0.357	0.701	0.298	0.425	0.698	0.272	0.390	0.391
40	0.643	0.296	0.460	0.728	0.640	0.879	0.728	0.418	0.574	0.638
41	0.717	0.294	0.410	0.791	0.478	0.604	0.730	0.309	0.423	0.479
42	0.923	0.236	0.256	0.989	0.339	0.343	0.951	0.278	0.292	0.297
平均	0.730	0.231	0.324	0.768	0.275	0.363	0.752	0.258	0.349	0.346

从表 4.1 行业市场化扭曲程度来看,具有较低生产技术水平行业的全

要素生产率离散程度较小，市场化水平要高于高技术行业的市场化水平，如化学纤维制造业，黑色金属冶炼和压延加工业，木材加工及木、竹、藤、棕、草制品业，造纸及纸制品业。这些传统行业的技术含量普遍偏低，产品的市场需求量波动不大，企业生产要素结构也比较稳定；企业利润主要来自规模经济对成本的节约，而不是技术创新带来的超额利润。传统行业存续时间比较长，在同一行业内不同企业的技术水平较为接近，企业之间的竞争处于比较激烈的状态。另外，传统行业内不同企业之间生产工艺和技术水平基本上处于同质化状态，单个企业不具备通过改变适用技术、调整生产要素结构来影响生产要素供给价格和产品销售价格的能力。

与传统行业相比，具有较高生产技术水平行业的全要素生产率离散程度较大，市场化水平要低于高技术行业的市场化水平。如医药制造业，铁路、船舶、航空航天和其他运输设备制造业等这些技术水平较高的行业生产率波动较大，市场扭曲程度较高。在这些技术水平比较高的行业内企业之间技术差异较大，产品种类也较多，企业和企业之间生产工艺、产品价格、技术水平、企业规模都存在较大差异。根据上述分析，发现中国区域内部不同行业的市场化水平也存在显著的差异。如果生产要素能够更快地从低生产效率企业流向高生产效率企业，制造业加总的全要素生产率将会得到提高。由于高技术行业比传统行业的市场扭曲程度大，消除市场扭曲、提高市场化水平对高技术行业制造业经济增长效率的提升空间要大于传统行业。

2001~2007年除港、澳、台以外的31个省市中，制造业的市场扭曲程度的测算结果如表4.2所示。从横向时间的变化来看，每个省市的市场化水平基本上呈现同向波动性变化，不同地区市场扭曲程度同向波动性变化，说明中国整个制造业市场化水平呈现外部因素系统性的影响。这可能是在改革开放的环境下，外部市场周期性需求波动等因素对整个制造业企业全要素生产率离散系数同程度扩大或缩小的原因。

为了剔除外部因素对国内市场化水平的波动性影响，分区域对2001~2007年制造业企业全要素生产率的离散系数进行测算后，按年份进行平均化处理，然后进行比较，发现市场扭曲最为严重的三个地区是天津、西藏、湖北，制造业企业离散系数分别为0.557、0.520、0.518；其次是甘肃、青海、北京，制造业企业离散系数分别为0.479、0.464、0.410。

表 4.2 中的这一测算结果表明：制造业市场化水平的高低与该区域的发达程度并不一致，发达地区的市场能够非常便利地供给丰富的产品，商品市场交易活跃。经济发达程度是一个综合概念，事实上人们日常感觉到的是各个地区的经济发达程度，主要体现在吃、穿、住、行等第三产业尤其是服务行业的服务质量和方便性上，经济越发达、收入水平越高的区域给人的直观感觉是市场化水平很高。本章测算的是人们日常生活难以接触到的制造业行业的市场化水平。发达区域内制造业行业分布与欠发达区域内制造业行业分布存在较大差别，发达区域内的制造业行业大都属于技术水平比较高的新兴行业，如医药制造业，铁路、船舶、航空航天等技术密集型行业。如北京、天津、上海等发达地区让人感到繁华和便利主要是因为这些区域内存在大量技术含量比较高的制造业企业。技术含量比较高的制造业企业的产品具有比传统制造业企业的产品更高的增加值，高增加值的产品为这些地区生产要素的高收入和政府部门高税收提供了保障，高税收为发达地区提供大量便利繁华的公共品，生产要素的高收入转变为大量的、多样性消费需求，市场交易活跃。

表 4.2 中国制造业市场扭曲程度的地区差异

地区	2001 年	2002 年	2003 年	2004 年	2005 年	2006 年	2007 年	平均
北京	0.444	0.409	0.337	0.416	0.413	0.448	0.400	0.410
天津	0.322	0.494	0.480	0.647	0.614	0.532	0.810	0.557
河北	0.378	0.298	0.284	0.251	0.300	0.331	0.360	0.315
山西	0.237	0.303	0.262	0.271	0.278	0.298	0.334	0.283
内蒙古	0.367	0.262	0.234	0.229	0.247	0.228	0.269	0.262
辽宁	0.337	0.323	0.357	0.377	0.374	0.400	0.371	0.363
吉林	0.381	0.357	0.387	0.394	0.402	0.409	0.378	0.387
黑龙江	0.360	0.426	0.395	0.303	0.326	0.336	0.394	0.363
上海	0.265	0.348	0.293	0.333	0.417	0.399	0.407	0.352
江苏	0.261	0.248	0.242	0.235	0.302	0.246	0.270	0.258
浙江	0.205	0.214	0.235	0.202	0.218	0.225	0.234	0.219
安徽	0.256	0.244	0.233	0.276	0.267	0.331	0.331	0.277
福建	0.374	0.398	0.251	0.335	0.337	0.384	0.365	0.349
江西	0.399	0.284	0.251	0.360	0.251	0.250	0.241	0.291

地区	2001 年	2002 年	2003 年	2004 年	2005 年	2006 年	2007 年	平均
山东	0.214	0.234	0.239	0.229	0.317	0.349	0.381	0.280
河南	0.341	0.276	0.248	0.319	0.290	0.265	0.416	0.308
湖北	0.410	0.573	0.358	0.505	0.644	0.591	0.547	0.518
湖南	0.249	0.229	0.253	0.224	0.235	0.281	0.273	0.249
广东	0.345	0.285	0.263	0.518	0.330	0.316	0.331	0.341
广西	0.319	0.322	0.369	0.429	0.360	0.497	0.362	0.380
海南	0.364	0.293	0.291	0.323	0.526	0.411	0.426	0.376
重庆	0.371	0.323	0.120	0.240	0.243	0.247	0.236	0.254
四川	0.343	0.396	0.395	0.385	0.332	0.424	0.446	0.389
贵州	0.239	0.306	0.233	0.235	0.304	0.294	0.286	0.271
云南	0.308	0.335	0.295	0.366	0.335	0.336	0.416	0.342
西藏	0.354	0.633	0.334	0.286	1.105	0.592	0.333	0.520
陕西	0.277	0.325	0.285	0.377	0.342	0.315	0.394	0.331
甘肃	0.227	0.196	0.227	0.508	0.798	0.674	0.722	0.479
青海	0.532	0.402	0.428	0.512	0.328	0.517	0.530	0.464
宁夏	0.306	0.270	0.240	0.280	0.386	0.301	0.307	0.299
新疆	0.284	0.326	0.244	0.327	0.324	0.287	0.293	0.298
全国平均	0.242	0.255	0.231	0.273	0.291	0.270	0.279	

上述分析表明：中国内部不同地区与不同行业的市场化水平也存在显著的差异。东部发达地区比中西部欠发达地区的市场扭曲程度大，消除市场扭曲、提高市场化水平对高技术行业分布多的发达地区的制造业经济增长率中流动配置效率部分的提升空间要大于传统行业分布多的欠发达地区。

第三节　市场化水平的行业与区域归类比较

为了便于结构比较分析，下面将 31 个省市的 28 个制造业行业的市场化测算结果按照行业之间产品类似性进行归类整理，行业归类参照 Li（1997）的行业归类标准，行业归类是依据企业产品生产过程的关联程度，将两位数制造业行业合并为四个类别，分别为轻工业、化工业、材料工业及机械设备制造业。从东中西三大区域和四类行业考察市场扭曲程度，界定比较市场化水平。四大行业的市场化水平的测算结果，不仅为精确地提出适时有效的对策建议提供了实证支持，还为区域经济增长效率重要影响因素——行业结构调整过程中生产要素进入退出的路径选择提供了依据。

一　测算结果

$DTFP$ 表示 i 地区第 j 个行业在 t 年的所有企业全要素生产率（TFP）的离差系数，在这里用来衡量市场扭曲程度。东部、中部、西部四大制造业的 TFP 与 $DTFP$ 分别如表4.3、表4.4、表4.5所示，相应区域 $DTFP$ 图形直观显示分别如图4.1、图4.2、图4.3所示。

表 4.3　东部四大制造业的 TFP 与 $DTFP$

年份	轻工业		化工业		材料工业		机械设备制造业	
	TFP 均值	$DTFP$	TFP 均值	$DTFP$	TFP 均值	$DTFP$	TFP 均值	$DTFP$
2001	0.811	0.288	0.748	0.301	0.753	0.283	0.709	0.313
2002	0.824	0.277	0.764	0.312	0.769	0.285	0.724	0.306
2003	0.854	0.258	0.796	0.269	0.801	0.262	0.753	0.285
2004	0.832	0.312	0.777	0.332	0.783	0.316	0.742	0.389
2005	0.764	0.314	0.707	0.316	0.716	0.318	0.663	0.366
2006	0.753	0.301	0.700	0.321	0.706	0.310	0.650	0.361
2007	0.753	0.328	0.700	0.334	0.706	0.337	0.649	0.381
平均	0.799	0.297	0.741	0.312	0.748	0.302	0.699	0.343

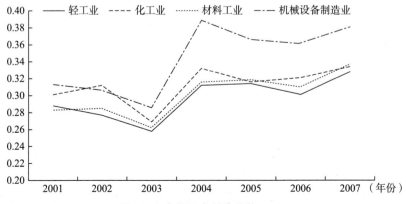

图 4.1　东部四大制造业的 $DTFP$

由表 4.3 可以看出，机械设备制造业是东部区域市场扭曲程度均值最高的行业，轻工业是东部区域市场扭曲程度均值最低的行业；化工业市场扭曲程度均值略高于材料业。

图 4.1 显示，除了 2001～2003 年市场扭曲程度略有下降外，2003～2007 年市场扭曲都呈现不同程度加重的趋势。2003 年后东部机械设备制造业的市场扭曲程度有较大的恶化趋势，这也说明了东部的机械设备制造业流动配置效率有明显的下降。

从表 4.4 可以看出，机械设备制造业是中部区域市场扭曲程度均值最高的行业，材料工业是中部区域市场扭曲程度均值最低的行业；化工业市场扭曲程度均值略高于轻工业。

图 4.2 显示，除了 2001～2003 年市场扭曲程度略有下降外，2003～2007 年市场扭曲都呈现不同程度加重的趋势。2003～2005 年中部机械设备制造业的市场扭曲程度有较大的恶化趋势，也说明了这个时期中部的机械设备制造业流动配置效率有明显的下降。2006 年后中部的机械设备制造业流动配置效率有明显的上升趋势。

表 4.4　中部四大制造业的 *TFP* 与 *DTFP*

年份	轻工业		化工业		材料工业		机械设备制造业	
	DTFP	*TFP* 均值	*DTFP*	*TFP* 均值	*DTFP*	*TFP* 均值	*DTFP*	*TFP* 均值
2001	0.777	0.349	0.744	0.363	0.745	0.309	0.702	0.364
2002	0.792	0.379	0.759	0.398	0.757	0.365	0.713	0.320
2003	0.818	0.300	0.793	0.302	0.795	0.263	0.762	0.317
2004	0.808	0.352	0.778	0.340	0.782	0.294	0.764	0.370
2005	0.749	0.352	0.717	0.355	0.722	0.341	0.717	0.609
2006	0.742	0.355	0.713	0.407	0.721	0.302	0.711	0.538
2007	0.771	0.384	0.738	0.397	0.749	0.374	0.733	0.454
平均	0.780	0.353	0.749	0.366	0.753	0.321	0.729	0.425

由表 4.5 可以看出，轻工业是西部区域市场扭曲程度均值最高的行业，材料工业是西部区域市场扭曲程度均值最低的行业；化工业市场扭曲程度均值略高于机械设备制造业。图 4.3 显示，除了 2001～2003 年市场扭曲程度略有下降外，2003～2007 年市场扭曲都呈现不同程度加重的趋势。2003～

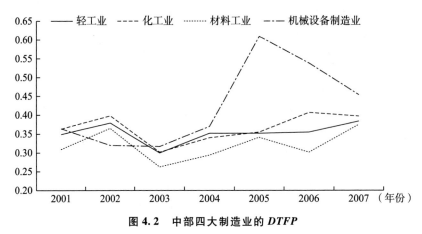

图 4.2　中部四大制造业的 *DTFP*

2005 年西部轻工业市场扭曲程度有较大的恶化趋势，说明西部的轻工业流动配置效率 2003～2005 年有明显的下降。2006 年后西部的轻工业流动配置效率有逐步的上升趋势。

表 4.5　西部四大制造业的 *TFP* 与 *DTFP*

年份	轻工业		化工业		材料工业		机械设备制造业	
	TFP 均值	*DTFP*	*TFP* 均值	*DTFP*	*TFP* 均值	*DTFP*	*TFP* 均值	*DTFP*
2001	0.712	0.345	0.707	0.340	0.709	0.298	0.681	0.332
2002	0.728	0.358	0.726	0.350	0.726	0.327	0.705	0.348
2003	0.775	0.351	0.769	0.322	0.767	0.307	0.737	0.313
2004	0.781	0.365	0.774	0.351	0.773	0.355	0.755	0.426
2005	0.730	0.425	0.716	0.406	0.710	0.398	0.684	0.369
2006	0.734	0.421	0.722	0.436	0.723	0.398	0.692	0.377
2007	0.752	0.429	0.737	0.407	0.742	0.418	0.712	0.383
平均	0.745	0.385	0.736	0.373	0.736	0.357	0.709	0.364

二　行业市场化水平的比较分析

通过表 4.3、表 4.4、表 4.5 的测算结果得出，中国东中西三大区域的市场化水平存在较大差异，每个区域内部行业市场化水平之间的差异也存在很大的不同。通过对区域层面的四大制造业行业全要素生产率离差离散程度进行比较可以发现：西部区域市场中只有机械设备制造业市场的扭曲

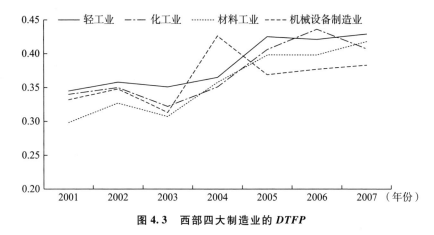

图4.3　西部四大制造业的 *DTFP*

程度在三大区域中处于中等水平，轻工业、化工业、材料工业三个行业都
是西部市场扭曲程度最高；东部区域市场除了制造业市场扭曲程度居中
外，其余三个行业的市场扭曲程度最低；中部区域市场化水平处于三大区
域最低水平的行业只有机械设备制造业，市场化水平程度处于中等水平的
是轻工业、化工业、材料工业。整体而言，市场扭曲程度除了 2001～2003
年略有下降外，2003～2007 年都呈现不同程度加重的趋势。2001～2007 年，
东中西部轻工业、材料工业、化工业、机械设备制造业四个行业的流动配置
效率都出现递减的变化，交易层面资源误置程度普遍呈现增大的变化趋势。

第四节　本章小结

　　本章首先在企业非效率垄断与市场扭曲的形成机理的基础上，对市场
扭曲与资源误置影响进行分析，为制造业市场化水平的行业与区域比较提
供理论支持。论证市场化扭曲程度是用行业内企业之间的全要素生产率离
散度表示的理论依据。区域内并不是所有行业的供给和需求形成一个完整
有机的市场整体，区域之间和区域内部各个行业之间存在生产要素的不完
全流动性，为了能够更有效地提高区域之间以及行业之间的生产要素流动
配置效率，本章进一步分四大行业和三大区域对企业全要素生产率的离散
系数进行测算。在测算 31 个省市以及 28 个行业的市场化程度的基础上，
考虑到行业之间产品类似性，在制造业市场化水平的行业与区域比较分析
中，将两位数制造业行业简化为轻工业、化工业、材料工业及机械设备制

造业四个行业大类，分东部区域、中部区域和西部区域分别测算并比较。四大行业的市场化水平的测算结果，不仅为精确提出适时有效的对策建议提供了实证支持，还为区域经济增长效率重要影响因素——行业结构调整过程中生产要素进入退出的路径选择提供了依据。

通过对制造业全要素生产率测度和汇总归类分析得出，市场化水平变动对发达区域和高新技术行业的经济增长效率提升空间要大于传统行业和欠发达地区。市场扭曲程度除了 2001～2003 年略有下降外，2003～2007 年都呈现不同程度加重的趋势。2001～2007 年，东中西部轻工业、材料工业、化工业、机械设备制造业四个行业的流动配置效率都出现递减的变化，交易层面资源误置程度呈现增大趋势。本章研究结果为后面章节研究通过行业结构调整来提高区域经济增长效率中的流动配置效率部分，提供了生产要素在行业间增减变化的市场化水平方面的选择依据。

第五章　效率垄断、技术进步偏向与结构层面资源误置的实证研究

结构层面资源误置程度的变化与经济增长效率中的技术适用性效率的变化是一致的。技术进步偏向性是企业要素结构配置对生产要素市场扭曲程度和要素相对稀缺程度的综合的、理性的反映，体现了生产要素相对成本的动态发展趋势，也是区域经济增长效率演化的驱动因素，经济增长效率中的技术适用性效率是由技术进步偏向决定的。区域内具有效率垄断特征企业的效率垄断技术是整个区域最有效率的生产要素配置技术，技术进步方向与生产要素供给结构的一致性程度越高，整个区域经济增长效率的技术适用效率就越高。

在非完全竞争的市场环境中，如果非效率垄断企业扭曲了市场，导致生产要素价格结构偏离了生产要素供给结构，在这种情况下，效率垄断企业在技术创新过程中同样根据企业自身利润最大化的原则，依据生产要素市场价格比对关系，选择自身生产成本最小化的技术进步方向，这个技术进步方向在短期内对效率垄断企业而言是最优的。但是长期而言，随着效率垄断企业技术溢出与扩散，效率垄断企业所选择的技术进步偏向对整个区域而言却不是最优的；效率垄断企业的技术进步方向失误，不但增加了效率垄断企业技术进步方向纠偏成本，还会导致整个区域经济增长受到生产要素供给结构失衡带来的要素供给瓶颈约束，生产要素结构层面资源误置程度不断增加，表现为生产要素边际效率趋于收敛的速度减慢，带来经济增长效率损失。

根据本章区域经济增长效率的影响因素研究，技术进步偏向性作为区域经济增长效率的重要影响因素之一，对不适宜的技术进步偏向性进行调整意味着结构层面资源误置程度降低，有必要进一步深入研究效率垄断、技术进步偏向与结构层面资源误置之间的内在作用机制，测算技术进步偏

向性为结构层面资源误置纠偏、提高区域经济增长效率中的技术适用性效率调整提供依据。

第一节　效率垄断企业、技术进步方向与资源误置的理论分析

技术进步偏向对经济增长效率影响机理的研究是经济学领域重要的研究主题，大部分经典理论研究主要基于完全有效的竞争市场，把 Hicks 中性技术进步作为理论研究的假定条件，这与经济中技术进步存在偏向性的现实条件不符。在开放的环境中，技术进步的具体项目和速度与世界范围内科学水平和创新能力有关，区域经济对技术进步的研究主要集中在技术本身使用效率层面，这方面的研究比较成熟，主要考察一定技术水平下的实际产出与前沿潜在产出的差距问题，其次考察既定技术的空间溢出问题。本章主要结合市场化水平从技术进步偏向性形成视角，考察现有技术进步偏向性如何对结构层面资源误置产生影响，进而影响到经济增长效率的机理，并对制造业技术进步偏向性进行测算，评价结构层面资源误置程度的变化对经济增长效率的影响。

一　技术进步偏向性形成的机理

生产要素禀赋论是古典国际贸易理论中对区域经济发展适宜方向方面的主要强调观点，赫克歇尔认为生产活动中可投入的具体生产要素具有选择性，也就是不同的区域内资本与劳动的结构是有差异的，经济增长的实现需要结合区域内生产要素的禀赋优势。根据生产要素禀赋理论，不同区域对使用价值可以相互替代的产品生产的成本不一样，在市场经济中，要素禀赋结构差异主要通过市场的供求关系决定的价格差异成本反映出来，完全竞争市场的价格差别，可以准确地反映各种生产要素的区域间的相对丰裕程度。由于各种产品不同生产路径要求的两种生产要素的结构是不同的，如果该区域选择生产较多地使用区域内数量比较多的生产要素的产品，生产成本就较低。长期而言，生产的最大可持续性受到生产要素资源总量的约束；相反，如果使用本区域比较稀缺但其他区域比较丰裕的生产要素去生产时，短期的生产成本就比较高，同样的产品在区域间就没有竞

争力，最终会被其他区域相同产品的生产企业淘汰出局。

在生产要素禀赋的数量结构与价格结构一致时，假定区域间要素市场价格是统一的，那么短期来看生产成本上没有差异；区域间生产要素数量结构存在差异，就会导致要素相对稀缺的区域受到要素总量的限制，经济增长不具有持续性，在这种情况下就会引导技术进步向少用稀缺要素多用富余生产要素的方向发展。部分不可转移、复制、交易的要素在区域内短期难以改变，如人口数量、人口受教育的状况、地方传统的生产习惯、地形、地貌；一些生产要素的禀赋总量，在既定的区域内甚至是不可以改变的，如不可再生矿藏资源等，这些差异性要求一个有效的生产要素市场，通过价格机制来反映区域内要素结构的存量要素价值的信息。如果市场是有效的，那么这个区域内的生产要素禀赋的数量结构与价格结构应该一致。如果市场是扭曲的，那么生产要素禀赋的数量结构与价格结构就会由于扭曲收益的存在而出现偏离，进而降低技术适用性效率。

区域内企业在对生产技术方向进行选择时，依据的是企业能够获得生产要素的相对价格，进而做出最有利于降低企业经营成本的技术创新或选择方向的决策。在存在市场扭曲的情况下，企业只是依据已经扭曲的生产要素的价格结构进行技术选择决策和要素配置。生产要素禀赋的数量结构与价格结构偏离时，势必导致价格相对过低的生产要素过度使用；随着时间的推移，价格相对过低的生产要素过度使用形成的短缺，将逐渐成为制约持续经济增长的短板。从长期来看，生产要素禀赋的数量结构与价格结构偏离，会导致企业层面形成较大的生产技术转型成本，如大量设备不得不提前处置，人力资本重新培训或引进；技术转型难度较大的情况下，只能进行产品转型，造成大量在用生产要素闲置和额外追加的固定资产重置成本。生产要素市场扭曲导致的生产要素禀赋的数量结构与价格结构的偏离，是结构层面资源误置的重要原因。

二 效率垄断、技术进步偏向性对资源误置影响的经济学解释

企业是生产要素组合体，企业生产效率的高低主要受制于稀缺生产要素这一短板的流动配置效率和结构配置效率。在短期技术水平不变的情况下，企业对生产要素的需求总量与结构取决于资本供给状况；生产要素市场中，在大部分期间资本与劳动的情况正好相反，资本具有长期稀缺性，

而一般劳动具有长期供给过剩的特征，所以，在短期内企业生产要素配置规模和配置结构都取决于资本要素的流向，企业对生产要素配置效率的高低取决于生产要素市场中的资本要素市场的定价机制和流向选择。企业在获取资本要素确定规模后才能确定劳动需求规模，由于劳动供给过剩不受供给数量约束，劳动池效应明显，所以可以把企业生产要素规模看成是企业技术选择和资本要素数量的函数。在短期内技术选择不变，劳动力供给总量过剩，劳动者素质变化不大的情况下，企业生产要素规模仅取决于资本要素的获得数量。

在中长期，由于教育行业的发展和劳动者自身的努力、劳动者素质结构会有很大的变化，劳动生产要素结构变化会对经济增长率变动形成制约。我们考虑到由于数据样本收集期间较短，达不到长期样本的要求，所以将劳动者素质差异对生产要素配置效率的影响纳入企业异质性特征内部考虑。基于劳动供给总量过剩的现实，在实证模型设计中仅突出考虑具有稀缺性资本要素的市场化水平，偏重考察内含企业内技术偏向性对物质资本配置效率的影响。

技术进步方向选择过程是非常复杂的，其中包括企业自主研发和吸收引进两个环节，二者可以相互独立也可以同时发生；而企业自主研发与企业内部的研发投入数量和人力资本素质及结构有关，吸收引进通过技术贸易、产品溢出、企业间技术溢出来实现。Lei（2011）研究表明：生产要素市场化程度是技术选择企业进行技术进步偏向性决策的重要依据，企业根据利润最大化原则进行要素的结构配置，无论技术进步来源是企业自我研发还是技术引进，都倾向于能够给企业带来同样的产出，企业生产要素配置决策是按照当时可以预见的市场价格结构计算的总支出最小化为依据的。如果生产要素市场的价格能够真实反映生产要素的相对稀缺性，通过技术创新企业的技术溢出后，无论是劳动要素还是资本要素获得的要素收入份额，都按照企业边际产出进行分配，整个行业内采用的技术，相对于整个区域内生产要素的市场供给结构来说是无偏的。如果经济增长效率在无数个截面都处于均衡状态，那么整个经济增长过程就沿着效率均衡的轨迹演化；如果在某一段时期内偏离了均衡状态，就会存在经济增长效率损失。

随着经济的不断发展，由于竞争和效率差异，在优胜劣汰的法则下，资本越来越集中而劳动相对趋于分散，区域内如果生产要素市场扭曲导致技术进步过分偏向资本，就会由于劳动收入份额偏低而资本收入份额偏高，日趋集中的资本收入的边际消费低于劳动收入的边际收入，而导致内需消费不足，出现产出与内需缺口，经济增长本身容易受到外部市场需求变化的冲击难以持续稳定，从而经济增长效率也会降低。反之，技术进步过于偏向劳动就容易出现产品供不应求、物价上涨的局面，生产要素价格也会随着上涨，如形成严重持续的通货膨胀现象，非生产性资产投机就会增加，经济增长需要的生产性投入就会减少；货币资本大都流向保值性资产，生产性领域的制造业经济增长效率也会不断下降。在不考虑通货膨胀、币值稳定的情况下，在企业根据利润最大化原则进行要素的结构配置，技术进步来源无论是企业自我研发还是技术引进都倾向于能够给企业带来同样产出的情况下，企业生产要素配置按照要素采用的市场价格计算的总支出最小化。在生产要素市场扭曲的情况下，技术偏向性决策对于自身企业而言是有偏向性的，生产要素市场的价格不能真实反映生产要素的相对稀缺性，结构层面资源误置程度就会增大。

第二节 技术进步偏向性对资源误置
影响的数理分析

为了能够突出技术进步偏向性对资源误置影响的逻辑关系，把区域内经济主体简单地分为消费者（主要体现区域内居民对企业产品供给的消费需求）、银行（主要体现区域内资本生产要素供给和企业资本需求的服务职能）、企业生产部门和相对独立技术研发部门四个部分。在经济发展程度还不够发达的阶段，假定消费者这一部门能够具有无弹性供给劳动的能力，银行部门能够按照相对稳定的利率为企业持续性供给货币资本，货币资本来源于消费者的银行储蓄和负债，生产要素所有者通过获得最终产品作为劳动收入和资本使用权收入，居民部门消费行为是理性的，符合跨期决策假定，将一部分收入为未来消费而进行储蓄，另一部分收入通过当期消费企业生产的产品来获得效用最大化。采用拉姆齐模型（R－C－K）的基本假定条件。这里的银行部门实质上是一个能够提供资本金周转流通的服务部门。将银行作为一部门引入模型，可以保证居民的跨期获取货币消费和厂商跨期投资的可行性。假设消费者部门追求家庭一生效用最大化。

为了研究的方便，进一步把问题简化，资本折旧和人口增长率都设定为0。产品制造部门的企业在生产要素的选择上，不考虑生产要素差异性特征，简单设定企业内只有物质资本和劳动两种生产要素，企业产品部分既可用于居民家庭部门的消费，也可用于企业和技术研发部门进行投资。研发部门通过 R&D 投资为获得适合企业生产成本最小化的技术方向提供创新支持，四部门之间的相互联系如图 5.1 所示。

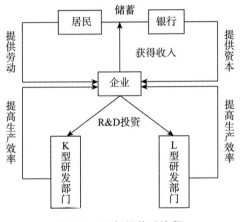

图 5.1　四部门关系流程

假定居民消费偏好类型属于风险厌恶，居民消费者实现跨期消费的方式是向银行借款，不存在违约现象，居民消费效用函数可表示为：

$$U = \int_0^\infty \exp(1 - \rho t) \frac{C_t^{1-\theta} - 1}{1 - \theta} \mathrm{d}_t \tag{5.1}$$

式（5.1）中的 θ 表示企业产品的消费效用弹性，ρ 代表消费部门对企业产品的跨期消费偏好。由于技术进步偏向性是考察变量，设定 CES 生产函数为企业生产函数，即：

$$Y = \left[\gamma_L \left(A_L L \right)^{\frac{\varepsilon-1}{\varepsilon}} + \gamma_K \left(A_K K \right)^{\frac{\varepsilon-1}{\varepsilon}} \right]^{\frac{\varepsilon}{\varepsilon-1}} \tag{5.2}$$

生产要素具有充分的流动性，企业对生产要素按照利润最大化的经济理性对生产要素进行结构性配置，企业按照生产要素边际产出支付报酬，即：

$$Y = wL + rK \tag{5.3}$$

故有：

$$\frac{r}{w} = \frac{\gamma_K}{\gamma_L} \left(\frac{A_K}{A_L}\right)^{\frac{\varepsilon-1}{\varepsilon}} \left(\frac{K}{L}\right)^{-\frac{1}{\varepsilon}} \tag{5.4}$$

由式（5.4）可知，除生产要素投入相对规模之外，生产要素技术效率差异也会对资本和劳动收入分配产生影响。

将企业内的技术研发部门分为偏向劳动增进型技术研发部门、资本增进型技术研发部门两部分。这里企业内部研发部门实质上是为企业技术选择提供适当创新的一个机构，而不是技术进步的原创部门。推动全要素生产率增长的技术进步本身是由众多社会科研机构、无数科研工作者来完成的。技术本身的进步没有规律，要承担巨大的风险，技术进步本身的形成和推进不是简单的企业行为。所以，企业内部的技术研发实质上是在现有技术上根据企业生产要素配置结构，根据生产最小化的要求进行的技术进步方向方面的创新。技术研发部门的生产模式与生产部门有很大的差异性，借鉴 Acemoglu（2002）的做法，偏向劳动增进型技术研发部门的生产函数设定"实验室装备型"、资本增进型技术研发部门的生产函数为"创新可能性前沿函数"：

$$\dot{A}_K = \varphi_K R_K \tag{5.5}$$

$$\dot{A}_L = \varphi_L R_L \tag{5.6}$$

考虑到生产要素回报率的高低与企业生产效率呈正向变动关系，而企业生产效率也与研发部门的研发投入呈正向变动关系，企业与研发部门虽然决策具有相对独立性，但二者具有较强的相互依存关系。将研发部门仅作为技术创新或选择的决策部门，厂商部门利润最大化是决策的依据，则消费者理性消费的最大效用为：

$$\max U = \int_0^\infty \exp(1-\rho t) \frac{C_t^{1-\theta}-1}{1-\theta} d_t$$

$$\text{s. t. } C(t) = \left[\gamma_L (A_L L)^{\frac{\varepsilon-1}{\varepsilon}} + \gamma_K (A_K K)^{\frac{\varepsilon-1}{\varepsilon}} \right]^{\frac{\varepsilon}{\varepsilon-1}} - R_K - R_L$$

$$\dot{A}_K = \varphi_K R_K$$

$$\dot{A_L} = \varphi_L R_L \tag{5.7}$$

根据最优控制系统（5.7），可以得出现值 Hamilton 函数：

$$H \equiv \frac{[Y(t) - R_K(t) - R_L(t)]^{1-\theta} - 1}{1 - \theta} + \mu_K(t)\varphi_K R_K(t) + \mu_L(t)\varphi_L R_L(t) \tag{5.8}$$

最优控制系统（5.7）的必要条件为：

$$H_{R_k} = -[Y(t) - R_K(t) - R_L(t)]^{-\theta} + \mu_K(t)\varphi_K = 0 \tag{5.9}$$

$$H_{R_L} = -[Y(t) - R_K(t) - R_L(t)]^{-\theta} + \mu_L(t)\varphi_L = 0 \tag{5.10}$$

$$(Y - R_K - R_L)^{-\theta}\gamma_K K^{(\varepsilon-1)/\varepsilon} A_K^{-1/\varepsilon} \left[\gamma_L(A_L L)^{\frac{\varepsilon-1}{\varepsilon}} + \gamma_K(A_K K)^{\frac{\varepsilon-1}{\varepsilon}}\right]^{\frac{1}{\varepsilon-1}} = \rho\mu_K - \dot{\mu}_K$$
$$\tag{5.11}$$

$$(Y - R_K - R_L)^{-\theta}\gamma_L L^{(\varepsilon-1)/\varepsilon} A_L^{-1/\varepsilon} \left[\gamma_L(A_L L)^{\frac{\varepsilon-1}{\varepsilon}} + \gamma_K(A_K K)^{\frac{\varepsilon-1}{\varepsilon}}\right]^{\frac{1}{\varepsilon-1}} = \rho\mu_L - \dot{\mu}_L$$
$$\tag{5.12}$$

求解可得：

$$\frac{A_K}{A_L} = \left(\frac{\gamma_K}{\gamma_L}\frac{\varphi_K}{\varphi_L}\right)^{\varepsilon}\left(\frac{K}{L}\right)^{\varepsilon-1} \tag{5.13}$$

由式（5.13）可知，技术进步的资本偏向和劳动偏向的相对性与本身生产要素投入量和研发部门本身研发效率有关。企业对生产要素分配的相对投入发生变动，将引发生产要素适用技术的变换，进而通过式（5.13）改变生产要素相对收入。联立式（5.4）与式（5.13）得到式（5.14）：

$$\frac{r}{w} = \left(\frac{\gamma_K}{\gamma_L}\right)^{\varepsilon}\left(\frac{\varphi_K}{\varphi_L}\right)^{\varepsilon-1}\left(\frac{K}{L}\right)^{\varepsilon-2} \tag{5.14}$$

由（5.14）式可知，生产要素之间的价格结构、两种投入要素的相对研发和生产效率均能影响技术进步偏向性。对于技术研发和技术引进的企业技术决策部门而言，研发和决策效率改进是通过人力资本投资形成的一个长期过程；但在短期内不取决于要素投入量，技术水平是稳定的，可以看作一个常数。

上述模型表明，技术进步方向的决定因素是生产要素的相对市场价格，技术进步方向选择的决定因素在于企业利润最大化，消费者效用最大化是在企业利润最大化、生产要素获得收入约束下实现的。研发和决策效率长期取决于人力资本投资大小与市场价格决定的生产要素相对支出的比对关系。根据以上模型及数理分析，可以得出以下理论机理：在生产要素供给方面，生产要素的市场扭曲导致不平等收入差距，降低了既定经济增长水平下的产出消费量，导致企业无效供给，进而降低了经济增长效率；在生产要素需求方面，生产要素的市场扭曲导致了要素相对支出，诱导了企业技术进步偏向性决策，进而导致企业现实中对要素价格支付结构不能真实反映现实中消费需求结构，使得技术进步偏向资本，影响企业生产环节的持续稳定性，降低经济持续增长效率中的技术适用效率，体现为结构层面资源误置程度不断提高。

第三节　效率垄断、技术进步偏向与资源误置的实证研究

一　技术进步偏向的测算方法

在一个完全竞争的市场环境中，要素相对价格能够准确地反映生产要素相对稀缺性，企业生产成本最小化会诱导企业在技术创新与技术选择过程中，倾向多用相对便宜的生产要素的生产技术。技术进步与要素市场禀赋结构匹配程度表明技术进步偏向是否有效率，要求不同资源禀赋的地区在进行技术创新时，技术进步的方向要与要素禀赋的比较优势一致，否则技术进步作用会由于生产要素市场长期供给不足而最终导致生产环节无法持续性维持而降低经济增长效率。技术进步偏向性理论研究，主要是基于生产要素市场的要素价格相对价格变动对技术进步方向的选择的理论研究。在技术创新或技术引进选择的过程中，不能简单地以是否先进或高级为判断选择的标准，某一国家或地区的适用技术可能未必适用于其他国家或地区。

长期来看，企业根据成本最小化与产出最大化为核心的利润最大化原则对技术进步方向进行决策，技术进步方向必然在生产要素相对价格诱导下，选择偏向市场价格相对便宜的生产要素。由于技术进步本身在一定时期内比较稳定，在短期内生产要素之间的替代弹性相对稳定时，表现为

CES 函数形式的生产函数。关于 CES 函数中的关键参数——要素替代弹性的估计方法，León-Ledesma 等（2010）认为 Klump 等（2007）标准化的供给面系统法估计要素替代弹性更为稳健。基于以上分析，本章估计资本—劳动的替代弹性采用标准化的供给面系统法。由资本要素需求函数、劳动要素需求函数及不变替代弹性生产函数三个方程合并形成标准化供给系统，能较好地消除单一方程存在的估计误差和参数的识别问题，其测算结果具有较高的可信度。

（一）资本 – 劳动替代弹性的测算方法

根据以上对生产函数适用性的分析，将总量生产函数设定为附加要素效率水平的 CES 生产函数：

$$Y_t = \left[(A_t^K K_t)^{\frac{\varepsilon-1}{\varepsilon}} + (A_t^L L_t)^{\frac{\varepsilon-1}{\varepsilon}} \right]^{\frac{\varepsilon}{\varepsilon-1}} \tag{5.15}$$

式（5.15）中，Y_t、K_t、L_t 分别表示实际产出、资本和劳动投入。A_t^K、A_t^L 分别代表资本产出效率水平和劳动生产效率水平。假设 t_0 表示基期，K_{t_0}、L_{t_0} 和 Y_{t_0} 分别代表基期的资本、劳动投入和产出，$MRS_{t_0} = \dfrac{\partial Y_{t_0}/\partial K_{t_0}}{\partial Y_{t_0}/\partial L_{t_0}}$ 为

基期边际替代率，$E_0 = \dfrac{rK_{t_0}}{w_0 L_{t_0} + r_0 K_{t_0}} = \dfrac{rK_{t_0}}{P_0 Y_{t_0}}$ 为基期资本收入在全部生产要素收入中所占的份额，基期劳动者报酬率、资本利息收益率和价格水平分别由 w_0、r_0 和 P_0 三个变量表示。技术进步速度随着技术不断累积而不断加快，所以这里假定资本和劳动的生产效率呈指数增长，即：

$$A_t^i = A_0^i \times e^{\lambda_i(t-t_0)}, i = K, L \tag{5.16}$$

式（5.16）中，λ_i 表示生产要素增强型技术进步的增长率，A_0^K、A_0^L 分别表示基期的资本要素效率和劳动要素效率，K_t 和 L_t 分别表示劳动要素与资本要素的边际产出，可由式（5.15）求导得出：

$$F_k = \frac{\partial Y_t}{\partial K_t} = \left(\frac{Y_t}{K_t} \right)^{\frac{1}{\varepsilon}} (A_t^K)^{\frac{\varepsilon-1}{\varepsilon}}; F_L = \frac{\partial Y_t}{\partial L_t} = \left(\frac{Y_t}{L_t} \right)^{\frac{1}{\varepsilon}} (A_t^L)^{\frac{\varepsilon-1}{\varepsilon}} \tag{5.17}$$

由于在 $t = t_0$ 时，$\dfrac{\partial Y_{t_0}/\partial K_{t_0}}{\partial Y_{t_0}/\partial L_{t_0}} = \dfrac{r_0}{w_0}; \dfrac{r_0 K_{t_0}}{w_0 L_{t_0}} = \dfrac{E_0}{1-E_0}$，将式（5.17）代入并

整理得：$A_{t_0}^K = \left(\dfrac{E_0}{1 - E_0} \right)^{\frac{\varepsilon}{\varepsilon - 1}} \dfrac{A_{t_0}^L L_{t_0}}{K_{t_0}}, A_{t_0}^L = \left(\dfrac{1 - E_0}{E_0} \right)^{\frac{\varepsilon}{\varepsilon - 1}} \dfrac{A_{t_0}^K K_{t_0}}{L_{t_0}}$　　　　（5.18）

将式（5.18）代入 $t = t_0$ 时 Y_{t_0} 的表达式得：

$$A_{t_0}^K = \left(\dfrac{1}{E_0} \right)^{\frac{1}{\tau}} \dfrac{Y_{t_0}}{K_{t_0}}, A_{t_0}^L = \left(\dfrac{1}{1 - E_0} \right)^{\frac{1}{\tau}} \dfrac{Y_{t_0}}{L_{t_0}} \qquad (5.19)$$

将式（5.19）代入式（5.16），并将结果代入式（5.15），可以得到标准化 CES 生产函数的表达式：

$$Y_t = Y_{t_0} \left[E_0 K_{t_0}^{\frac{-1}{\tau}} (K_t \cdot e^{\lambda K(t - t_0)}) + (1 - E_0) L_{t_0}^{\frac{-1}{\tau}} (L_t \cdot e^{\lambda L(t - t_0)}) \right]^{\frac{-\tau}{\tau}} \qquad (5.20)$$

参考 Klump 等（2012）加入一个规模因子 ξ，样本均值为初始值，即令 $Y_{t_0} = \xi \bar{Y}, K_{t_0} = \bar{K}, L_{t_0} = \bar{L}, E_0 = \bar{E}, t_0 = \bar{t}$。其中，$\bar{Y}$、$\bar{K}$ 和 $\bar{L}$ 分别表示产出、资本和劳动的几何平均值，资本收入份额和时间的算数平均值分别用 $\bar{E}$ 和 $\bar{t}$ 表示。将初始值代入式（5.20），得到：

$$Y_{t_0} = \xi \bar{Y} \left[\bar{E} \left(\dfrac{e^{\lambda_K (t - t_0)} K_t}{\bar{K}} \right)^{\frac{\varepsilon - 1}{\varepsilon}} + (1 - \bar{E}) \left(\dfrac{e^{\lambda_L (t - t_0)} L_t}{\bar{L}} \right)^{\frac{\varepsilon - 1}{\varepsilon}} \right]^{\frac{\varepsilon}{\varepsilon - 1}} \qquad (5.21)$$

对式（5.21）两边同时取对数可得：

$$\ln \left(\dfrac{Y_t}{\bar{Y}} \right) = \ln \xi + \dfrac{\varepsilon}{\varepsilon - 1} \ln \left[\bar{E} \left(\dfrac{e^{\lambda_K (t - t_0)} K_t}{\bar{K}} \right)^{\frac{\varepsilon - 1}{\varepsilon}} + (1 - \bar{E}) \left(\dfrac{e^{\lambda_L (t - t_0)} L_t}{\bar{L}} \right)^{\frac{\varepsilon - 1}{\varepsilon}} \right] \qquad (5.22)$$

资本要素和劳动要素的需求函数通过对式（5.21）求利润最大化的一阶条件得到式（5.23）和式（5.24）：

$$\ln r_t = \ln \left[\bar{E} \left(\dfrac{\xi \bar{Y}}{\bar{K}} \right) + \dfrac{1}{\varepsilon} \ln \left(\dfrac{Y_t / \xi \bar{Y}}{K_t / \bar{K}} \right) + \dfrac{\varepsilon - 1}{\varepsilon} \lambda_K (t - t_0) \right] \qquad (5.23)$$

$$\ln w_t = \ln \left[(1 - \bar{E}) \left(\dfrac{\xi \bar{Y}}{\bar{L}} \right) + \dfrac{1}{\varepsilon} \ln \left(\dfrac{Y_t / \xi \bar{Y}}{L_t / \bar{L}} \right) + \dfrac{\varepsilon - 1}{\varepsilon} \lambda_L (t - t_0) \right] \qquad (5.24)$$

资本和劳动技术进步平均速率 λ 以及资本 – 劳动替代弹性 ε 可以通过式（5.22）~式（5.24）来估算。当 $\varepsilon > 1$ 时，表明两种生产要素是替代关系；当 $\varepsilon < 1$ 时，两种生产要素是互补关系。为了生产要素支出最小化，企业可以参考资本和劳动的相对价格变化，选择发展以稀缺要素生产效率

水平提高为目标的技术进步方向。

（二）技术进步方向指数的测算方法

参考 Hicks（1932）中技术进步方向的含义，并结合 Diamond（1965）的技术进步方向指数方程，技术进步方向指数可以写为：

$$D = \frac{F_{K_t}}{F_K} - \frac{F_{L_t}}{F_L} = \frac{\varepsilon - 1}{\varepsilon}(\lambda_K - \lambda_L) \tag{5.25}$$

其中，由技术进步引起的资本和劳动边际产出的变化量分别用 F_{K_t} 和 F_{L_t} 表示，资本和劳动边际产出的增长率分别用 F_{K_t}/F_K 和 F_{L_t}/F_L 表示。由式（5.25）可以计算出各时期的技术进步方向指数。如果 $D < 0$，表示技术进步方向为劳动偏向性；如果 $D > 0$，表示技术进步方向为资本偏向性。

二 数据说明

选择样本期间为 1993～2012 年，数据来源为《中国工业经济统计年鉴》、《中国统计年鉴》和《中国劳动统计年鉴》。参考 2002 年中国行业分类标准，制造业行业有 30 个，由于工艺品及其他制造业、废弃资源和废旧材料回收加工业的指标数据不全，实际考察了 28 个制造业行业。计算中包括的变量如下。

（1）产出 Y。用行业增加值衡量。根据陈诗一（2011）估算结果，可以得到 1993～2008 年的产出数据。2009～2012 年的行业增加值，根据工业制造业分行业增加值数据并按照年度《国民经济和社会发展统计公报》中的各行业工业值增长率进行了估算，且对所有数据用各行业工业生产者出厂价格指数进行了平减。

（2）资本存量 K。其中，当年资本存量 = 当年可比价全部口径投资额 +（1 - 当年折旧率）× 上年资本存量。可比价投资额是用当年投资额除以固定资产投资价格指数来计算，当年投资额是对新增固定资产数据用工业全行业固定资产价格指数进行平减。

（3）资本收益率 r。采用排除法确定资本收入，计算方法是用工业增加值与劳动者总报酬的差额来计算资本收入，各行业劳动者总报酬按照行业劳动年平均就业人数与劳动者平均工资的乘积来计算，行业资本收益率用资本收入除以资本存量来计算。

（4）劳动力投入 L。对于就业人数，参考各行业工业总产值比重调整为全部工业口径，并估计了 1998～2012 年制造业各行业年平均就业人数。

（5）劳动者平均工资 w。选择城镇单位各行业就业人员平均工资来衡量 w，并用城镇居民消费价格指数进行了平减。

三　测算的技术进步方向指数结果与分析

1993～2012 年中国制造业行业劳动与资本的替代弹性和技术进步方向指数，是运用"标准化系统"方法进行跨期测算。选择广义非线性最小二乘法的估计方法，利用非线性不相关回归估计方程组（5.22）～（5.24）与式（5.25），测算了 1993～2012 年中国制造业行业的资本－劳动替代弹性 ε、资本技术进步平均速率 λ_K、劳动技术进步平均速率 λ_L 以及技术进步方向指数 D，表 5.1 中为测算结果，其中绝大多数达到了 1% 的显著性水平。

表 5.1　分行业替代弹性、技术进步率和技术偏向

行业	ε	λ_K	λ_L	D	行业	ε	λ_K	λ_L	D
13	0.211 *** (0.213)	0.083 *** (0.003)	0.101 *** (0.002)	0.067	23	0.215 *** (0.243)	0.031 *** (0.004)	0.114 *** (0.004)	0.303
14	0.191 *** (0.243)	0.032 *** (0.005)	0.092 *** (0.006)	0.254	24	0.257 *** (0.249)	0.021 *** (0.006)	0.081 *** (0.005)	0.173
15	0.225 *** (0.343)	0.031 *** (0.005)	0.117 *** (0.007)	0.296	25	0.815 *** (0.243)	0.052 *** (0.004)	0.074 *** (0.004)	0.005
16	0.495 ** (0.173)	0.036 ** (0.030)	0.115 * (0.014)	0.081	26	0.249 *** (0.313)	0.031 *** (0.007)	0.084 *** (0.007)	0.160
17	0.235 *** (0.293)	0.132 *** (0.005)	0.069 *** (0.006)	− 0.205	27	0.171 *** (0.313)	0.026 *** (0.003)	0.123 *** (0.003)	0.470
18	0.478 *** (0.357)	0.029 *** (0.054)	0.074 *** (0.009)	0.049	28	0.213 *** (0.203)	0.053 *** (0.003)	0.113 *** (0.004)	0.222
19	0.251 *** (0.253)	0.118 *** (0.007)	0.081 *** (0.004)	− 0.110	29	0.182 *** (0.313)	0.013 *** (0.003)	0.063 *** (0.002)	0.225
20	0.309 *** (0.283)	0.047 *** (0.014)	0.070 *** (0.011)	0.051	30	0.245 *** (0.316)	0.043 *** (0.003)	0.103 *** (0.007)	0.185
21	0.397 *** (0.323)	0.069 *** (0.024)	0.094 *** (0.007)	0.038	31	0.261 *** (0.363)	0.023 *** (0.007)	0.063 *** (0.008)	0.113
22	0.224 *** (0.341)	0.087 *** (0.004)	0.074 *** (0.005)	− 0.045	32	0.271 *** (0.283)	0.043 *** (0.008)	0.088 *** (0.007)	0.121

行业	ε	λ_K	λ_L	D	行业	ε	λ_K	λ_L	D
33	0.244 *** (0.223)	0.045 *** (0.005)	0.073 *** (0.007)	0.087	37	0.213 *** (0.193)	0.063 *** (0.003)	0.143 *** (0.002)	0.296
34	0.310 *** (0.330)	0.057 *** (0.014)	0.071 *** (0.007)	0.031	38	0.212 *** (0.213)	0.043 *** (0.005)	0.104 *** (0.006)	0.227
35	0.211 *** (0.213)	0.083 *** (0.003)	0.103 *** (0.002)	0.075	39	0.294 *** (0.113)	0.123 *** (0.003)	0.183 *** (0.005)	0.144
36	0.231 *** (0.178)	0.053 *** (0.003)	0.098 *** (0.002)	0.150	40	0.279 *** (0.193)	0.076 *** (0.006)	0.116 *** (0.007)	0.103

注：***、**、* 分别表示在 1%、5%、10% 的显著性水平上显著；括号内为标准误差。

根据表 5.1，制造业各个行业生产要素替代弹性 ε 介于 0 和 1 之间，说明企业内部生产要素之间存在明显的互补性。除了石油加工、炼焦及核燃料加工业（0.815），烟草业（0.495），纺织服装、鞋、帽制造业（0.478），医药制造业（0.171）与橡胶制品业（0.182）之外，其他行业都比较稳定在 0.2 ~ 0.4 附近。在生产过程中，资本和劳动之间不可替代，生产要素结构比较稳定，一旦生产技术确定后，资本和劳动的结构关系也就确定下来，短时间内不会发生变化，表明技术进步方向的初始选择非常重要。技术进步方向根据当时资本和劳动相对价格进行初始选择，企业技术进步向着尽量多使用相对便宜生产要素的方向发展，已达到生产成本最小化的生产要素配置结构。实证测算表明，除了纺织业，皮革、毛皮、羽毛（绒）及其制品业等劳动密集型行业之外，制造业整体的技术进步方向都是偏向资本的。

1993 ~ 2012 年，中国的技术进步方向整体是偏向资本要素的，这一实证结果与国内学界研究成果（戴天仕和徐现祥，2010；陈汝影和余东华，2019）具有一致性。学者普遍采用引进技术进步理论与技术扩散理论来解释中国的生产要素长期供给结构与发达国家差异较大，但中国的技术进步方向与发达国家却呈现高度一致性。在发达国家，资本要素与劳动要素结构呈现出资本要素相对丰裕、劳动要素相对稀缺的状态，可以解释发达国家的适宜生产技术主要以提高资本利用程度的技术进步为主。学者们对美国技术进步方向进行测算后，发现美国的技术进步方向是偏向资本的（Klump et al.，2007）。中国的生产要素供给结构与美国正好相反，但技术进步的方向相同。中国技术进步应以节约稀缺的资本要素的资本节约型方向为主，应偏向劳动能够提高区域经济增长效率中的技术适用性效率。生产要素禀赋的数量结构与价格结构偏离时，势必导致某一种价格相对过高的要素消耗过快，成为制约经济增长效率的短板，为后期的调整形成较大的技术转型成本，如大量设备不得不提前处置，人力资本重新形成。在技术转型难度较大的情况下，只能采用产品转型策略以缓解产出效率的下降，这样就不可避免地造成大量生产要素闲置现象。生产要素市场扭曲导致的生产要素禀赋的数量结构与价格结构的偏离，是生产要素跨期结构资源误置形成的根本原因。

第四节　本章小结

本章首先基于效率垄断企业、技术进步方向与资源误置的理论分析得出：区域经济增长效率中的技术适用性效率与技术进步偏向具有密切的关系，技术进步偏向性是企业要素结构配置对生产要素市场扭曲程度和要素相对稀缺程度的综合的、理性的反映，技术进步方向与生产要素供给结构的一致性程度越高，跨期生产要素资源跨期结构误置程度就越低，整个区域经济增长效率的技术适用效率就越高。如果非效率垄断企业扭曲了市场，效率垄断企业的技术进步方向失误不但会增加效率垄断企业技术进步方向纠偏成本，还会导致整个区域经济增长受到生产要素供给结构失衡带来的要素供给瓶颈约束，生产要素资源误置程度不断加深，表现为生产要素边际效率趋于收敛的速度减慢，由此带来经济增长效率损失。

其次，通过技术进步偏向性对资源误置影响的数理分析得出：在生产要素供给方面，生产要素的市场扭曲导致不平等收入差距，降低了既定经济增长水平下的产出消费量，导致企业无效供给，进而降低了经济增长效率；在生产要素需求方面，生产要素的市场扭曲导致了要素相对支出，诱导了企业技术进步偏向性决策，进而导致企业现实中对要素价格支付结构不能真实反映现实中消费需求结构，使得技术进步偏向资本，影响企业生产环节的持续稳定性，降低了经济持续增长效率中的技术适用效率。

最后，效率垄断、技术进步偏向与资源误置的实证研究得出：制造业所有行业资本要素与劳动要素之间具有互补关系，生产要素结构比较稳定，表明技术进步方向的初始选择非常重要。只有技术进步方向内生于要素禀赋供给结构，整个经济增长才是动态有效率的，中国技术进步以节约稀缺的资本要素的资本节约型方向为主才是有效率的。生产要素禀赋的数量结构与价格结构偏离的技术进步，随着时间的推移，势必导致某一种价格相对过低的生产要素消耗过快，这是结构层面资源误置程度不断增大的重要原因。

第六章 企业异质性、资源误置与经济增长效率的实证研究

在完全竞争的环境中，企业之间对生产要素的竞争性使用，主要通过价格机制来实现；但在不完全竞争环境中，市场定价机制受到非效率垄断扭曲，边际产出与边际成本均衡定价不能通过企业之前的效率竞争来实现，生产要素资源按照已经被扭曲的价格进行供给。如果生产要素定价过低，则生产要素被中低效率企业过量超配使用，高效率企业存在有效需求缺口；如果生产要素定价过高，则高中低效率企业都存在生产要素需求缺口不能满足，大量生产设备呈现开工不足、闲置等低效率使用现象，市场有效需求不能得到有效满足。由此可见。无论定价过高还是过低，都会导致生产要素资源误置，具有非效率垄断特征的企业无论是否兼具效率垄断特征，都会造成大量生产要素资源误置的现象，形成经济增长效率损失。

企业异质性特征对生产要素分配的影响，是借助市场环境中的定价机制形成有利于自身获取利润的要素分配方式来实现的。长期而言，扭曲的要素价格结构会导致生产要素需求和供给偏离，并诱导技术进步方向偏离经济增长的动态效率改进路径，导致短期生产要素大量从高效率企业向低效率企业配置，以及长期经济增长的动态无效率。具有效率垄断企业特征但不具有非效率垄断企业特征的企业，主要是企业管理层通过内部有效的激励机制促使本企业能够技术创新以强化"效率垄断"特征，来达到在竞争的市场环境中具有更强竞争力的目标，并利用效率吸引效应扩大效率垄断企业规模，在一定程度上对生产要素资源误置进行纠偏，提高高效率生产要素的配置份额，抵消市场扭曲导致效率配置低下带来的损失。扶持效率垄断企业，在一定程度上能够降低非效率垄断企业扭曲市场带来的经济增长效率损失程度。根据以上分析，消除非效率垄断企业特征和扶持效率垄断企业特征是对资源误置进行纠偏、提高经济增长效率的有效路径。因

此，企业异质性、资源误置与经济增长效率的实证研究重心与关键是找出主要的非效率垄断企业特征，验证非效率垄断企业特征是怎样形成资源误置的，以及对其是否造成经济增长效率损失进行实证检验。

第一节　理论假说与实证思路设计

一　理论假说的提出

根据企业异质性、资源误置与经济增长效率之间综合作用机理、演化路径和动力机制的研究，"企业非效率垄断特征收益"的内在激励，是可以通过扭曲市场的方式引导生产要素的流动去向和流动规模，并获得市场扭曲收益，不断干扰和误导其他特征类型企业的生产要素配置决策。诱导其他企业把选择获得非效率垄断企业特征作为企业经营目标，如果非效率垄断特征企业不具有效率垄断企业特征，那么就会加大资源误置程度，进而降低区域经济增长效率。此外，由于非效率垄断企业过多地占用生产要素，就对效率垄断企业的生产要素流入产生了挤出效应，降低效率垄断企业的效率吸引效应，延缓了资源误置纠偏的进程。如果非效率垄断特征与效率垄断特征不是同一个企业具有，那么整个区域经济增长效率就会更低。此时，生产要素资源误置纠偏过程，主要是通过生产要素从低效率企业向效率垄断企业流动来实现的。

此外，非效率垄断的企业特征扭曲市场，生产要素价格不能真实地反映生产要素效率需求方面的要求，导致生产要素价格结构、生产要素供给结构及生产要素效率需求结构失衡。市场扭曲与非效率垄断企业特征之间存在明显的循环累积关系，如果没有外力来及时消除非效率垄断企业特征对市场造成的扭曲，就会误导效率垄断企业的技术进步方向选择，造成下一个截面经济增长效率逐次低于上一个截面经济增长效率，并会出现加速恶化的现象。对资本相对稀缺的转型经济地区而言，资本投入是驱动经济增长最快速的方式，现有企业产权划分界定的标准就以企业资本投入份额为依据。对中国这个全球最大的转型经济体而言，由于历史的原因，企业产权特征是企业异质性特征中最为明显的一个。在渐进式改革中，很大的一部分内容涉及企业产权特征的变更，这表明企业产权特征对生产要素配置起到非效率干扰的作用，造成了资源误置，对经济增长效率的影响还是非常明显的。

在不完全竞争的市场中，非效率性垄断企业特征与稀缺性物质资本投资方向选择有关，表现为在一定程度上限制了其他特征的企业对稀缺性物质资本的竞争性使用。针对转型时期的企业产权特征，研究政府干预是否存在企业产权特征方面的政策歧视，对于研究生产要素资源错配的成因、纠偏进而提高经济增长效率具有重要意义。在市场经济中，资本这一生产要素配置流向以效率高低为分配标准，而政府干预以企业产权特征作为资本要素的分配标准（赵静和郝颖，2014），这就产生了生产要素分配的双标准，这两个标准之间就存在了本就非常稀缺的资本要素"寻租"空间，企业产权特征就可能形成企业主体的经营目标。这种行政干预方式如果不是市场经济的短板部分，那么其他产权特征企业的规模增长机会就会降低。考虑中国处在特殊的经济转型时期，而且转型期还比较长，企业所有制特征是中国经济转型时期最为显著的企业异质性特征。对于企业生产决策管理层而言，不同的背景特征可能会通过投资行为的不同来影响企业生产效率。国有企业管理层形成过程主要来自委托代理性质的行政干预，没有证据表明对企业管理层选定和任命的机制比市场竞争、优胜劣汰更有效率。大量稀缺生产要素流入效率高低不确定的企业，这本身就违背了根据效率高低分配生产要素的竞争规则，可能是资源误置的深层次原因。

企业产权特征本身并不会直接导致生产要素资源错配，关键是不同产权所有者拥有的权力差异，国有产权的所有者和代理者是分离的，代理权是具有行政权力的政府，政府有能力干预市场。国有企业与非国有企业之间资本要素的配置规模过程不完全是市场交易的结果，政府、国有银行和国有企业三者之间具有极强的内在利益一致性，但国有银行是面向所有类型企业提供资本生产要素，地方政府的行政权力与国有银行的资本经营供给垄断地位相结合，很可能是导致生产要素资源误置的深层次原因。此外，国有企业超额利润部分如果转化为员工福利进行分配，就会造成不同所有制企业间的员工非效率收入差距拉大，诱导劳动生产要素在低效率的国有企业超额配置、这也是生产要素资源误置、经济增长效率低下的一个重要原因。上一轮的国有企业与非国有企业之间较大的资本要素收入以及劳动要素收入差距，向市场传递了扭曲的生产要素价格信息，会进一步加剧下一轮生产要素资源在不同所有制企业之间的误置程度。根据企业产权特征对经济增长效率影响机理，结合中国计划经济向市场经济转型特点、非市场化制度与政策影响力惯性，以及国有企业与政府之间的不完全独立性特征，我们认为国有企业可能会存在非效率垄断因素，由此提出了以下理论假说：国有企业是扭曲市场的企业主体，其国有产权特征是非效率垄断企业特征，这导致了生产要素资源误置，造成了区域经济增长效率损失。

二　实证思路设计

根据企业异质性、资源误置与经济增长效率之间的综合作用机理，企业异质性、资源误置与经济增长效率改进的演化路径和动力机制的理论研究结果，为企业异质性、资源误置与经济增长效率的实证研究提供了研究方向。现实市场环境与完全竞争市场环境相比，存在很大的不同：企业同质、信息搜集成本为零且信息完全对称、不存在垄断等条件都不具备；企业存在和经营的目标不完全是利润最大化，也存在经营规模最大化的内在要求。然而，只有在利润最大化基础上实现的生产要素规模最大化才是提高经济增长效率的。然而各种各样的企业之间虽然具有较大的异质性特征，但具体到企业层面，是通过生产要素流动配置影响流入企业的要素份额，来实现利润最大化或者规模最大化的目标。提高市场化水平，提高按照边际产出递减规律确定的在企业间配置的生产要素份额是提高经济增长效率中的流动配置效率的关键。

根据第二章企业异质性特征效率分类与资源误置纠偏基本逻辑思路的理论分析，一是解决企业层面生产要素资源误置问题，资源误置在短期内实质上是生产要素在市场扭曲环境下的流向分配问题。在短期内，效率垄断特征企业的技术特征代表区域经济增长效率最优的生产要素配置水平不会改变，但在存在非效率垄断企业特征的情况下，生产要素按照已经扭曲的生产要素价格进行非效率配置，生产要素的流向就出现了多样化的激励。非效率垄断企业特征对生产要素资源误置的途径主要是通过扭曲生产要素的相对交易价格，误导生产要素流向，在生产要素流动配置效率的同时，也导致了生产要素结构配置失衡。二是通过非市场交易机制获得生产要素的流入，这样就不但减弱了效率垄断企业对生产要素的效率吸引效应，还对效率垄断企业生产要素流入产生挤出效应，使效率垄断企业的技术不能有效充分地应用，技术溢出效应没有充分发挥，降低了效率垄断企业进一步创新研发激励和技术本身的进步速度。

效率垄断企业特征逐渐消失的过程，也就是借助技术溢出、扩散的方式提高其他特征企业对生产要素使用的技术水平，进而提高企业生产率的过程。市场扭曲导致生产要素价格不能真实反映其真实性的稀缺程度，破坏了需求与供给的均衡，导致生产要素价格结构偏离了生产要素供给结构。随着时间的推移，效率垄断企业的技术进步方向失误，不但增加了效率垄断企业技术进步方向的纠偏成本，技术溢出、扩散还会导致整个区域经济增长受到生产要素供给结构失衡带来的要素供给瓶颈约束，生产要素资源误置程度不断增加，导致经济增长的低效率问题。解决经济增长长期动态效率低下的关键，在于找到并消除扭曲市场的非效率垄断企业特征。在逐渐提高市场化程度的情况下，生产要素价格结构和供给结构趋于一致，进而提高经济增长效率中的技术适用效率。

根据第二章企业异质性特征形成路径以及对经济增长效率影响的经济学分析，非效率垄断企业特征是市场环境外生的，主要来自自然、资源、行政性等方面的因素，其他类型特征的企业难以通过有效率的市场竞争行为来获得非效率垄断特征。效率垄断企业特征是市场竞争环境内生的一种企业特征，是推动经济增长效率不断提高的源动力，具有不断演化的动态特点，而且具有可预见性和超前性；效率垄断企业特征本身是需要投入生产要素、承担一定风险、通过研发创新获得，效率垄断企业特征对其他类型特征的企业具有很明显的可获得性，效率垄断企业特征的获得过程，本身就是一种高风险高回报的投资过程。对企业而言，市场公平竞争环境越好，市场化水平越高，效率垄断企业特征的获得性激励越有效；而非效率垄断企业特征则是扭曲市场、破坏市场竞争环境的，消除非效率垄断企业特征越快越彻底，越有利于企业的效率垄断特征形成。根据第二章对企业异质性、资源误置与经济增长效率改进的演化路径和动力机制的理论分析，经济增长效率改进的过程也就是生产要素资源误置程度扩大—纠偏—均衡—再扩大—再纠偏的循环不止的过程；市场化水平越高，效率垄断企业特征的更替频率就越高，生产要素资源误置程度扩大—纠偏—均衡—再扩大—再纠偏的速度就越快，经济增长效率改进程度就越高。

基于以上分析可以得出，无论是解决短期还是长期经济增长效率低下问题的关键都在于：找到并消除扭曲市场的非效率垄断企业特征；通过消除非效率垄断企业特征来提高市场化程度，促使生产要素价格结构和供给结构趋于一致，有效诱导效率垄断企业对技术进步方向进行纠偏；通过效率吸引效应和技术扩散效应，大幅度地提高整个区域经济增长效率中的技术适用效率。企业异质性、资源误置与经济增长效率的实证研究内容分为两部分：一是对非效率垄断企业特征的界定；二是在非效率垄断企业特征是否能够降低区域经济增长效率的存在性方面获得实证证据。

第二节　企业非效率垄断特征界定的实证研究

一　计量模型设定、变量选择

在利润最大化的假设前提下，研究区域经济层面的生产要素投入与产出关系，因此本章依然选择 Cobb – Douglas 生产函数为基本模型进行研究：

$$Y_{it} = A_{it} K_{it}^{\alpha} L_{it}^{\beta} \tag{6.1}$$

其中，产量、劳动和资本分别用 Y、L、K 表示；下标 i 表示地区，t 表示时间；A 表示全要素生产率，实质上指的是除了资本和劳动要素之外的所有影响产出的因素的函数，全要素生产率 A 是市场化程度、产业结构和企业数量等因素的函数。

具体分析如下：中国经济的高速增长并不完全是微观企业自身经营能力不断提升的结果，转型期间市场化程度不断提高，结构层面的生产要素资源误置纠偏——"结构红利"、市场化水平和产业结构水平等非资本非劳动方面因素，都会对全要素生产率产生重要影响；企业之间的结构调整表现为企业兼并、重组、分立，对全要素生产率有很大的影响，企业兼并、重组、分立与企业数量是正向变动关系，选择企业数量 q 来表示企业兼并、重组、分立的替代变量，作为影响全要素生产率的重要因素纳入函数。假设其函数关系式为：

$$A_{it} = A e^{(\gamma \ln q_{it} + \rho indst_{it} + \theta mkt_{it} + \lambda_i + \mu_{it})} \tag{6.2}$$

其中，$indst_{it}$ 和 mkt_{it} 分别代表产业结构水平和市场化水平，λ_i 是未考虑的因素，μ_{it} 是外在不确定因素的影响。把式（6.2）代入式（6.1），同时对等式两边取对数：

$$\ln Y_{it} = \ln A + \alpha \ln K_{it} + \beta \ln L_{it} + \gamma \ln q_{it} + \rho\, indst_{it} + \theta\, mkt_{it} + \lambda_i + \xi_{it} \tag{6.3}$$

$$\ln Y_{ijt} = \alpha_0 + \alpha \ln K_{ijt} + \beta \ln L_{ijt} + \gamma_1 \ln q_{ijt} + \gamma_2\, indst_{ijt} + \gamma_3\, mkt_{ijt} + \xi_{ijt} \tag{6.4}$$

其中，j 表示企业类别特征，α_0 为常数项，随机误差项 ξ_{ijt} 表示各种随机因素对模型的影响，集中反映模型中忽略的区域其他因素的影响。模型中 Y 是产出变量，用分区域分所有制的制造业增加值度量，以 2001 年为基期，用分区域工业产品出厂价格指数进行平减处理。模型中 L 代表劳动力投入，K 代表资本投入，劳动力投入和资本投入分别选择工业企业数据库中年末从业人员数和企业的固定资产净值进行计量，固定资产净值计算方法采用永续盘存法，然后分区域加总得出不同企业特征的区域劳动投入量和区域资本投入量。q 表示企业数量变量，表示既定研究区域内所有特征企业的数量。考虑到交通运输仓储及邮政通信、金融保险、房地产等生产性服务业与工业企业存在互补和互动关系，模型设计中采用这三个行业的产出增加值代表生产性服务业变动规模，$indst$ 表示产业结构水平，模型中用生产性服务业与制造业产值的比值指标来度量；核心解释变量 mkt 表示市场化指数，数据来源于《中国工业企业数据库》、《中国统计年鉴》与《中国市场化指数——各地区市场化相对进程 2011 年报告》。

二　实证结果及分析

根据模型（6.4）得到最终的实证结果如表 6.1 所示，具有不同特征的企业之间，资本投入对产出增加值的弹性差异较大，不同所有权特征差异明显，由大到小依次是国有企业、私有企业、外资企业，而且对应类型企业特征的资本投入对产出增加值的弹性在统计上都呈现非常显著的特点。实证结果表明：异质性企业存在非常明显的差异性——国有企业产出增加值对资本投入数量的依赖程度明显高于私有和外资企业；劳动投入对企业产出增加值的弹性则正好相反，外资企业和私有企业对劳动要素的依赖程度均高于国有企业，国有企业劳动要素对产出增加值的弹性为负数，意味着劳动要素超配且处于闲置状态。在三类所有制企业中，国有企业表现出的规模不经济程度最高，意味着生产要素跨期资源误置程度最大。

表 6.1　2001~2007 年不同所有制企业的计量结果

解释变量	国有	私有	外资
ln$k$	0.874 *** （28.14）	0.647 *** （9.02）	0.537 *** （14.28）
ln$l$	−0.172 * （−1.86）	0.166 ** （2.15）	0.300 *** （3.71）
ln$q$	0.220 *** （7.15）	0.135 ** （2.17）	0.153 *** （3.22）
$indst$	−0.878 *** （−4.47）	−1.224 *** （−15.05）	−0.681 *** （−4.45）
mkt	0.192 *** （13.24）	0.162 *** （6.81）	0.163 *** （18.11）
常数项	1.649 （1.2）	2.244 *** （2.44）	2.244 ** （5.64）
模型设定	固定效应	固定效应	固定效应
参数联合检验	$F = 3108.8$ Prob $> F = 0.0000$	$F = 1784.9$ Prob $> F = 0.0000$	$F = 3503.5$ Prob $> F = 0.0000$
R^2	0.917	0.962	0.944
观察值（个）	203	203	203

注：1. 对面板数据模型的设定利用 BP 拉格朗日乘数检验和 Hausman 检验等相关方法来检验，并对残差的异方差性和自相关性进行了 Modified Wald 和 Wooldridge 检验。在检验结果的基础上，运用相应的方法来估计参数（Hoechle，2007）。

2. 由 STATA12.0 得出计量结果，10%、5% 和 1% 显著性水平分别用上标 *、**、*** 表示，经过 Driscoll-Kraay 标准误处理过的 t 值为系数值后括号中的数值。

实证结果显示：不同所有制类型企业都存在明显的资本要素依赖性，这个实证结果与技术进步偏向性测算结果能够相互支撑和验证。控制变量生产性服务业与制造业结构的回归系数为负值，表明区域内生产性服务业与制造业结构并不匹配，二者结构性矛盾降低了制造业经济增长效率。核心解释变量市场指数对因变量经济增长指标产出增加值的差异化影响，提供了企业所有制特征方面的解释；市场指数对异质性企业产出增加值的弹性差异较大，国有企业最大，外资企业与私有企业相差不明显，意味着国有企业产出增加值对市场环境的变化最敏感，根据"谁扭曲了市场，谁就从市场中获取扭曲收益的经济理性"的原理，可以初步得出"国有企业是扭曲市场的企业主体"的结论。

在完全竞争市场中，生产要素供给方和需求方都能及时调整供给和需求决策并予以实现，在这种生产要素充分流动的情况下，不同企业之间的期间资产净利润率应该相等，即使有微小波动差，在一定期间内也会得到调整，资产净利润率作为期间核算指标——离散度应该趋向于零，区域内所有企业的生产要素配置效率维持在均衡状态。在现实的经济增长过程中，市场扭曲程度的高低与市场的资源配置效率之间呈现反向相关的关系，市场扭曲程度越高，低生产率的企业存续期间越长，低生产率企业内的生产要素滞留在一个低效率配置状态的同时，高生产率企业就会由于生产要素短缺而不能充分发挥其稀缺生产要素如技术、管理等的配置效率，在区域内显示为企业之间的效率缺口不能在更短时间内进行弥补。企业生产要素配置效率越低，持续经营时间也就越短，持续期间表现出的离散程度就越低。"国有企业是扭曲市场的企业主体"这一初步结论是选择以企业的经济增长指标——产出增加值为因变量，以市场扭曲程度作为解释变量得出的初步结论。

　　进一步选择市场扭曲程度作为因变量，国有企业资产与总资产的比重和国有企业数量份额作为解释变量，选择微观企业净利润率离差系数度量市场的扭曲程度，将生产性服务业与制造业结构作为控制变量。国有企业的资产份额选用国有企业资产与总资产的比值（assoe）度量，国有企业的数量份额选用国有企业数量与总数量的比值（qssoe）度量，生产性服务业与制造业结构选用生产性服务业与制造业产值比值（indst）度量。设定模型如下：

$$CV_{it} = \alpha_0 + \alpha assoe_{it} + \beta qssoe_{it} + \rho indst_{it} + \lambda_i + \xi_{it} \qquad (6.5)$$

　　根据模型（6.5）运用 2008～2009 年数据，得到最终回归结果，如表6.2 所示。

表 6.2　模型（6.5）采用 2008～2009 年数据的计量结果

变量	模型 6.5－1	模型 6.5－2
assoe	0.008 *** （3.33）	0.028 *** （121.02）
qssoe	0.039 *** （9.89）	
indst	0.112 *** （45.06）	0.144 *** （367.86）
常数项	－ 0.012 *** （－ 28.07）	－ 0.015 *** （－ 343.85）
模型设定	固定效应	固定效应
参数联合检验	$F = 97.85$　　Prob > F = 0.0000	$F = 135322.04$　　Prob > F = 0.0000
R^2	0.861	0.819

	模型 6.5 – 1	模型 6.5 – 2
观察值（个）	60	60

注：同表 6.1。

表 6.2 中模型 6.5 的结果显示：国有企业资产份额和国有企业数量份额都与区域企业净利润率离差系数正向相关，国有企业资产份额和国有企业数量份额与市场扭曲程度二者存在比较稳定的变动关系。针对国有产权特征的企业资产总规模和企业数量变动与市场化水平之间呈现反向变动，企业国有产权的异质性特征对市场扭曲的形成具有一定的解释力，"国有企业是扭曲市场的企业主体"这个结论是成立的。在数据选用方面，基于2008～2009 年的数据进一步验证得出，国有企业资产份额与国有企业数量份额变动具有一致性。进一步剔除国有企业数量与总数量的比值这一解释变量，运用模型 6.5 – 2 得出，解释变量"国有企业资产与总资产的比重"对区域企业净利润率离差系数的相关系数由原来的 0.008 上升为 0.028，非常显著。这一实证结果为"国有企业是扭曲市场的企业主体，国有企业的国有产权特征是非效率垄断企业特征"的理论假说提供了实证支持。至于理论假说中的"国有企业的国有产权特征是非效率垄断企业特征，造成了区域经济增长效率损失"部分是否成立还需要进一步的验证。

第三节　非效率垄断企业特征影响区域经济增长效率的实证检验

一　计量模型设定、变量选择

根据第二节非效率垄断企业特征界定的研究结果——具有国有特征的企业的产出增加值对市场环境的敏感程度明显高于私有企业和外资企业，而且非常显著的实证结论，可以得出：如果区域内国有企业产出增加值变动与该类型国有企业生产要素配置效率变动具有一致性，就意味着生产要素资源配置到国有企业是有效率的；反之，就可以得出与前面假设相反的结论，即国有企业产出增加值变动与国有企业生产要素配置效率变动是不一致的，表明生产要素资源流入国有企业是非效率因素驱动的资源误置。由于生产要素存在稀缺性，流入国有企业生产要素越多，整个区域经济增长效率就越低，国有企业产出与产出增加值二者之间非一致性变动意味着国有企业存在非效率垄断的因素。理论假说中的"国有企业的国有产权特征是非效率垄断企业特征，导致了生产要素资源误置，造成了区域经济增长效率损失"部分是否成立就可以得到验证。

从非效率垄断企业特征界定的实证研究结果可以得出：国有企业是扭曲市场的企业主体，但只能说明国有企业自身对市场化程度存在一致性变动。市场化水平最高的市场就是完全竞争市场，其市场化水平的变动也就是市场扭曲程度的变动。国有企业扭曲市场不能有效证明国有企业扭曲并主导市场环境的行为导致了生产要素资源误置，造成了区域经济增长效率损失。如果国有企业兼具效率垄断和非效率垄断两种企业特征，那么即使国有企业通过非效率垄断的方式引导大量生产要素流入，但没有导致生产要素资源误置，也不能形成经济增长效率损失。本节进一步选择不同所有制企业的总产值替代计量模型（6.4）中的因变量产出增加值，解释变量和控制变量不做调整，得到计量模型（6.6）：

$$\ln Y_{ijt} = \alpha_0 + \alpha \ln K_{ijt} + \beta \ln L_{ijt} + \gamma_1 \ln q_{ijt} + \gamma_2 indst_{ijt} + \gamma_3 mkt_{ijt} + \xi_{ijt} \qquad (6.6)$$

非效率垄断企业特征界定的实证模型中因变量为增加值，非效率垄断企业特征降低区域经济增长效率的实证模型中因变量为总产值，在生产要素效率配置的过程中，二者变动方向应该是一致的。由于总产出 = 增加值 + 中间投入，因此总产出和增加值的各相关影响因素和回归结果的相对关系也应该是一致的。考虑到中国特定的市场转型期间，国有企业效率提高的改革措施来源于政府和市场两个方面，国有企业效率的变动要明显快于单纯以市场推动为主的市场经济阶段。考虑到不同时间段之间国有企业效率在市场转型期间的特殊差异对实证结果带来的影响，选用非效率垄断企业特征界定的实证数据——2008～2009 年中国制造业企业数据，以保持样本之间的连续性，规避样本期间过长引起的技术进步跳跃性突破对经济增长效率造成冲击，而干扰实证结果与非效率垄断企业特征界定的实证研究结果的可比性。

二 实证结果及分析

实证结果如表 6.3 所示。由表 6.3 中不同所有制企业总产值对市场环境的相关程度来看，国有企业明显低于私有企业、外资企业，回归系数分别为 0.070 、0.130（不显著）、0.117。私有企业不显著的原因可能是私有企业规模较小，对市场环境选择、影响能力不足，对市场环境的变动只能被动地适应，而难以通过空间调整来选择适宜的市场环境。由于市场扭曲的因素，生产要素流动配置效率低下，私有企业规模变动与生产要素配置效率变动之间的联动性反应较慢，私有企业较低的抵抗风险能力带来的产出能力调整迟钝等因素也可能是企业总产值对市场环境的回归系数不显著的一个原因。

表 6.3 2008～2009 年不同所有制企业模型计量结果

解释变量	国有	私有	外资
ln$k$	0.318 *** （3.25）	0.463 * （2.02）	0.273 ** （2.31）
ln$l$	0.092 （0.31）	−0.061 （−0.10）	0.625 * （1.95）
ln$q$	0.669 *** （3.34）	0.801 * （1.91）	0.585 * （1.91）
$indst$	−0.940 （−1.11）	−1.114 *** （−1.12）	−0.508 （−0.80）
mkt	0.070 *** （1.76）	0.130 （1.61）	0.117 * （1.96）
常数项	5.426 *** （3.18）	3.075 （0.76）	−0.082 （−0.03）
模型设定	固定效应	固定效应	固定效应
参数联合检验	prob > F = 0.0000	Prob > F = 0.0000	Prob > F = 0.0000
R^2	0.951	0.966	0.970
观察值（个）	58	58	58

注：同表 6.1。

结合表 6.1、表 6.2 的实证结果表明，国有企业产出增加值对市场环境的敏感程度与总产值对市场环境的敏感程度呈现相反的结果，意味着企业的国有产权特征对生产要素具有非效率集聚的作用，也就是国有企业的国有产权特征是非效率垄断企业特征，导致了非效率生产要素资源误置，造成了区域经济增长效率损失。本章第二节和第三节研究结果对"国有企业是扭曲市场的企业主体，国有企业的国有产权特征是非效率垄断企业特征，导致了生产要素资源误置，造成了区域经济增长效率损失"提供了实证支持。结合实证结果进一步分析可知：企业产权特征差异对生产要素流入、企业规模扩大产生重要影响，特殊的企业产权特征可以使企业实现生产要素非效率分配，占有更多生产要素；稀缺的生产要素按照产权特征进行非效率分配，企业特定的产权特征就存在了寻租价值。随着国企改革的不断深入发展，国企改革中要规避以寻租为目的的私有资本注入或股权交易来实现的非效率企业特征得到强化的现象。要加快国企从一般竞争性行业退出，而转移到较强外部性领域的步伐，减少国有企业扭曲市场导致的生产要素资源误置程度，进而提高经济增长效率改进程度。

第四节　本章小结

本章首先运用第二章企业异质性、资源误置与经济增长效率之间综合作用机理、演化路径和动力机制的研究，分析得出：经济增长效率改进的过程也就是生产要素资源误置程度扩大—纠偏—均衡—再扩大—再纠偏的循环不止的过程；市场化水平越高，效率垄断企业特征的更替频率就越快，生产要素资源误置程度扩大—纠偏—均衡—再扩大—再纠偏的速度就越快，经济增长效率改进程度就越大。无论是解决短期还是长期经济增长效率低下的问题，关键都在于：找到并消除扭曲市场的非效率垄断企业特征；通过消除非效率垄断企业特征来提高市场化程度，促使生产要素价格结构和供给结构趋于一致，有效诱导效率垄断企业对技术进步方向进行纠偏，并通过效率吸引效应和技术扩散效应大幅度地提高整个区域经济增长效率中的技术适用效率。结合中国计划经济向市场经济转型特点，提出了以下理论假说："国有企业是扭曲市场的企业主体，国有企业的国有产权特征是非效率垄断企业特征，导致了生产要素资源误置，造成了区域经济增长效率损失"。

企业异质性、资源误置与经济增长效率的实证研究内容分为两部分：一是非效率垄断企业特征的界定，针对理论假说中"国有企业是扭曲市场的企业主体"的观点，构建理论与实证模型进行实证检验；二是非效率垄断企业特征降低区域经济增长效率的实证检验，针对理论假说中"国有企业的国有产权特征是非效率垄断企业特征，造成了区域经济增长效率损失"进行验证。实证结果表明：不同所有制类型企业都存在明显的资本要素依赖性，国有企业与私有和外资企业相比具有很强的资本依赖性，劳动要素效率低下，整体规模不经济最为严重，这个实证结果与技术进步偏向性测算结果能够相互验证。

国有企业规模不经济的程度最高，生产要素跨期资源误置程度最高。此外，国有企业的资产规模和数量变动与市场扭曲程度正向相关，国有企业对市场扭曲具有一定的解释力，"国有企业是扭曲市场的企业主体"这个结论是成立的；国有企业产出增加值与总产值对市场环境的敏感程度不一致的实证结论为"国有企业是扭曲市场的企业主体，国有企业的国有产权特征是非效率垄断企业特征，导致了生产要素资源误置，造成了区域经济增长效率损失"的理论假说中的"国有企业的国有产权特征是非效率垄断企业特征，导致了生产要素资源误置，造成了区域经济增长效率损失"部分提供了实证支持。

第七章 经济增长效率改进路径
与政策建议

消除微观层面的企业"非效率垄断"与强化"效率垄断"特征，是经济增长效率改进的关键。在同一时期内，相互竞争的企业之间面临同样的技术选择和创新环境，但现实经济中的区域与行业之间的经济增长效率存在较大的差距，也就意味着生产要素在区域空间结构和行业结构之间存在明显的资源误置现象，表现为不同行业之间、不同产业之间、不同区域之间的经济效率缺口。企业"非效率垄断"特征与市场扭曲程度之间存在的累积循环效应，是导致区域、行业、产业之间的要素配置效率缺口长期得不到弥补的重要原因，造成资源空间与跨期配置层面的经济增长效率损失。为了进一步研究企业"非效率垄断"特征与市场扭曲以及经济增长效率损失的关系及其作用机理，非常有必要进一步深入研究消除企业"非效率垄断"和扶持"效率垄断"提高经济增长效率的具体改进路径、政策启示以及进一步的研究方向。

第一节 经济增长效率改进路径

一 区域间异质性企业中资源误置纠偏与经济增长效率改进路径

生产要素资源误置在现实经济中主要体现为区域经济增长效率差距，生产要素空间流动配置的动力来源于企业生产要素流动配置效率的改进，效率垄断特征企业的技术溢出形成的空间比较优势，就是生产要素空间配置的动力。区域之间划分的依据主要考虑企业区域空间特征的差异程度，区域经济增长效率的区域界定边界无法进行直接的经济增长总量比较，考虑到界定区域之间的生产要素禀赋结构具有较大差异性，在界定区域时不考虑经济总量差异，而只考虑效率差异。在短期内效率垄断特征企业的技术特征代表区域经济增长效率最优的生产要素配置水平，效率垄断企业特征逐渐消失的过程，也就是借助技术溢出、扩散的方式提高其他企业对生产要素配置效率水平的过程。所以，企业区域空间特征差异之间生产要素资源误置与经济增长效率改进路径，主要侧重的是企业异质性特征之间产生的企业要素配置效率改进，采用全要素生产率作为经济增长效率度量指标；生产要素空间结构调整也是侧重包含低效率和高效率区域整体经济增长效率的提高，而忽略单个区域经济增长总量的变化。由于每个区域内的企业归属于具体不同的行业，行业之间生产要素替代性较弱，但是不同区域之间同行业企业之间的生产要素存在较强的替代性，因此企业区域空间特征差异之间生产要素资源误置与经济增长效率的改进路径，实质上是研究区域之间同行业之间企业生产要素空间配置的选择调整路径。

（一）完善消除企业区域间空间特征的效率差异的激励机制

由于区域之间的市场扭曲程度存在较大差异、企业区域空间特征差异涵盖的因素比较多，随着时间的推移，不同区域内市场结构均偏离完全竞争而呈现类似垄断竞争的市场结构，选择垄断竞争的市场结构来构建理论模型研究现实中企业资源配置效率改进问题是合理的。特定空间区域内的企业特性是企业在成长发展过程中所积累的区域属性特征，区域之间的区域属性企业特征是难以被模仿与替代的，同样市场中的竞争因素对不同区域的企业主体具有较大差别的市场激励效果。区域政策或市场调整对区域属性企业特征影响很少，这些带有区域属性的企业特征对企业生产要素配置效率的影响只能通过生产要素的流入和流出来调整。

对于区域之间的可调节因素（制度、政策、技术的创新与转移、企业规模）形成的企业区域空间特征差异，可以通过提高信息化程度、降低信息不对称程度、强化教育与交流等手段推动区域之间相互学习与进行模仿和移植来缩小和消除，进而加快更大区域空间的生产要素配置效率的均衡化进程。区域空间一体化范围越大，企业区域特征差异对市场扭曲程度就越低，经济增长效率改进程度与区域空间一体化范围大小之间呈正向相关关系。通过适宜的制度和政策调整来达到控制影响区域企业效率异质性的可调节因素的效果，就能够有效缩小区域经济增长效率差距。由于不同区域初始的企业生产要素配置效率水平和生产要素收益率不同，资本和劳动的区域分布差异较大，这也是企业区域特征差异形成的一个重要原因；通过对企业区域特征的可调节影响因素进行调整，可以在不改变企业区位空间特征的情况下，提高发达和欠发达区域的经济增长效率。

现有区域内的行业空间布局是历史、政治、经济等多种因素在很长的共同作用下造成的。改革开放以来，中国实施了区域不平衡发展政策，在短短的几十年，东中西部的区域经济发展呈现了明显的由高到低的梯度发展格局。在经济转型期间，东中西区域之间竞争日益激烈，生产要素禀赋结构差异和空间运输成本对企业生产要素配置效率的影响越来越明显，区域间行业雷同的空间布局已成为制约区域经济效率进一步提高的阻碍因素。在东部地区，新企业不断涌入，尤其是高新技术企业的不断涌入，这些企业由于具有更高的生产效率和获利空间，因而具有更高的地租支付能力。发达区域相对效率低下的企业由于在支付空间要素——地租方面处于劣势，这些产业与行业自身也存在向较低地租区域转移的内在要求。区域间行业结构调整，实质上是生产要素在区域间双向流动过程，是企业在区位选择、地租成本、空间集聚收益等约束条件下做出的理性选择。

在生产要素空间结构调整过程中，考虑到现实市场环境与完全竞争市场还有很大距离，尤其是市场经济的初级阶段，单纯依靠市场自我完善调节将是一个非常曲折和漫长的过程，在这个过程中如果政府不作为，将丧失很多经济效率改进的后发优势。政府选择性干预和协调平衡市场主体之间的利益关系，对于弥补市场对生产要素配置效率改进的不足之处是不可或缺的。区域间同行业的空间结构调整，不是简单地转移发达区域内绝对效率较低的产业，而是要结合行业经济增长效率的变动趋势以及区域间的比较优势进行，构建与完善消除企业区域间空间与行业两个层面的激励机制是十分必要的。在同一时间截面上，找到在发达区域相对效率较低但在欠发达区域相对效率较高的产业，通过区域间布局调整来实现两个区域之间双赢的目的，推动发达区域的产业层面的新陈代谢。区域间同行业的空间结构调整在提高了发达区域经济增长效率的同时，为欠发达区域带来了行业规模效率递增的效果。

（二）构建区域间异质性特征企业之间生产要素资源误置纠偏的动力机制

根据德斯米特和罗西－汉斯伯格等学者建立的具有空间异质性的动态空间发展理论，对产业空间分布的变化和产业空间聚集机理进行了解释。借鉴 Desmet 和 Rossi-Hansberg（2014）发展的分析空间发展理论，通过消费者、生产者行为分析并结合厂商的市场决策及市场均衡模型构建，分析我国区域经济发展和经济产业、行业结构演进的动态空间一般均衡机理，对区域间生产要素资源误置纠偏的均衡条件和动力机制进行研究。任何微观企业主体的生产经营经济活动都必须在一定的空间进行，企业与企业之间具有空间异质性。无论是国家之间还是一国的区域之间，根据区域学中的梯度转移理论，微观经济主体——企业数量和质量都是非均衡的，如果高梯度区域的低效率企业没有有效退出，势必挤占高效率企业的发展空间。企业生产要素配置效率与空间布局效率不匹配，就形成区域间异质性特征企业之间生产要素资源误置，高梯度地区产业会向低梯度地区转移并促进低梯度区域的经济增长效率提升。

从理论上，东部沿海地区转出没有比较优势的行业，中西部通过承接具有比较优势行业可以纠偏区域间异质性特征企业之间生产要素资源误置，进而提高整体区域的经济增长效率。根据生命周期理论，经济发达区域——东部地区部分行业发展在进入成熟期后，企业数量和企业规模都处于一个发展平台的停滞阶段，有限的地理空间将成为东部区域进一步引进发展效率更高、处于效率上升期行业的瓶颈；东部地区劳动力、土地、原材料等要素成本逐渐上升，原有效率降低的行业在本区域已经失去区域比较优势，如果这些行业在中西部地区处于效率上升阶段，则应顺应发达区域行业结构调整升级的内在要求进行承接。

区域间异质性特征企业之间生产要素资源误置纠偏最主要的影响因素是土地租金和生产要素成本；生产率较高行业内企业具有较高土地租金和生产要素成本的支付能力，这也是生产要素不断流入与流出，以及不同效率变动趋势的企业之间规模不断调整的根本原因。在既定的区域空间，土地供给是有限的，劳动者供给人数短期内也难以变化，在技术不断进步的推动下，生产要素劳动和土地不断地流入生产效率更高的行业，这一类行业不断推高土地使用权和劳动力的机会成本，表现为地租和工资的不断提高，这就是区域内不同行业之间规模的相对变化过程中对低效率行业产生空间挤出效应的动力来源。在对区域间异质性特征企业之间生产要素资源误置纠偏的空间均衡机理的解释方面，发达区域制造业中生产效率开始下降的行业在与更高层次新兴制造业或服务业部门获取土地使用权的竞争过程中处于劣势，但还会推动土地价格的上涨。当效率更高或处于逐步上升的制造业行业能够负担更高的土地租金时，就形成了把效率不断下降的制造业行业从其区位上挤向土地价格较低的欠发达区域的驱动力。

区域间异质性特征企业之间生产要素资源误置纠偏的动力机制很好地解释了微观主体的空间选择行为，这也是消除区域间异质性特征企业之间生产要素资源误置、提高发达和欠发达区域整体经济增长效率的实现过程。随着某一部门技术创新能力的加强，效率处于下降趋势的行业向欠发达区域的产业部门转移，以及发达区域中效率不断上升行业规模的不断扩大，处于误置状态的生产要素在迅速得到纠偏的同时对欠发达区域同一行业的生产要素流动具有极大的拉动作用，加速生产要素在区域间的调整过程，表现为发达和欠发达区域之间的区域异质性特征导致资源误置程度不断减小，区域异质性特征弱化与区域整体经济增长效率改进二者之间具有一致性。

区域空间经济发展程度的不同步导致了区域之间的经济差距，区域间异质性特征企业之间生产要素流动配置可以在不影响甚至加速发达区域经济增长效率的情况下提高欠发达区域的经济增长效率。相对欠发达区域而言，发达区域由于具有更好的技术创新基础而容易诞生更高效率的行业，从而使高新技术转化为现实生产力的周期不断缩短；发达区域与欠发达区域同一行业由于土地地租级差的不断扩大，极化效应逐渐增大，驱动区域间相同行业的企业间生产要素加速流动。因此，在发达区域，生产效率较低的行业逐渐被生产效率较高的行业替代；与此同时，欠发达区域同一行业也存在效率不断上升、规模不断扩大的内在要求。

（三）提供区域间异质性特征企业之间经济增长效率改进的行业选择信息

企业在市场竞争作用下做出的区位选择在区域层面上表现为生产要素

在区域间转移和聚集的动态过程，政府可以通过适宜的政策驱动使产业从发达地区转移到欠发达地区，这无论是对发达区域还是对欠发达区域都是一种利好。产业转移对转出区域而言表面看起来是整个产业的转移，实质上是目标产业被更高效率的产业逐步替代的过程，对承接区域则是吸收发达区域产业技术层面的技术溢出、不断优化区域产业结构的过程。对发达区域而言，由于具有更好的基础设施、市场网络以及高素质的劳动力池，管理和生产技术进步速度较快，技术转化为现实生产力的周期不断缩短，行业生产水平不断提升。土地机会成本的不断上升，进一步压缩了一些现有产业的利润空间，产业的集聚效应会逐渐减弱，而极化效应逐渐增大。在这种情况下，发达区域的行业就存在逐渐被生产效率较高的行业替代的内在要求，产业转移可以在不影响甚至加速发达区域经济增长的情况下提高欠发达区域的经济增长速度。

在非完全竞争的市场条件下，根据产业转移中生产要素流动的经济学分析，产业转移实施效果离不开产业转移政策的引导，产业转移政策在产业转移的不同阶段，政策力度和政策引导方向也是不断调整变化的。为了达到产业转移政策对欠发达区域发展的预期效果，准确界定区域之间产业转移政策的实施起点和终点，非常有必要对欠发达区域承接产业转移的行业选择标准进行研究。克鲁格曼认为具有劳动生产率要素比较优势的地区，越有利于承接产业转移。区域间异质性特征企业之间生产要素流动配置的行业选择标准如图 7.1 所示，横轴表示时间，纵轴表示行业经济增长效率。在经济发展的初期，相对于欠发达区域，发达区域有更便利的基础设施、丰富的人力资本、较高的技术创新水平，再加上国家实施的不平衡发展战略的政策扶持，目标产业首先在发达区域得到发展。由于产业发展初期有巨大市场需求，较高的生产效率体现为生产要素的高额投资回报率，刺激目标产业在发达区域快速发展，包括欠发达区域的生产要素向发达区域集聚，这一目标产业在发达区域形成较高的集聚效应，生产规模迅速扩大。在这一时期发达区域的这一目标产业的发展，生产效率远远高于欠发达区域目标行业的劳动生产率比较优势。

相对于欠发达区域，发达区域在基础设施、人力资本存量、技术创新能力，以及政策扶持因素等方面具有优势，目标行业生产规模迅速扩大，发达区域的这一目标行业的经济增长效率远远高于欠发达区域。随着时间

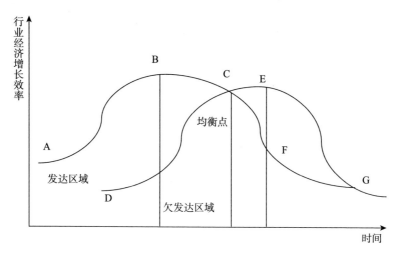

图7.1 区域间异质性特征企业之间生产要素流动配置的行业选择标准

的推移，技术更新替代，根据生命周期理论，发达区域的目标产业的生产效率增速趋缓，行业经济增长效率达到最大值 B 点后开始下降；在欠发区域目标行业起步比发达区域晚，同一行业在两个区域的经济增长效率变动趋势不一致，欠发达区域慢于发达区域。达到 C 点以后的生产效率的两个区域的同一行业经济增长效率变化呈现相反的变化趋势，发达区域目标行业经济增长效率是下降的，而在欠发达区域则依然呈现上升趋势。从 C 点开始，发达区域目标行业内的生产要素配置规模变动既受到发达区域其他行业集聚效应的影响，还受到欠发达区域目标产业对发达区域目标产业的极化效应的影响，二者共同作用，加速目标行业规模不断萎缩。在 BC 时间段，欠发达区域承接目标行业，无论是对发达区域的产业升级还是对欠发达区域承接目标产业都存在经济增长效率的帕累托改进。

此外，对于推动资本转移的执行者是微观主体——企业，由于不同企业具有不同的投资偏好、风险承担能力、技术条件及人力资本的储备情况，转移目标具有不确定性，由于资本是追逐利润的，全要素生产率和资本收益率具有较强的正相关性。全要素生产率指标作为区域间异质性特征企业之间生产要素流动配置效率的判断指标是合理的。要素价格指标相对于全要素生产率指标而言明显滞后。企业对生产要素结构选择决策主要依据生产要素的相对市场价格来确定最低的生产成本，区域间异质性特征企业在市场中的影响力是不均衡的，单单依靠市场自我调整机制难以解决市场信息滞后性带来的经济增长效率损失问题，所以这要求跨区域政府根据区域间产业发展的相对效率及变化趋势制定适宜的产业转移的政策并向微观市场主体传递这一信息，以加速整个区域的经济增长效率。区域间异质性特征企业之间生产要素流动配置的行业选择标准就是考察区域间同一行业经济增长效率的相对变化关系时，选择处于 BC 时间段的行业作为目标行业。由于现实市场并不是完全竞争的市场，信息不对称和信息搜寻成本对企业区位决策形成了制约，政府应该利用数据信息数量和处理优势，根据区域间异质性特征企业之间经济增长效率改进的行业选择标准，采用定期或不定期信息公告的方式，适时为市场提供企业的区位决策信息。

二　区域内异质性企业中资源误置纠偏与经济增长效率改进路径

（一）企业规模特征、资源误置纠偏与经济增长效率改进路径

企业资源误置纠偏是通过生产要素在企业间的进入和退出实现的。在生产要素市场均衡的情况下，众多企业生产要素总需求与生产要素总供给决定了生产要素交易价格，如果企业异质性特征对市场交易环境产生了干扰，影响了要素供给方决策，或者生产要素供给方因受到非市场因素的干扰而对企业实行歧视性的供给决策，那么区域内市场主体规模与生产决策中就存在了除"价格优先、时间优先"之外的交易约束条件。界定非市场机制因素产生的根源，消除扭曲市场的企业异质性特征，规避已经扭曲的市场对经济增长效率改进的制约作用是提高经济增长效率的重要路径。

"高增长、低效率"根源于低效率企业规模扩张太快，高效率企业规模扩张太慢。低生产率企业占用了相对过多的生产要素，高效率企业难以通过效率优势竞争性使用与其生产效率相匹配的生产要素数量，生产要素在企业间流动效率低下，导致了不同特征企业间长时期存在生产要素结构配置效率缺口。生产要素流动配置效率低下的局面难以化解，不能在较短的时间内弥补，甚至扩大行业内企业间结构配置效率缺口是行业内经济增长效率的根源，进而出现低生产率企业内部生产要素投资总量过剩和高生产率企业内部生产要素的有效需求难以满足的并存现象，企业间边际生产要素效率缺口长期得不到弥补。企业间边际生产要素效率缺口表明行业内经济增长效率改进的方向是克服打破行业内生产要素配置效率的非均衡

性。在行业规模稳定的情况下，不同企业占有生产要素总量是不变的，行业内企业数量的增长也就意味着平均企业规模降低。在这种情况下，就存在存量生产要素在原有企业间流动还是流向新增企业的选择决策，原有企业与新增企业的重新组合的原则应是满足帕累托改进标准。存量企业注重企业内部管理、技术研发能力的提高，规避管理和生产技术能力相对减弱带来的要素配置效率低下造成的行业层面经济增长效率损失。

区域内边界的界定只是为了突出企业的空间区位特征，将区域内所有企业的空间区位特征对企业生产要素配置效率的影响视为无差异的，将区域内企业空间区位调整视为企业之间生产要素流动配置效率改进的实现途径，生产要素在企业之间进入与退出引起的企业规模的相对变化是区域内的企业异质性特征同质化的过程。在这个过程中，市场化水平不断提高，区域经济增长效率不断向潜在经济增长效率逼近。政府在制定经济增长效率改进政策时，不可能针对具体的企业，那么企业层面企业异质性特征同质化过程是现实经济增长效率向潜在经济增长效率逼近的过程，这是针对资源误置与经济增长效率改进的微观机制研究的结果，那么在政府干预、制定相应的政策支持时，政府针对对象问题怎么确定呢？现在来进一步研究企业异质性特征调整与具有政策可操作性的行业结构调整的关系问题。

由于企业非效率垄断特征对市场产生了扭曲，生产要素价格结构和生产要素供给结构产生了偏离，具有非效率垄断特征企业在区域内部也不是均匀分布的，所以区域内并不是所有行业、企业的供给和需求形成了一个完整有机的市场整体。企业异质性特征同质化的过程中，在企业层面上表现为企业产权特征、规模与创新特征的不断变化，在市场化水平层面上表现为市场扭曲程度不断降低，在行业层面上表现为区域内行业结构调整，区域内生产要素在企业、行业、市场交易效率方面的综合变化促进了整个经济增长效率不断向潜在经济增长效率逼近。企业是生产要素组合形成生产能力的最小单位，同一行业内企业之间的技术应用性质相同，在效率垄断企业技术溢出过程中，同行业内的企业生产要素在结构配置上趋于一致。由于同行业企业之间生产要素具有高度流动性和替代性，企业规模特征同质化过程在宏观层面上表现为行业结构调整；企业规模特征同质化意味着在现有行业技术水平下，效率垄断企业技术完全溢出达到每个企业的生产要素边际产出相等时，生产要素在行业间配置效率也处于无差异的状态，企业规模同质化意味着行业结构调整处于均衡状态。

（二）企业产权特征、资源误置与经济增长效率改进路径

严格意义上的企业产权界定是以企业所有者权益中注册资本的出资比例为基础的，一般情况下，产权界定与企业经营决策相互联系，企业产权的份额越大，对企业经营决策的影响越大。企业经营决策主要是针对资本这一生产要素的使用方向和使用规模的，企业资本运营规模确定以后，再结合当时技术水平去匹配一定的劳动进行生产活动，所以对企业运营规模的影响因素取决于两个重要变量：一是企业投入资本的规模，二是当时企业选择的生产技术类别。企业产权的界定差异会影响企业的投资方向、资本投入数量、整体生产要素的运营规模。企业产权的形态并不是单一的形态模式，主要体现为实物形态、股权形态、债权形态三种形式。对资产直接的实物占有的实物形态产权形式一旦发生极端的意见不统一，极易导致企业财产分流、重组，企业原有的生产经营活动势必被迫中止。股权形态的企业产权具有相对独立性，在非破产清算的条件下，股东可以通过转让变更的方式解决意见争端问题，但无权直接处置公司的财产，股权关系的变动不会直接影响企业正在进行的生产经营活动。债权形态的企业产权只是债权人通过借贷关系对企业形成的债权，债权与企业债权不形成对应关系，债权对企业经营不直接干预，且存在合约限制不是严格意义上的企业产权。

经典经济学对企业决策的研究，没有把企业产权差异进行效率决策差异考虑进去，在完全竞争市场中，企业投资与生产决策完全理性，不存在产权特征差异对决策的影响。现实经济中，企业产权异质性与生产要素所有者异质性存在密切的关系，物质资本份额直接决定了企业的投资决策方向和生产要素的配置效率高低，但是拥有较多的生产要素份额仅仅意味着在经营活动中承担更大的风险，生产要素份额与风险收益份额是一致的，但这不意味着生产要素份额越大，投资决策的正确性越高。这就产生了根据企业产权份额来界定企业决策权不一定会带来最优的生产要素配置效率的问题，这就是企业产权特征差异带来的生产要素资源误置，也是现实经济增长效率偏离潜在经济增长效率的一个原因。现实中为了解决资本拥有份额与企业决策权正确性之间存在的可能不一致的问题，出现了委托代理

理论。委托代理关系起源于"专业化"的存在。企业产权以资本要素份额为基础，但是资本份额和资本运作能力之间存在不一致的矛盾时，就需要一种化解这一矛盾的方式，专业化管理运作能力就独立出来化解企业产权份额与资本运作经营能力的矛盾。

另外，随着社会专业化分工不断深入，产生了一大批具有专业知识的企业运营代理人，企业运营代理人具有较高的生产要素配置能力，但没相应规模的企业产权，正好迎合具有较高企业产权但生产要素配置能力不足这一要求。通过委托代理可以使企业产权与决策权很好地结合，提高企业生产要素配置效率。委托代理只是使现实经济增长效率与完全竞争、企业同质状态下的潜在经济增长效率之间差额缩小了，但又出现了新问题，导致企业生产要素配置效率提高受到了限制。在生产要素所有者与生产要素经营者之间，委托人与代理人之间的效用函数是建立在共同目标函数上的，但二者之间还是存在差异，委托人效用目标函数的目标是净利润最大化，而代理人追求自己的个人价值实现程度最大化。企业委托人与企业运营代理人之间目标一致性在于实现共同利益主体是一致的，都以企业整体利益最大化为目标。企业委托人与企业运营代理人之间存在目标偏离过程在于企业增值与工资津贴收入增加的冲突，如代理人要求在职消费就与委托人利润最大化目标相冲突。此外，代理人要求的管理效用最大化，一般而言，企业管理边界越大，企业规模越大，管理效用越大，但管理规模的扩大除了净利润的增加这一途径外，还有扩大债权、实施兼并、利用和强化非效率垄断特征等非利润增长的方式。站在代理人决策的角度，由于效用函数目标的多元化，代理人就会在这些目标之间进行权衡取舍；在扭曲的市场环境中，在采用非利润增长方式增大企业规模的管理成本比较低的情况下，代理人就会采用违背委托人目标的方式来实现效用最大化目标，导致生产要素在企业之间资源误置，降低经济增长效率。

三　跨期资源误置纠偏与经济增长效率改进路径研究

经济增长效率改进是生产要素在异质性企业之间的空间动态组合过程，也是生产要素资源误置程度不断提高—降低—提高—再降低的依次循环不止的过程。以市场机制为主、政府干预为辅的资源误置纠偏主要体现在时间、空间两个层面，生产要素区域空间的动态组合过程表现为原有企业规模扩张或缩减、新企业成立与旧企业退出等多种形式。不同区域之间的产业转移调整本质上依然是区域存量生产要素在行业、产业层面重新组合，纠偏生产要素在区域整体空间结构中的失衡问题。跨期资源误置纠偏实质上是一系列不同时间截面企业、行业、区域空间生产要素资源误置通过生产要素流动配置效率和结构配置效率改进进行纠偏的动态累积过程。企业内部的生产要素资源误置表现为资本与劳动生产要素边际产出不等，生产要素配置规模偏离技术适用边界，打破了生产要素间的结构均衡。区域内企业之间规模经济与规模不经济并存逐渐累积演化为多样性产品出现产能过剩或不足并存，同一时间截面表现为经济结构失调，不同时间截面动态表现为跨期资源结构误置。生产要素在空间与跨期的结构配置效率无差异是生产要素配置的长期均衡标准，也是异质性企业之间生产要素误置的区域空间短期均衡在空间与时间两个层面的动态演化过程中实现的；任何偏离最优均衡路径的演化，都会对经济增长造成不同程度的结构效率损失。

经济增长效率中的跨期结构效率损失是企业生产要素——劳动与资本配置长期偏离技术内在均衡要求的宏观体现。在"结构性调整"与"提高增长效率"的双重要求下，从企业效率异质性的视角把资源配置的空间、跨期结构效率改进与企业内部的要素配置效率纠偏结合起来研究，有助于政府制定更为有效的产业转移、结构调整政策，这对纠正市场失灵、降低效率损失程度具有重大的现实意义。为中国实施创新驱动发展、纠正资源跨期结构误置提供原始技术创新或技术引进的选择方向，对破解三十多年"高增长低质量的经济增长"累积形成的区域空间（区域产业、行业结构）失调造成的效率损失问题具有重大的现实意义。但在不完全竞争的市场环境中，由于市场扭曲因素的存在，异质性企业之间的市场交易权利存在差异；生产要素资源误置表现为具有效率垄断特征企业的机会成本要远远大于非效率垄断企业的边际产出。非效率生产要素资源误置的长期存在是生产要素配置层面对企业、产业布局的区位空间和规模变化无效率以及整体区域资源配置效率不高的解释。

从长期来看，经济增长速度与经济增长效率的权衡取舍过程主要体现为跨期结构调整；基于生产要素资源整体供给的有限性，考虑生产要素跨期结构配置效率是非常必要的。本质上驱动生产要素跨期结构调整的内在驱动力大小取决于技术进步偏向性的实现路径与资本要素和劳动要素供给结构变动的匹配程度。"非效率垄断特征收益"诱导企业技术进步偏离生产要素的市场供给结构，通过消除企业非效率垄断特征来纠正市场扭曲、纠偏资源误置是提高经济增长效率的关键。

第二节　政策建议

一　逐步弱化国有企业对生产要素配置的资源误置程度

中国目前还处在资本相对稀缺的转型经济阶段，企业产权划分界定的标准就是以企业资本投入份额为依据，企业以投入注册资本份额行使企业经营决策权，企业产权特征是企业异质性特征中最突出、重要的特征。在渐进式改革中，很大的一部分内容涉及企业产权特征的变更；政府行政干预作为市场经济的补充，对经济增长效率的影响还是非常明显的，政府行政干预应该是以纠正市场失灵为目标，而不能以国有企业利润最大化或规模最大化为目标，行政部门与国有企业利益分离，有利于政府行政部门更好地履行行政监管和市场失灵纠偏的职能。行政干预方式如果不是市场经济的短板，那么只会加剧市场扭曲程度，从而提高生产要素资源误置程度，降低经济增长效率。

在市场化进程滞后的地区，在以 GDP 为政绩考核标准的潜规则作用下，地方政府将有更强的意愿干预企业的资本投资活动，力图消除资本市场扭曲，地方政府应慎重选择区域内企业在资本生产要素资源配套方面实施地方性政策支持，为企业提供相对宽松的融资条件与便利。在政府干预较强的地区，民营企业的投资机会更容易被地方国企挤占，导致民营企业在这些领域投资的不足。国有企业管理层形成过程主要来自委托代理性质的行政干预，没有证据表明对企业管理层选定和任命的机制比市场竞争、优胜劣汰更有效率，大量稀缺生产要素流入效率高低不确定的企业，这本身就违背了效率分配生产要素的竞争规则，也是资源误置的重要原因。由于国有企业与政府权力长期结合过程中已经形成了庞大的利益集团，行政部门与国有企业利益分离的关键在于严格限制国有企业高管与政府官员之间的身份互换，禁止党政官员到国有企业兼职、任职，国有企业管理层形成过程尽可能通过市场化行为完成。加快金融市场化改革，提高国有银行风险自担、自负盈亏独立决策信贷资金流向，以行政立法的方式防范政府对银行信贷的非理性干预，逐步弱化国有企业对生产要素的资源误置程度，进而提高经济增长效率。

二 消除市场扭曲，提高效率垄断企业效率吸引和技术溢出效应

应平衡中国东部、中部、西部三大区域市场化水平的地区差异，尤其是加大力度消除西部市场化扭曲，如甘肃、青海等西部省份。打破地区间市场封锁，消除市场分割，扩大市场化水平较高的东部地区对中西部地区人力资本、物质资本的流通。扩大私营资本规模和鼓励私营资本进入，加大国有企业改革。从行业市场化扭曲程度来看，并不能因为低技术或中低技术行业的 TFP 离散程度较小，而抑制技术水平较高的行业规模。在消除行业市场化扭曲方面，在注重技术创新的同时，应扩大行业内企业技术交流，尽可能加快技术扩散速度；对于技术创新获得的技术垄断造成的市场扭曲问题，政府应设立专门专利、创新补偿或奖励基金，努力缩小技术专利保护时限，降低企业之间资本和劳动要素充分流动的交易成本。区域层面市场化程度方面，必须加快交通运输网路建设，通过降低企业在区域之间物流运输成本，打破地方封闭经济；打破西部市场的整体市场扭曲程度高于中部市场、中部市场的整体市场扭曲程度高于东部市场的区域之间市场化水平的不利局面，进而提高经济增长效率。

三 鼓励效率垄断企业调整技术进步偏向，提高技术适用效率

中国的生产要素资源总量和结构都与发达国家存在较大差别，根据第五章技术进步方向对经济增长效率的影响的实证结果，中国的技术进步大体偏向资本。技术进步方向偏离了要素禀赋供给结构，降低了长期经济增长效率。中国技术进步应以节约稀缺的资本要素的资本节约型方向为主。生产要素禀赋的数量结构与价格结构偏离时，势必导致某一种价格相对过高的资本要素消耗过快，这样稀缺的资本要素就会成为制约经济增长的短板。这种技术进步偏向纠正得越早，纠偏成本就越低，为规避将来形成较大的技术转型成本，政府应加强对技术进步方向的引导，如专利权的

设置。

技术进步纠偏最终的解决方法是消除生产要素市场的市场扭曲，生产要素市场扭曲导致的生产要素禀赋的数量结构与价格结构的偏离最终会导致长期的经济增长效率降低。但这需要一个过程，在短期生产要素市场化程度不高的情况下，加大劳动偏向型技术进步的应用补贴，以及人力资本培养方向的引导，在国外引进生产设备时对技术选择附加特别的关税，以提高资本偏向型技术应用成本，以弥补生产要素市场扭曲造成的要素相对价格失灵问题。技术进步偏向纠偏越早越有利于长期经济增长效率的提高，政府对现有企业大量设备不得不提前处置，人力资本重新形成方面应予以支持或财政补贴；尽可能减少将来形成被动性技术纠偏带来的大量生产要素闲置和额外追加的固定资产重置成本。

第三节　研究展望

本书从企业异质性特征对市场化水平影响的视角，研究生产要素资源误置与经济增长效率改进的内在机理，在生产要素同质化的基础上，重点关注企业异质性特征对生产要素流动配置效率、技术进步偏向和结构效率的影响，研究成果和结论具有一定的局限性。在实证研究中分行业、分区域选取样本是为了最大限度符合生产要素同质化的理论假设。实质上，生产要素本身存在较大异质性因素对经济增长效率改进的影响是客观存在的，这部分内容涉及人力资本形成和物质资本物化技术形成差异的研究。本文研究将人力资本差异和物质资本路径依赖性对生产要素流动配置效率的影响选取了行业和区域分层的方式进行样本选取，进而获得的研究结果和结论更为突出行业和空间特征差异性，这样研究结果与政策制定的行业和区域差异的内在要求具有一致性。

生产要素异质性产生的要素收入差距分为效率差距和非效率差距，生产要素流动配置效率的驱动因素是生产要素收入的效率差距，生产要素结构配置效率低下源于生产要素收入的非效率差距的存在。本书对生产要素收入的非效率差距研究没有区分同质生产要素收入差距和非同质生产要素收入非效率差距，采用合并简化处理的方式，都归结到市场扭曲对经济增长效率中的流动配置效率中考虑。效率差距形成的要素收入是生产要素本身效率差异的结果,这种效率差异来自人力资本投资和企业内部对生产要素的合理配置,在现实中表现为生产要素在行业间不能自由充分流动,这部分经济增长效率损失的来源与生产要素供给结构有关,这部分内容也是本课题后续的研究内容。在本课题中,主要研究生产要素中同质化部分的效率差异的形成以及对经济增长效率改进的路径问题;由于市场扭曲导致企业对生产要素配置不合理形成的同素质劳动力之间的收入差距,以及高技能劳动力的级差收入没有合理体现出来的分配差距,本质上是由于市场扭曲导致的要素低效率配置引起的劳动力闲置浪费现象,在生产领域体现为生产要素配置效率的低下。本课题将生产要素同质化部分的效率差异形成过程的研究纳入非效率垄断企业特征对经济增长效率的影响中进行考虑。对于生产要素效率差距对区域经济增长效率的影响,本课题将其纳入企业异质性特征中的效率垄断特征对经济增长效率改进的影响之中进行分析,采用了分行业和分区域选择两个样本的方法进行处理,突出了企业异质性层面的非效率同质生产要素资源误置对经济增长效率的影响。

对于长期经济增长效率的研究方面,本课题主要着重考察了非效率垄断企业对市场环境的影响是如何干扰效率垄断企业技术进步偏向特征,而降低经济增长效率中技术适用效率的。课题研究侧重的是在现有技术水平约束下,生产要素供给结构与价格结构的动态匹配问题,经济增长效率中的技术适用效率的高低取决于生产要素供给结构与价格结构的动态匹配程度,生产要素供给结构与价格结构的动态匹配程度越高,经济增长效率中的技术适用效率就越高。随着以后数据的可获得性的增加,在以后的研究中还要对生产要素本身异质性形成的供给结构与经济增长效率改进之间的内在机理进一步深化研究,从生产要素异质性特征形成层面研究技术进步本身的速度问题对经济增长效率的影响,为解决现实中如何提高区域经济增长效率的难题提供理论和实证支持。以上研究的不足之处是在以后的研究中要进一步深入研究的重要内容。

第四节 本章小结

本章根据第二章理论研究中的企业异质性、资源误置与经济增长效率的综合机理、演化路径和动力机制，从区域间、区域内、跨期结构三个层面上提出异质性企业之间资源误置纠偏与经济增长效率改进路径。企业区域空间特征差异之间生产要素资源误置与经济增长效率改进路径实质上是研究区域之间同行业之间企业生产要素空间配置的选择调整路径，主要针对完善消除企业区域间空间特征的效率差异的激励机制、构建区域间异质性特征企业之间生产要素资源误置纠偏的动力机制、提供区域间异质性特征企业之间经济增长效率改进的行业选择信息三个方面展开论证。区域内异质性企业之间资源误置纠偏与经济增长效率改进路径主要针对区域内企业之间的企业规模特征、企业产权特征对资源误置与经济增长效率影响的角度进行论证。跨期资源误置纠偏与经济增长效率改进路径的研究得出：跨期资源误置纠偏实质上是一系列不同时间截面企业、行业、区域空间生产要素资源误置通过生产要素流动配置效率和结构配置效率改进进行纠偏的动态累积过程，在空间与跨期层面的效率无差异是生产要素配置优化的均衡目标。

　　结合企业异质性、资源误置与经济增长效率的综合机理、演化路径和动力机制、经济增长效率改进路径和实证结果，分"行政部门与国有企业利益分离、逐步弱化国有企业对生产要素配置的资源误置程度""化解和消除市场扭曲、提高效率垄断企业效率吸引和技术溢出效应""鼓励效率垄断企业调整技术进步偏向，提高技术适用效率"三个层面提出了政策建议。最后，指出了本研究存在的不足之处和进一步研究的展望。

参考文献

[1] 安苑：《融资成本如何制约"清理效应"：市场摩擦还是政策扭曲——基于中国制造业企业退出行为的研究》，《财经科学》2020年第7期，第1~12页。

[2] 白重恩、路江涌、陶志刚：《国有企业改制效果的实证研究》，《经济研究》2006年第8期，第4~11页。

[3] 曹玉书、楼东玮：《资源错配、结构变迁与中国经济转型》，《中国工业经济》2012年第10期，第5~18页。

[4] 常远、吴鹏：《要素配置会扭曲技术进步偏向性对全要素生产率增长的影响吗？》，《当代经济科学》2019年第1期，第20~34页。

[5] 陈建军、袁凯、陈国亮：《基于企业异质性的产业空间分布演化新动力》，《财贸研究》2013年第4期，第17~26页。

[6] 陈强远、林思彤、张醒：《中国技术创新激励政策：激励了数量还是质量》，《中国工业经济》2020年第4期，第81~98页。

[7] 陈汝影、余东华：《资本深化、技术进步偏向与中国制造业产能利用率》，《经济评论》2019年第3期，第3~17页。

[8] 陈永伟、胡伟民：《价格扭曲、要素错配和效率损失：理论和应用》，《经济学（季刊）》2011年第4期，第1401~1422页。

[9] 陈宇峰、贵斌威、陈启清：《技术偏向与中国劳动收入份额的再考察》，《经济研究》2013年第6期，第113~126页。

[10] 戴天仕、徐现祥：《中国的技术进步方向》，《世界经济》2010年第11期，第56~72页。

[11] 董直庆、陈锐：《技术进步偏向性变动对全要素生产率增长的影响》，《管理学报》2014年第8期，第1199~1207页。

[12] 方军雄：《所有制、市场化进程与资本配置效率》，《管理世界》

2007 年第 11 期，第 27 ~ 35 页。

[13] 傅晓霞、吴利学：《偏性效率改进与中国要素回报份额变化》，《世界经济》2013 年第 10 期，第 79 ~ 102 页。

[14] 傅元海、叶祥松、王展祥：《制造业结构变迁与经济增长效率提高》，《经济研究》2016 年第 8 期，第 86 ~ 100 页。

[15] 盖庆恩等：《要素市场扭曲、垄断势力与全要素生产率》，《经济研究》2015 年第 5 期，第 61 ~ 75 页。

[16] 黄先海、徐圣：《中国劳动收入比重下降成因分析——基于劳动节约型技术进步的视角》，《经济研究》2009 年第 7 期，第 34 ~ 44 页。

[17] 季书涵、朱英明：《产业集聚、环境污染与资源错配研究》，《经济学家》2019 年第 6 期，第 33 ~ 43 页。

[18] 季书涵、朱英明、张鑫：《产业集聚对资源错配的改善效果研究》，《中国工业经济》2016 年第 6 期，第 73 ~ 90 页。

[19] 简泽：《企业间的生产率差异、资源再配置与制造业部门的生产率》，《管理世界》2011 年第 5 期，第 11 ~ 23 页。

[20] 简泽：《市场扭曲、跨企业的资源配置与制造业部门的生产率》，《中国工业经济》2011 年第 1 期，第 58 ~ 68 页。

[21] 简泽：《企业异质性、竞争与全要素生产率的收敛》，《管理世界》2012 年第 8 期，第 15 ~ 29 页。

[22] 简泽等：《市场竞争的创造性、破坏性与技术升级》，《中国工业经济》2017 年第 5 期，第 16 ~ 34 页。

[23] 寇宗来、刘学悦：《中国企业的专利行为：特征事实以及来自创新政策的影响》，《经济研究》2020 年第 3 期，第 85 ~ 101 页。

[24] 蒋为、张龙鹏：《补贴差异化的资源误置效应——基于生产率分布视角》，《中国工业经济》2015 年第 2 期，第 31 ~ 34 页。

[25] 靳来群：《所有制歧视所致金融资源错配程度分析》，《经济学动态》2015 年第 6 期，第 36 ~ 44 页。

[26] 赖永剑、伍海军：《企业间要素重配能够提升中国制造业的生产率吗？——来自我国制造业企业数据的经验证据》，《产业经济研究》2013 年第 1 期，第 60 ~ 69 页。

[27] 李飞跃：《技术选择与经济发展》，《世界经济》2012 年第 2 期，第

47 ~ 64 页。

[28] 李俊青、苗二森：《资源错配、企业进入退出与全要素生产率增长》，《产业经济研究》2020 年第 1 期，第 5 ~ 18 页。

[29] 李平、简泽、江飞涛：《进入退出、竞争与中国工业部门的生产率——开放竞争作为一个效率增进过程》，《数量经济技术经济研究》2012 年第 9 期，第 3 ~ 21 页。

[30] 李旭超、罗德明、金祥荣：《资源错置与中国企业规模分布特征》，《中国社会科学》2017 年第 2 期，第 25 ~ 43 页。

[31] 李颖、杨慧敏、刘乃全：《新经济地理视角下产业转移的动力机制——以纺织业为例的实证分析》，《经济管理》2012 年第 3 期，第 30 ~ 40 页。

[32] 李玉红、王皓、郑玉歆：《企业演化：中国工业生产率增长的重要途径》，《经济研究》2008 年第 6 期，第 12 ~ 24 页。

[33] 梁琦、李建成、陈建隆：《异质性劳动力区位选择研究进展》，《经济学动态》2018 年第 4 期，第 124 ~ 139 页。

[34] 梁琦、李晓萍、吕大国：《市场一体化、企业异质性与地区补贴——一个解释中国地区差距的新视角》，《中国工业经济》2012 年第 2 期，第 16 ~ 25 页。

[35] 刘瑞明：《所有制结构、增长差异与地区差距：历史因素影响了增长轨迹吗?》，《经济研究》2011 年第 S2 期，第 16 ~ 27 页。

[36] 刘瑞明：《国有企业、隐性补贴与市场分割：理论与经验证据》，《管理世界》2012 年第 4 期，第 21 ~ 32 页。

[37] 刘瑞明、石磊：《国有企业的双重效率损失与经济增长》，《经济研究》2010 年第 1 期，第 127 ~ 137 页。

[38] 刘小玄：《中国工业企业的所有制结构对效率差异的影响：1995 年全国工业企业普查数据的实证分析》，《经济研究》2000 年第 2 期，第 17 ~ 25 页。

[39] 刘小玄、李利英：《企业产权变革的效率分析》，《中国社会科学》2005 年第 2 期，第 4 ~ 16 页。

[40] 刘小玄、郑京海：《国有企业效率的决定因素：1985—1994》，《经济研究》1998 年第 1 期，第 4 ~ 16 页。

[41] 刘小玄、吴延兵：《企业生产率增长及来源：创新还是需求拉动》，《经济研究》2009 年第 7 期，第 45 ~ 54 页。

[42] 吕冰洋、于永达：《要素积累、效率提高还是技术进步？——经济增长的动力分析》，《经济科学》2008 年第 1 期，第 16 ~ 27 页。

[43] 罗德明、李晔、史晋川：《要素市场扭曲、资源错置与生产率》，《经济研究》2012 年第 3 期，第 4 ~ 14 页。

[44] 苗文龙、何德旭、周潮：《企业创新行为差异与政府技术创新支出效应》，《经济研究》2019 年第 1 期，第 87 ~ 101 页。

[45] 聂辉华、贾瑞雪：《中国制造业企业生产率与资源误置》，《世界经济》2011 年第 7 期，第 29 ~ 44 页。

[46] 钱学锋、蔡庸强：《资源误置测度方法研究述评》，《北京工商大学学报》（社会科学版）2014 年第 3 期，第 116 ~ 126 页。

[47] 钱学锋、张洁、毛海涛：《垂直结构、资源误置与产业政策》，《经济研究》2019 年第 2 期，第 54 ~ 67 页。

[48] 曲玥：《中国工业企业的生产率差异和配置效率损失》，《世界经济》2016 年第 12 期，第 121 ~ 142 页。

[49] 邵挺：《金融错配、所有制结构与资本回报率：来自 1999 - 2007 年我国工业企业的研究》，《金融研究》2010 年第 9 期，第 47 ~ 63 页。

[50] 邵挺、李井奎：《资本市场扭曲、资本收益率与所有制差异》，《经济科学》2010 年第 5 期，第 35 ~ 45 页。

[51] 唐要家：《竞争、所有权与中国工业经济效率》，《产业经济研究》2005 年第 3 期，第 1 ~ 7 页。

[52] 孙元元、张建清：《中国制造业省际间资源配置效率演化：二元边际的视角》，《经济研究》2015 年第 10 期，第 89 ~ 103 页。

[53] 孙早、王文：《产业所有制结构变化对产业绩效的影响——来自中国工业的经验证据》，《管理世界》2011 年第 8 期，第 66 ~ 78 页。

[54] 宋德勇、胡宝珠：《克鲁格曼新经济地理模型评析》，《经济地理》2005 年第 4 期，第 445 ~ 448 页。

[55] 宋立刚、姚洋：《改制对企业绩效的影响》，《中国社会科学》2005 年第 2 期，第 17 ~ 31 页。

[56] 王林辉、袁礼：《资本错配会诱发全要素生产率损失吗》，《统计研

究》2014 年第 8 期，第 11~18 页。

[57] 王鹏、尤济红：《产业结构调整中的要素配置效率——兼对"结构红利假说"的再检验》，《经济学动态》2015 年第 10 期，第 72~82 页。

[58] 王争、孙柳媚、史晋川：《外资溢出对中国私营企业生产率的异质性影响——来自普查数据的证据》，《经济学（季刊）》2009 年第 1 期，第 129~158 页。

[59] 王文雯、金祥荣、朱希伟：《新新经济地理学视角下企业效率的影响机制》，《统计研究》2015 年第 7 期，第 32~36 页。

[60] 王永钦、李蔚、戴芸：《僵尸企业如何影响了企业创新？——来自中国工业企业的证据》，《经济研究》2018 年第 11 期，第 101~116 页。

[61] 文东伟：《资源错配、全要素生产率与中国制造业的增长潜力》，《经济学（季刊）》2019 年第 2 期，第 208~229 页。

[62] 伍山林：《劳动收入份额决定机制：一个微观模型》，《经济研究》2011 年第 9 期，第 55~68 页。

[63] 吴延兵：《国有企业双重效率损失研究》，《经济研究》2012 年第 3 期，第 15~27 页。

[64] 谢千里、罗斯基、张轶凡：《中国工业生产率的增长与收效》，《经济学（季刊）》2008 年第 2 期，第 809~826 页。

[65] 杨帆、徐长生：《中国工业行业市场扭曲程度的测定》，《中国工业经济》2009 年第 9 期，第 56~66 页。

[66] 姚洋：《非国有经济成分对我国工业企业技术效率的影响》，《经济研究》1998 年第 12 期，第 29~53 页。

[67] 鄢萍：《资本误配置的影响因素初探》，《经济学（季刊）》2012 年第 2 期，第 489~520 页。

[68] 叶祥松、刘敬：《政府支持、技术市场发展与科技创新效率》，《经济学动态》2018 年第 7 期，第 67~81 页。

[69] 尹向飞、欧阳峣：《中国全要素生产率再估计及不同经济增长模式下的可持续性比较》，《数量经济技术经济研究》2019 年第 8 期，第 72~91 页。

[70] 于斌斌：《产业结构调整与生产率提升的经济增长效应——基于中国

城市动态空间面板模型的分析》，《中国工业经济》2015 年第 12 期，第 85 ~ 100 页。

[71] 袁堂军：《中国企业全要素生产率水平研究》，《经济研究》2009 年第 6 期，第 52 ~ 64 页。

[72] 张杰、李克、刘志彪：《市场化转型与企业生产效率——中国的经验研究》，《经济学（季刊）》2011 年第 2 期，第 213 ~ 244 页。

[73] 张培刚等：《新型工业化道路的工业结构优化升级研究》，《华中科技大学学报》（社会科学版）2007 年第 2 期，第 82 ~ 88 页。

[74] 张晓晶、李成、李育：《扭曲、赶超与可持续增长——对政府与市场关系的重新审视》，《经济研究》2018 年第 1 期，第 4 ~ 20 页。

[75] 赵静、郝颖：《政府干预、产权特征与企业投资效率》，《科研管理》2014 年第 5 期，第 84 ~ 92 页。

[76] 赵永亮、徐勇、苏桂富：《区际壁垒与贸易的边界效应》，《世界经济》2008 年第 2 期，第 17 ~ 29 页。

[77] 邹新月、施锡铨：《非国有经济信贷融资困境的理性认识》，《上海财经大学学报》2002 年第 4 期，第 26 ~ 31 页。

[78] 钟世川：《技术进步偏向与中国工业行业全要素生产率增长》，《经济学家》2014 年第 7 期，第 48 ~ 56 页。

[79] 周海波、胡汉辉、谢呈阳：《地区资源错配与交通基础设施：来自中国的经验证据》，《产业经济研究》2017 年第 1 期，第 100 ~ 113 页。

[80] 周开国、闫润宇、杨海生：《供给侧结构性改革背景下企业的退出与进入：政府和市场的作用》，《经济研究》2018 年第 11 期，第 83 ~ 100 页。

[81] 朱军：《技术吸收、政府推动与中国全要素生产率提升》，《中国工业经济》2017 年第 1 期，第 7 ~ 26 页。

[82] Acemoglu, D., F. Zilibotti, "Productivity Differences," *Quarterly Journal of Economics* 116. 2 (2001): 563 – 606.

[83] Acemoglu, D., "Directed Technical Change," *The Review of Economic Studies* 69 (2002): 781 – 809.

[84] Acemoglu, D., "Labor- and Capital-Augmenting Technical Change," *Journal of the European Economic Association* 1 (2003): 1 – 37.

[85] Acemoglu, D., "Equilibrium Bias of Technology," *Econometrica* 75 (2007): 1371 – 1409.

[86] Acemoglu, D., et al., "Innovation, Reallocation and Growth," *American Economic Review* 108. 11 (2018): 3450 – 3491.

[87] Allen, F., et al., " Law, Finance and Economic Growth in China", *Journal of Financial Economics*77. 1 (2005): 123 – 152.

[88] Altomonte C., I. Colantone, " Firm Heterogeneity and Endogenous Regional Disparities," *Journal of Economic Geography* 8. 6 (2008): 779 – 810.

[89] Antonelli, C., F. Quatraro, " The Effects of Biased Technological Changes on Total Factor Productivity: A Rejoinder and New Empirical Evidence," *The Journal of Technology Transfer*39. 2 (2014): 281 – 299.

[90] Arnold, J., et al., "Regulation, Allocative Efficiency and Productivity in OECD Countries," Organisation for Economic Cooperation and Development (O E C D) 11 (2010).

[91] Brada, J. C., Ma, K. C. Y., "Industrial Economics of the Transition: Determinants of En terprise Efficiency in Czechoslovakia and Hungary," Oxford Economic Papers 49. 1 (1997): 104 – 127.

[92] Baily, M. N., C. Hulten, D. CamPbell , " Productivity Dynamics in Manufacturing Plants ? " *Microeconomics* 4 (1992): 187 – 267.

[93] Baldwin, R. E., R. Forslid, "Incremental Trade Policy and Endogenous Growth: A Q-Theory Approach," *Journal of Economic Dynamics & Control* 23. 5 – 6 (1999): 797 – 822.

[94] Baldwin, R., T. okubo, "Heterogeneous Firms, Agglomeration and Economic GeograPhy: Spatial Selection and Sorting," *Journal of Economic Geography* 6. 3 (2006): 323 – 346.

[95] Banerjee, A. V., B. Moll, "Why Does Misallocation Persist?" *American Economic Journal* 2. 1 (2010): 189 – 206.

[96] Banerjee, A. V., E. Duflo. "Growth Theory through the Lens of Development Economics," *Handbook of Economic Growth* 1. 05 (2005): 473 – 552.

[97] Bartelsman, E., J. Haltiwanger, S. Scarpetta, "Cross-Country Differences in Productivity: The Role of Allocation and Selection," *American E-

conomic Review 103. 1 （2013）： 305 – 334.

[98] Brandt L. , et al. , "Factor market distortions across time, space and sectors in China," *Review of Economic Dynamics* 6 （2013）： 39 – 58.

[99] Brandt, L. , J. V. Biesebroeck, and Y. Zhang, "Creative Accounting or Creative Destruction? Firm-level Productivity Growth in Chinese Manufacturing," *Journal of Development Economics* 97. 2 （2012）： 339 – 351.

[100] Boyreau-Debray, G. , S. J. Wei, " Pitfalls of a State-Dominated Financial System: The Case of China," NBER Working Paper, No 11214, 2005.

[101] Chen, K. , et al. , "Productivity Change in Chinese Industry: 1953 – 1985," *Journal of Comparative Economics* 12. 4 （1988）： 570 – 591.

[102] Cole, M. , J. Elliott, "Firm heterogeneity, origin of ownership and export participation," *World Economy* 33. 2 （2010）： 264 – 291.

[103] Combes, P. -P. , G. Duranton, L. Gobillon, "Spatial wage disparities: sorting matters!" *Journal of Urban Economics*, 63 （2008）： 723 – 742.

[104] Conway, R. K. , Denison, E. F. , "Trends in American Economic Growth, 1929 – 1982," *American Journal of Agricultural Economics* 68. 3 （1985）： 273 – 280.

[105] Das S. , M. Robert, "Market entry costs, producer heterogeneity and export dynamics," *Econometrica* 75. 3 （2007）： 837 – 873.

[106] Desmet K. , E. Rossi-Hansberg, "Spatial Development," *American Economic Review* 104. 4 （2014）： 1211 – 1243.

[107] Diamond P. A. , "Disembodied technical change in a two-sector model," *The Review of Economic studies* 32. 2 （1965）： 161 – 168.

[108] Dollar, David, S. J. Wei, "Das （Wasted） Kapital: Firm Ownership and Investment Efficiency in China," NBER Working Paper No. 13103, 2007.

[109] Foster, L. , et al. , "Aggregate Productivity Growth: Lessons from Microeconomic Evidence," （in New Developments in Productivity Analysis, University of Chicago Press, 2001） .

[110] Fujita, M. , J. F. Thisse, *Economics of Agglomeration* （Cambridge: Cambridge University Press, 2002） .

[111] Gabler A. , M. Poschke, "Experimentation by firms, distortions, and ag-
gregate productivity," *Review of Economic Dynamics* 16 (2013): 26 – 38.

[112] Gancia G. , F. Zilibotti, "Technological Change and the Wealth of Na-
tions," *Annual Review of Economics* 1. 1125 (2009): 93 – 120.

[113] Griliches, Z. , H. Regev, "Firm Productivity in Israeli Industry 1979 –
1988," *Journal of Econometrics* 65. 1 (1995): 175 – 203.

[114] Guariglia A. , S. Poncet, "Could Financial Distortions Be No Impedi-
ment to Economic Growth After All? Evidence from China," *Journal of
Comparative Economics*, 36. 4 (2008): 633 – 657.

[115] Hassink R. , et al. , "Towards a Comprehensive Understanding of New
Regional Industrial Path Development," *Regional Studies* 53. 1 (2019):
1 – 10.

[116] Helpman, E. , "Trade, FDI, and the organization of firms," *Journal
of Economic Literature* 44 (2006): 589 – 630.

[117] Hicks J. R. , *The theory of wage* (London: Macmillan Press, 1932) .

[118] Hoechle, D. , "Robust Standard Errors for Panel Regressions with
Cross-sectional Dependence," *The Stata Journal* 3 (2007): 281 – 312.

[119] Holmes T. J. , J. A. Schmitz, "Competition and Productivity: A Review
of Evidence," *Annual Review of Economics* 2. 1 (2010): 619 – 642.

[120] Hsieh, C. T. , P. J. Klenow, "Misallocation and Manufacturing TFP in
China and India," *Quarterly Journalof Economics* 124. 4 (2009): 1403 –
1448.

[121] Jones, Charlie, "Misallocation, Economic Growth, and Input-Output
Economics," (Working Paper, Stanford University, 2011) .

[122] Joel M. , A. Hugo, "Information, misallocation and aggregate productiv-
ity," *The Quarterly Journal of Economics* 131. 2 (2016): 943 – 1005.

[123] Kendrick, J. W. , *Productivity Trends in the United States* (Princeton U-
niversity Press, 1961) .

[124] Klump, R. , et al. , "Factor Substitution and Factor-Augmenting Tech-
nical Progress in the United States: A Normalized Supply-Side System
Approach," *Review of Economics and Statistics* 89 (2007): 183 – 192.

[125] Klump R., P. McAdam et al., "The normalized CES production function: theory and empirics," *Journal of Economic Surveys*, 26.5 (2012): 769 – 799.

[126] Ripatti, A., J. Vilmunen, "Declining Labour Share-Evidence of a Change in Underlying Production Technology?" Bank of Finland Discussion Papers 127.3 (2001): 452 – 471.

[127] Krugman, P., "Increasing Returns and Economic Geography," *Journal of Political Economy*, 99 (1991): 483 – 499.

[128] Lashkari D., "Innovation, Knowledge Diffusion, and Selection," Working Paper, 2018.

[129] Lei J., "Rethinking directed technical change with endogenous market structure," Working Paper, 2011.

[130] Leibowicz, D. Benjamin, "Welfare improvement windows for innovation policy," *Research Policy* 47.2 (2018): 390 – 398.

[131] León-Ledesma, M. A., M. A. Willman, "Identifying the Elasticity of Substitution with Biased Technical Change", *The American Economic Review* 100.4 (2010): 1330 – 1357.

[132] Levinsohn, J., A. Petrin, "Estimating Production Functions Using Inputs to Control for Unobservables," *Review of Economic Studies*, 70 (2003): 317 – 342.

[133] Li, C. W., "Endogenous vs. Semi-Endogenous Growth in a Two-R&D-Sector Model," *Economic Journal* 110 (2000): 109 – 122.

[134] Li, W., "The Impact of Economic Reform on the performance of Chinese State", Enterprises: 1980 – 1989," *Journal of Political Economy* 5.5 (1997): 1080 – 1106.

[135] Lin, J. Y., et al., "Competition, Policy Burdens and State-owned Enterprise Reform," *American Economic Review* 88.2 (1998): 422 – 427.

[136] Martin, P., G. I. P. Ottaviano, "Growth and Agglomeration," *International Economic Review* 42.4 (2001): 947 – 968.

[137] Melitz, M., G. I. P. Ottaviano, "Market Size, Trade, and Productivity", *Review of Economic Studies* 75 (2008): 295 – 316.

[138] Melitz, M., "The Impact of Trade on Intra-Industry Reallocations and Aggregate Industry Productivity ," *Econometrica* 71 (2003): 1695 – 1725.

[139] Melitz, M. G. Ottaviano, "Market size, trade and productivity," NBER Working Paper No. 11393, 2005.

[140] Melitz, M., S. Polanec, "Dynamic Olley-Pakes Productivity Decomposition with Entry and Exit," *RAND Journal of Economics* 46. 2 (2015): 362 – 375.

[141] Midrigan, V., D. Y. Xu, "Finance and misallocation: Evidence from plant-level data," *American Economic Review* 104. 2 (2014): 422 – 458.

[142] Olley, S., A. Pakes, "The dynamics of productivity in the telecommunication equipment industry", *Econometrica* 64. 6 (1996): 1263 – 1297.

[143] O'Mahony Mary, et al., "Productivity Growth in the US and the EU: a Sectoral Study," *Review of Economics and Institutions* 1. 1 (2010): 2038 – 1379.

[144] Okubo, T., "Trade Liberalisation and Agglomeration with Firm Heterogeneity—Forward and Backward Linkages," *Regional Science and Urban Economics* 39 (2009): 530 – 541.

[145] Okubo, T., M. P., Pierre, "The Spatial Selection of Heterogeneous Firms", *Journal of International Economics* 82. 2 (2010): 230 – 237.

[146] Ortigueira, S., "A dynamic analysis of an endogenous growth model with Leisure," *Economic Theory* 16. 1 (2000): 43 – 62.

[147] Ottaviano, G. I. P., "Infrastructure and Economic Geography: an Overview of Theory and Evidence", European Investment Bank Papers, 13 (2008): 8 – 35.

[148] Ottaviano, G. I. P., "Book Review of Combes, Mayer and Thisse (2008)," *Journal of Economic Geography* 10 (2010): 471 – 474.

[149] Ottaviano, G. I. P., "'New' New Economic Geography: Firm Heterogeneity and Agglomeration Economies," *Journal of Economic Geography* 3 (2011): 231 – 240.

[150] Petrin A., et al., "The Impact of Plant-level Resource Reallocations and Technical Progress on U. S. Macroeconomic Growth," *Review of Eco-*

nomic Dynamics 14. 2 （2011）：3 – 26.

［151］ Peters, M. , "Heterogeneous make-ups, growth and endogenous misallocation," The London school of economics and politicalScience , Working paper, 2013.

［152］ Puga, D. , " The Magnitude and Causes of Agglomeration Economies," *Journal of Regional Science* 50 （2010）：203 – 219.

［153］ Redding. S. , A. J. Venables, "Economic Geography and International Inequality," *Journal of International Economics* 62 （2004）：53 – 82.

［154］ Restuccia, D. , R. Rogerson, "Policy distortions and aggregate productivity with heterogeneous establishments," *Review of Economic Dynamics* （2008）.

［155］ Restuccia, D. , R. Rogerson, "Misallocation and productivity," *Review of Economic Dynamics* 16. 1 （2013）：1 – 10.

［156］ Sebastian Claro, "Supporting Inefficient Firms with Capital Subsidies: China and Germany in the 1990s," *Journal of Comparative Economics* 34. 2 （2006）：377 – 401.

［157］ Saito, Hisamitsu, et al. , "Plants' self-selection, agglomeration economies and regional productivity in Chile," *Journal of Economic Geography* 9. 4 （2009）：539 – 558.

［158］ Syverson, C. , "Market Structure and Productivity: A Concrete Example," *Journal of Political Economy* 112 （2004）：1181 – 1222.

［159］ Syverson, Chad. , "What Determines Productivity?" NBER Working Paper No. 15712, 2010.

［160］ Venables A. J, "Localization of industry and trade performance," *Oxford Review of Economic Policy* 12. 3 （1996）：52 – 60.

［161］ Venables, A. J. , "Productivity in cities: self-selection and sorting," *Journal of Economic Geography* 11 （2011）：241 – 251.

［162］ Williamson, J. G. , "Regional Inequality and the Process of National Development: A Description of the Patterns," *Economic Development and Cultural Change* 13. 4 （1965）：3 – 86.

［163］ Wagner J. , " Exports and productivity: A survey of the evidence from firm level data ," *World Economy* 30. 1 （2007）: 60 – 82.

[164] Yeaple, S. R. , "A simple model of firm heterogeneity, international trade, and wages," *Journal of International Economics* 65. 1 （2005） : 1 – 20.

[165] Young, A. , "Learning by Doing and the Dynamic Effects of International Trade," *Quarterly Journal of Economics* 106. 2 （1991）: 369 – 405.

[166] Young, A. , "Invention and Bounded Learning by Doing," *Journal of Political Economy* 101. 3 （1993）: 443 – 472.

[167] Sato R. , T. Morita, "Quantity or quality: the impact of labour saving innovation on US and Japanese growth rates, 1960 – 2004 ," *Japanese E-conomic Review* 60. 44 （2009）, 407 – 434.

[168] Song, Z. , et al. , "Growing Like China," *The American Economic Review* 101. 1 （2011）: 196 – 233.

[169] Song, Z. , Wu. G. Y. , "A Structural Estimation on Capital Market Distortions," Working Paper, 2012.

后 记

本著作是我主持的国家社会科学基金项目"企业异质性、资源误置与经济效率改进研究"（编号：13CJL072）的最终成果。至 2017 年 9 月项目总结报告定稿完成，2018 年 3 月课题顺利结项，鉴别等级良好。在专家评审建议的基础上，结合课题河南省高校科技创新人才支持计划（人文社科类，编号：2018－cx－018）与河南省高校哲学社会科学应用研究重大项目（编号：2018－YYZD－02）的相关研究，进一步修改和完善了书稿内容。本著作的顺利完成，要感谢多年来关心我以及帮助过我不断成长的良师益友。

首先感谢我的博士导师刘乃全教授，是他引领我进入"新"新经济地理学这个前沿领域。他悉心指导我奠定坚实的理论基础并紧跟国际学术前沿，高标准、严要求的训练使我对从企业异质性角度探索中国的区域经济增长问题产生了浓厚兴趣并不断钻研，博士论文《基于企业效率异质性的区域经济增长差距研究》荣获上海财经大学优秀博士论文奖。该论文从企业异质性入手，基于资源配置效率视角，在深入研究市场交易环境和企业效率异质性内在关系的基础上，将区域经济增长差距分解为经济效率差距和非经济效率差距两部分来研究，使我逐步在区域经济学的前沿"新"新经济地理学领域凝练出自己的研究方向。

感谢国家社会科学基金的资助，使我在此领域能继续深入研究。本著作将企业效率异质性的企业特征、区域空间和市场环境特征结合起来，论证了企业内部资源误置是行业、产业、空间、时间层面资源误置的根源。市场扭曲与资源误置累积循环抑制了效率垄断企业的静态资源配置效率和对外溢出方面的动态资源配置效率，形成了行业、产业、空间与跨期层面的结构效率损失；把资源配置的空间、跨期结构效率改进与企业内部的要素配置效率纠偏创造性地统一起来，为解决制约经济持续健康发展的结构性问题提供了政策调整依据，对解决以往对经济效率 TFP 的研究难以深入企业内部考察劳动与资本配置效率的难题，具有重要的理论价值。新时代在"结构性调整"与"提高增长效率"的双重要求下，能够为政府通过弥补市场失灵解决制约经济持续健康发展的结构性问题提供依据。

2013 年 8 月，我非常荣幸师从"中原经济区建设"的首席智囊耿明斋教授做博士后研究。耿老师学识渊博，一直立足于我国经济社会改革发展现实，致力于经济学的基础研究和应用研究，积极服务于地方经济建设，为河南省经济发展建言献策，对我的研究给予了诸多的帮助。2014 年我有幸获得博士后特别资助和河南省青年骨干项目资助，并参与了耿教授主持的国家社会科学重大项目的交流讨论，与耿教授团队的李燕燕教授、王伟教授等的交流，丰富了我的研究思路。同年还获得了河南大学优秀青年科研人才培育基金的资助以及我院学术前沿追踪项目的资助，且被遴选为2013 年度"河南省高校哲学社会科学年度人物"候选人，荣获河南大学2013～2014 年科研优秀奖，荣获 2014 年河南省优秀博士后奖。2018 年获批河南省高校哲学社会科学应用研究重大项目和河南省高校科技创新人才支持计划，进一步从供给侧改革下制造业结构调整、要素结构异质性与技术进步适应性层面深化了经济效率改进的研究，对此书稿的修改与完善有很大帮助。

感谢我的工作单位河南大学经济学院的领导，他们在课题研究中给予的诸多便利，使我有大量的时间投入科研和论文写作中。感谢经济学院宋丙涛院长的国际化理念对我的引领，使我能够参与国际交流以提升科研水平。2014 年 11 月我有幸获得国家留学基金委的资助去美国密歇根大学访问交流一年，感谢合作导师鲍署明教授的指导，在美期间我积极参加讲座与学术报告，得到了本领域国际名师的指点，开阔了视野，使我的研究有很大提升。有幸参加了 2015 年 3 月在密歇根大学举行的中国留美经济学年会，并在会上演讲了自己的会议论文 *A Study on Firm TFP Heterogeneity and Regional Economic Growth Disparities*，得到了与会专家的高度评价。与同行深入的国际交流进一步丰富了我的研究思路，专家富有建设性的意见为深化本项研究奠定了良好基础。

一路走来，非常感谢国家社会科学基金的资助，感谢协助我完成研究工作和提供便利的经济学院各位领导，感谢密歇根大学中国数据中心鲍署明教授团队、中原研究院耿明斋教授团队在研究工作中提出建议和提供帮助。希望本著作能为学界从微观企业层面探索宏观经济增长效率改进研究起到抛砖引玉的作用。

本项研究与著作撰写出版同时得到了河南省高校科技创新人才支持计划（人文社科类，编号：2018 - cx - 018）与河南省高校哲学社会科学应用研究重大项目（编号：2018 - YYZD - 02）的资助，在此一并表示感谢。

李　颖

2020 年 10 月 13 日于河南大学

图书在版编目（CIP）数据

资源误置与经济增长效率改进：基于企业异质性的研究／李颖著. —— 北京：社会科学文献出版社，2021.3

（河南大学哲学社会科学优秀成果文库）

ISBN 978 - 7 - 5201 - 8138 - 9

Ⅰ.①资… Ⅱ.①李… Ⅲ.①企业管理 - 研究 Ⅳ.①F272

中国版本图书馆 CIP 数据核字（2021）第 050567 号

·河南大学哲学社会科学优秀成果文库·

资源误置与经济增长效率改进
——基于企业异质性的研究

著　　者／李　颖

出 版 人／王利民
组稿编辑／陈凤玲
责任编辑／田　康
文稿编辑／汪　涛

出　　版／社会科学文献出版社·经济与管理分社（010）59367226
　　　　　地址：北京市北三环中路甲 29 号院华龙大厦　邮编：100029
　　　　　网址：www. ssap. com. cn
发　　行／市场营销中心（010）59367081　59367083
印　　装／三河市东方印刷有限公司

规　　格／开　本：787mm × 1092mm　1/16
　　　　　印　张：14.25　字　数：231 千字
版　　次／2021 年 3 月第 1 版　2021 年 3 月第 1 次印刷
书　　号／ISBN 978 - 7 - 5201 - 8138 - 9
定　　价／128.00 元